Über dieses Buch

Am 18. Oktober 1977 jährt sich zum 200. Mal der Geburtstag von Heinrich von Kleist, Anlaß genug zur Wiederentdeckung der berühmten Kleist-Interpretation von Günter Blöcker, die bei ihrem Erscheinen 1960 enthusiastische Reaktionen auslöste.
Blöckers ›Kleist‹ ist keine Biographie im herkömmlichen Sinne. Man könnte das Buch eher eine innere Biographie nennen. Zwar fehlt kein biographisches Detail, kein Motiv der Kleist-Forschung, die Blöcker souverän beherrscht. Aber er nutzt diese Elemente zur Erfahrung der inneren Entwicklung des Dichters, zur Auflösung der einseitigen Widersprüche in dem traditionellen Kleist-Bild – Preußendichter oder ›pathologischer‹ Kleist. Blöcker hat die vorausweisende Modernität des Dichters aus der Interpretation seines Lebens und seines Werkes erkannt und darum ist sein Buch nach den großen Biographien von Otto Brahm, Friedrich Gundolf und Joachim Maass als Meilenstein der neuen Kleistdeutung anzusehen.

Der Autor

Günter Blöcker, 1913 in Hamburg geboren, studierte Dramaturgie und Regie an der Max-Reinhardt-Schule in Berlin. Bis 1945 war er Dramaturg und Regisseur in Hannover, Potsdam und Berlin. Seitdem lebt er als Kritiker und freier Schriftsteller in Wuppertal. 1954 wurde er mit dem Fontane-Preis der Stadt Berlin und 1964 mit dem Johann-Merck-Preis für Kritik der Deutschen Akademie für Sprache und Dichtung, deren Mitglied er ist, ausgezeichnet. Zu seinen Buchveröffentlichungen gehören u. a.: ›Die neuen Wirklichkeiten. Linien und Profile der modernen Literatur‹ (1957), ›Kritisches Lesebuch. Literatur unserer Zeit in Probe und Bericht‹ (1962) und ›Literatur als Teilhabe. Kritische Orientierungen zur literarischen Gegenwart‹ (1966).

Günter Blöcker

HEINRICH VON KLEIST
oder
DAS ABSOLUTE ICH

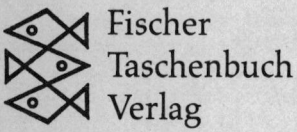

Fischer
Taschenbuch
Verlag

Fischer Taschenbuch Verlag
1.–12. Tausend: Oktober 1977
13.–15. Tausend: April 1983
Ungekürzte Ausgabe

Umschlagentwurf: Jan Buchholz/Reni Hinsch

Fischer Taschenbuch Verlag GmbH, Frankfurt am Main
Lizenzausgabe mit freundlicher Genehmigung
des Argon Verlages GmbH, Berlin
© Argon Verlag GmbH, Berlin 1960
Gesamtherstellung: Hanseatische Druckanstalt GmbH, Hamburg
Printed in Germany
780-ISBN-3-596-21954-x

Inhalt

Vorbemerkung

Als dieses Buch vor gut anderthalb Jahrzehnten – im Herbst 1960 – erstmals erschien, war Kleist, was er immer gewesen war: ein großer Autor mit zwiespältiger Resonanz. Faszination und Hingerissenheit auf der einen, Unbehagen und verlegene Abwehr auf der anderen Seite; und zuweilen, in sonderbarer Vermengung, beides zusammen in ein und derselben Brust. Seither ist das Interesse an Kleist nicht nur spürbar gewachsen, das Rezeptionsklima hat sich insgesamt verändert – verändert weitgehend im Sinne dessen, was in diesem Buch ausgeführt, beschrieben und erhofft worden war. Klischees wie die vom Preußendichter oder vom »pathologischen« Kleist sind in ihrer Einseitigkeit erkannt worden und haben einer differenzierteren Betrachtungsweise Platz gemacht. Man hat mehr und mehr die vorausweisende Modernität dieses Dichters bemerkt, die Kühnheit seiner psychologischen Dialektik und die Wahrhaftigkeit seines die Widersprüche nicht einebnenden, sondern aus ihnen lebenden Menschenbildes.

Und noch etwas anderes, nicht minder Bemerkenswertes: Aus einer deutschen, wenn nicht gar preußischen Spezialität ist inzwischen ein weltweit erörterter Autor geworden. Das gilt sogar für das bisher überwiegend kleistabstinente England, vor allem aber für Frankreich, wo eine erste Übersetzung der Briefe Kleists als echte Novität begriffen und lebhaft diskutiert wurde.

Auch das Theater – in erster Linie natürlich das deutsche, aber nicht nur dieses – hat begonnen, sich Kleist auf neue, unkonventionelle Art zu eigen zu machen. Peter Steins vielgerühmte szenische Paraphrase über den »Prinzen von Homburg« findet ihren Ansatzpunkt in dem, was der Regisseur Kleists »Traumdramaturgie« nennt. Dem rätselhaften »Ein Traum, was sonst?« des alten Kottwitz fällt damit die Bedeutung einer Schlüsselstelle zu. Claus Peymann entdeckt das Collagehafte im »Käthchen von Heilbronn«, setzt es resolut in Zirkus- und Rummelplatz-Buntheit um und schafft so ein bühnenwirksames Korrelat zu dem, was ihm an dem Stück zeitgebunden und verbraucht erscheint.

Ein ganz neues Kapitel heißt oder wird heißen: Kleist und der Film.

Wie in den fünfziger Jahren Jean Villard mit seiner noch immer unübertroffenen Inszenierung des »Prinzen von Homburg« ist es abermals ein Franzose, der hier – neben der deutschen Filmemacherin Helma Sanders – den ersten Schritt getan hat: Eric Rohmer mit seiner Verfilmung der »Marquise von O.«.

Insgesamt also hat die Zeit – seit 1960 – *für* Kleist gearbeitet. Seine Aktualität ist heute größer und unbestrittener als je zuvor in dem an Mißverständnissen und Unglücksfällen überreichen Auf und Ab seiner Wirkungsgeschichte.

November 1977   *Günter Blöcker*

Warum Kleist?

An Heinrich von Kleist scheiden sich die Geister – heute wie zu seinen Lebzeiten. Die beiden großen Lager formieren sich angesichts des schmalen Werks und der unscheinbaren Gestalt dieses Dichters mit einer so sonst kaum zu beobachtenden Schärfe. Auf der einen Seite Dichtung als Bildungsmacht, als Kultbau und Pantheon dessen, was man gerne die »ewigen Werte« nennt. Auf der anderen Seite der Vorstoß ins Innere, das Verlangen nicht nach Tempel und Säule, sondern nach dem, wovon auch Tempel und Säule nur Zeichen sind: Dichtung als Griff nach der Substanz, als Sichtbarmachung des Grundstoffs, aber nicht, wie der Sturm und Drang es verstanden hatte, als ein Hervorbrechen der ungeläuterten Natur, sondern als ihre Gestaltwerdung im ästhetischen Prozeß. Die formale Konzentration, die Kleist der tiefsten Schicht angedeihen läßt, sein leidenschaftliches Bemühen, das Irrationale Gestalt werden zu lassen, ihm Körper und Kontur zu geben, unterscheiden ihn auf das bestimmteste sowohl vom Sturm und Drang als auch von der Romantik, heben ihn über beide hinaus. Auch wo er sich nur auszurasen scheint, bleibt sein künstlerisches Bewußtsein intakt. »Formel« und »Metapher« sind zentrale Begriffe der Kleistschen Tiefenästhetik. Nach der Fähigkeit, sich dieser beiden Schlüssel zu bedienen, teilt er – in einer neuerdings erst bekannt gewordenen Notiz – die Geister ein.

Die Schwierigkeiten im Umgang mit Kleist, das Befremden, ja der Widerwille, die er von Anfang an erregt hat und vielfach auch heute noch erregt, haben ihren Grund darin, daß man immer wieder vergeblich versucht hat, ihn aus der klassizistisch-humanistischen Sicht jenes ersten Lagers zu fassen und zu begreifen. Auch die Romantik, ihrerseits nicht Gegenspieler, sondern Partner in der großen Bildungsgemeinschaft der deutschen Klassik, hat nur Einzelzüge seines Werkes – etwa das Märchenhafte oder den vermeintlichen historischen Sinn – hervorheben können, nicht aber das grundlegend Eigene seiner Position. Soweit sie es wahrnahm, empfand sie es als Abweichung, nicht als Neusetzung. Als man Kleist nach seinem Tode polemisch zum typischen Vertreter der

»romantisch-mystischen Schule« stempeln wollte, verwahrte Achim von Arnim sich in ihrem Namen dagegen. »Statt ihm vorzuwerfen, daß er der neueren Schule angehangen, wozu wohl kein Mensch so wenig Veranlassung gegeben wie Kleist«, entgegnet Arnim, »hätte man eher bedauern müssen, daß er keine Schule anerkannt, das heißt, nur in seltnen Fällen dem Hergebrachten und dem Urteile seiner Kunstfreunde nachgab, vielmehr seinem Eigensinne sich in dem Zufälligen ergab, was oft das Schöne und Tiefe seiner Erfindungen entstellt.« Die Romantik, die als Protest gegen die Regel begann, war längst konservativ geworden. In den ästhetischen Schriften der Brüder Schlegel wird Kleist nicht ein einziges Mal erwähnt.

Selbst Ludwig Tieck, dem wir die ersten Kleist-Ausgaben verdanken (1821, 1826, 1846) und damit wohl, daß es für uns überhaupt einen Kleist gibt, zeigte sich, so überwältigend er Kleists Genie als Ganzes fühlen mochte, den unteilbaren Dämon, die »dunkle Macht«, doch zaghaft und verlegen in den entscheidenden Konsequenzen seines Urteils. Etwa wenn er rügt, daß Kleist bei all seiner »Liebe der Wahrheit und der Natur« ein »plötzliches, grelles Gelüst« bekunde, »beide zu überspringen und das Leere, Nichtige dennoch höher als die Wirklichkeit zu stellen«, und ihn schließlich als einen »großartigen Manieristen« einstuft. Tieck, der die Penthesilea ein »seltsames Ungeheuer« nannte, wußte – scheint es – sowenig wie seine Zeitgenossen etwas von jener erzenen Doppelstimme der Wahrheit, die nicht selbstzufrieden bei sich verweilt, sondern immer auch ihr Gegenteil kündet. Das ist nicht der Geist, der zu seiner eigenen Feier antritt in pfleglich errichteten Behausungen oder der romantisch-ironisch mit sich selber spielt. Vielmehr werden hier die Schächte selbst zum Klingen gebracht, und die Stimme, die daraus tönt, bricht sich zu einer vielfältig gestuften dissonanten Wahrheit. Daß sich dies – soweit das Drama in Betracht kommt – in Formen vollzieht, die mit Rudimenten antiker, klassizistischer und romantischer Vorbilder operieren und erst aus ihrer zuweilen gewalttätigen Verschmelzung die eigene Autonomie entwickeln, ist eine weitere Erschwerung. Das Disharmonische läuft Gefahr, nicht als adäquates Instrument der Existenzmitteilung verstanden zu werden, sondern als Riß in einer Form, die in Wahrheit gar nicht mehr gemeint ist, als Fehler, Unfall oder Reflex eines subjektiven Mangels. So spricht auch Tieck – und eine Legion von Beurteilern nach ihm – von der »seltsamen Disharmonie, einer Krankheit vielleicht«, die »im Geiste des Dichters anzunehmen« sei.

Diese Unsicherheit setzt sich fort bis weit in unser Jahrhundert. Ein Urteil wie das Heinrich Heines, der meinte, der »Prinz von Homburg« sei »gleichsam vom Genius der Poesie selbst geschrieben«, bleibt eine Ausnahme, nicht nur, was den Grad der Zustimmung angeht, sondern auch die Richtigkeit des Ansatzpunktes. Denn eben darauf kommt es Kleist gegenüber an: zu erkennen, daß hier mehr spricht als nur der persönliche Dämon. Was die zeitgenössische Kritik für die »inneren Stimmungen und Verstimmungen« eines nur für sich selber sprechenden Gemüts hielt, für die Darstellung – ich folge einer Rezension aus dem Jahre 1827 – »mehr oder weniger *inhaltsloser* Verhältnisse des inneren Selbstbewußtseins und des Wissens von der äußeren Welt«, das wird für eine spätere Zeit, die das Erlebnis Freuds und Jungs hinter sich hat, zu einer Preisgabe von überindividueller Bedeutung. Homburgs Todesfurcht erscheint uns nicht mehr als peinlicher Verstoß eines einzelnen gegen die Berufs- und Standesmoral, sondern als ein wohltätiges Aufbrechen des Lebensgrundes, als ein Hervortreten der kreatürlichen Wahrheit und damit als Korrektur eines nicht länger aufrechtzuerhaltenden Wertklischees. Sie bringt uns nicht nur die Person des Helden menschlich näher (wie man früher gerne sagte), sondern das Menschliche überhaupt. Ebenso wie wir in Käthchens liebender Selbstentäußerung und Penthesileas Liebeskannibalismus weniger den befremdenden Individualfall sehen als vielmehr seine Überspannung ins Allgemeine, die Verlängerung eines Individuellen über sich hinaus in die unausmeßbaren Räume der Existenz.

Das freilich ist mehr als Psychologie. Es sind auch »soziale« Akte. Die Welt erscheint im reinen Licht einer zu keinem Kompromiß bereiten inneren Anschauung. Das menschliche Miteinander samt seinen Normen und Übereinkünften wird in Frage gestellt durch das Bewußtsein des Quell- und Urgrundes alles Daseienden. Es beginnt jener Kampf zwischen »Bewußtsein« und »Wirklichkeit«, »Gefühl« und »Schicksal«, dem »Unmittelbaren« und dem »Objektiven« (oder wie immer man die Gegensatzpaare genannt hat), der das Unbehagen an Kleist recht eigentlich erst begründet. Es ist ein Unbehagen, das sich aus der notgedrungenen Subalternität des Menschen gegenüber der kompakten Wirklichkeit erklärt. Das Existentielle tritt gegen das Gesellschaftliche an. Doch es zeigt sich, daß dies ein Ringen ist, in welchem beide Teile ständig siegen. Dieses Wechselspiel, das mehr ist als der traditionelle Protest des Individuums gegen die ihm auferlegten Beschränkungen, nämlich der dialektische Prozeß des Lebens selber, ist das große Thema insbesondere des »Prinzen von Homburg«. Die zeitgenössische Kritik hat die Sturmzeichen in Kleists Werk deutlich gespürt und ist zum Gegenangriff angetreten. Wenn Heinrich Gustav Hotho, der junge Kritiker und Hegel-Schüler, den wir oben zitierten, mißbilligend von einer »tiefsten, lautlosen, verschlossenen Innerlichkeit« bei Kleist spricht, die »in sich webend und verschwebend unmittelbar aus dem Vergessen aller sonst gültigen, menschlichen und göttlichen Wirklichkeit das höhere Wissen von einer göttlichen Welt schöpfen soll«, dann trifft das den Kern. Man würde es heute kaum anders sagen – nur mit positivem Akzent.

Heine nennt den »Prinzen von Homburg« einen Erisapfel. Das gilt für den gesamten Kleist. Wobei es eben bezeichnend ist, daß er diese Wirkung auch auf diejenigen ausübt, die ihm wohlwollen. Sie geraten in Widerspruch mit sich selbst. Hundert Jahre nach Tieck schreibt Friedrich Gundolf sein bedeutendes Kleist-Buch, und der Fall Tieck wiederholt sich. Gundolfs Buch ist überreich an Einsichten, hat selber Kleistischen Impetus, aber es ist mit widerwilliger Bewunderung geschrieben, in einer Art von zähneknirschender Verehrung. Auch er steht noch im falschen Lager. Zwar sieht Gundolf von allen am ehesten den eigentlichen Kleist, aber er möchte ihn anders haben. Es verletzt ihn, daß Kleist nicht so weise ist wie Goethe, nicht so gebildet wie Lessing, nicht so umfassend wie Shakespeare. Gundolf empfindet Kleists »Zeitgemäßheit« sehr stark, aber im Munde des George-Schülers, der mit Herablassung auf die inferiore Gegenwart blickt, wird das beinahe zu einem Vorwurf: er verdanke sie seiner »Abnormität«.

Inzwischen nun hat sich das andere der beiden Lager etabliert, von denen wir eingangs sprachen. Es kann nicht mehr zweifelhaft sein, auf welcher Seite die Literatur unseres Jahrhunderts steht. Damit tritt auch der Fall Kleist in ein neues Stadium. Zum erstenmal ergibt sich eine essentielle Übereinstimmung zwischen den Grundtendenzen einer Epoche und denen seines Werkes. Mögen andere Zeitalter ihre Würde und ihr Selbstgefühl im Bewußtsein ihrer Abkunft gefunden haben – heute ist es eher umgekehrt. Unser Stolz, der freilich von Beängstigung nicht frei ist, liegt in dem Gefühl, gleichsam in einer neuen Schöpfungsgeschichte zu stehen, die uns zwingt, uns aus uns selbst zu erklären. Der voraussetzungslose Mensch, der sich und sein Werk aus dem Bereich der unmittelbaren, der noch nicht vorgeprägten Existenz heraufholt – das ist es, was uns mit wachsender Aufmerksamkeit und wahlverwandter Sympathie auf Kleist blicken läßt. Er lebte diese Situation und verzweifelte daran. Doch was einst vernichtend auseinanderklaffte, die subjektive Gefühlslage des Dichters und die allgemeine der Zeit, ist einander immer näher gerückt, bis es sich nun vielsagend berührt. Bisher war das »Neue« an Kleist als eine Art irrlichterndes Phänomen wahrgenommen worden, das bald hier, bald dort aufzutauchen schien. So ziemlich alle neueren Richtungen, mochten sie einander im übrigen auch ausschließen, hatten sich auf Kleist berufen – die Naturalisten ebenso wie die Expressionisten. Die einen, weil er ihrem Ideal der Lebensunmittelbarkeit, die anderen, weil er ihrem Verlangen nach Schrei und steiler Sprachgebärde zu schmeicheln schien. Sogar Brecht konnte sich Kleists bemächtigen, indem er den »Zerbrochenen Krug« »gesellschaftlich« interpretierte.

Um alles das geht es heute nicht mehr, wie es überhaupt nicht mehr um Schulen und Richtungen geht. Es handelt sich auch nicht darum, in Kleist die »prophetische« Natur zu entdecken, wie das seit geraumer Zeit Mode ist. Keine Abhandlung mehr über ihn, in der nicht pflichtschuldig der Name Kafka auftaucht. Kohlhaasens Kampf mit der Bürokratie wird ebenso wie das freilich ganz anders gemeinte Gleichnis vom mechanischen Menschen in dem Aufsatz »Über das Marionettentheater« als Vorwegnahme moderner Erfahrungen gedeutet. Doch das sind eher einengende Gesichtspunkte, Betonungen und Überbetonungen von Stofflichkeiten. Worauf es in unserer Situation ankommt, das ist, jenseits von Ästhetizismus und Philosophie wieder zu einer Literatur von ursprünglicher Mächtigkeit zu gelangen, die »heiligen Ungeheuer« (Ionesco) zu beschwören und sie aufs neue zum Singen zu bringen, jedes Ding, wie Kleist es getan hat, bis zu jenem Punkt vorzutreiben, wo die Quellen des Tragischen aufbrechen, des Tragischen und des Komischen – denn beides liegt nahe beieinander.

In solcher Absicht wissen wir uns Kleist nahe. Eine Generation, die sich Melville und Poe zu eigen gemacht hat, die Georg Büchner zu den Ihren zählt, die von Joyce ins Transpersonale eingeführt, von Camus mit der Hoheit des Absurden bekannt gemacht wurde und von García Lorca lernte, daß man den wahren Dämon »in den letzten, hintersten Behausungen des Blutes aufrütteln muß«, jenen »todnahen« Dämonen, der, wie Lorca sagt, »seine Flügel aus rostigen Messern über den Boden schleift« und mächtig genug ist, über Musen und Engel zu gebieten – eine solche Generation kann, wie keine vor ihr, mit Kleist übereinstimmen. Sie hat das Recht dazu. Was Gundolf als Kleists »Weltlosigkeit« bemängelte, das empfindet sie als Zugehörigkeit zur eigentlichen Welt, von der die uns umgebende Wirklichkeit nur ein Schatten ist und aus der sie ihre Kraft zieht. Wenn Gundolf meinte, die »Penthesilea« sei »ohne Anteil an den Gesetzen und Ideen des bisherigen Menschentums«, so ist dem zuzustimmen. Doch allein in dem Sinne, daß in dieser Tragödie das Gesetz sichtbar gemacht wurde, das jene anderen »Gesetze und Ideen« ängstlich und vergeblich zum Verstummen zu bringen suchen: das tiefste, eigentliche, das Gesetz des Seins, das hier bis zur letzten, vernichtenden Konsequenz gelebt wird. Das Menschliche braucht solche gewaltsamen Akte der Selbstbefreiung, um wieder zu Leben und Atem zu kommen, sich dem würgenden Zugriff der selbstherrlich gewordenen Institutionen zu entziehen und die steril gewordene Ordnung der technisch-abstrakten Welt durch neue, seinsunmittelbarere Ordnungen zu ersetzen. Der Chaotiker reißt Abgründe auf, die den Einstieg in die ruhende Tiefe gewähren, aus der Leben und Regel sich erneuern; er läßt uns den Blick in den feurigen Grund tun, der, obwohl selber gestaltlos, dennoch die Gestalt hervorbringt. Als »Ausbrüche eines schöpferisch wilden Grundes« – so hatte Gundolf Kleists Schaffen nicht ohne Schaudern gesehen. Aber er erkannte auch, wenn nicht den Gründer und Gesetzgeber, so doch den Artisten Kleist, das, was er – freilich wiederum mit Einschränkungen und Widerstreben – den »ausdrucksbesessenen Bildner« und »weltfremden Formungsfanatiker« nannte.

Kleist ist ein Angehöriger der neuen »Ausdruckswelt« in dem Sinne, wie Gottfried Benn diesen Begriff definiert hat: »Reines Magma, das heiße Gestein der Seele, das beugen, dies zu Farbe machen, dies melodisch machen, in Sätze fassen, kurz dies in jene formale Sphäre sich bewegen lassen, die nichts Menschliches hat, für die das Menschliche zu früh oder zu spät ist, zu vorläufig oder zu final.« Das liest sich wie ein Kommentar zu »Penthesilea«, und tatsächlich hat Benn, der Verächter des Dramas, sich zu diesem Ausnahmewerk mehrfach mit offenkundiger Sympathie geäußert. Es sei, sagt er in seinem »Bekenntnis zum Expressionismus«, eine »dramatisch geordnete, versgewordene Orgie der Erregung«. Uns scheint, die Stunde ist da, Kleist von diesem »rücksichtslosen An-die-Wurzel-der-Dinge-Gehen« zu begreifen, das Benn für den Expressionismus in Anspruch nahm, und alle Verlegenheitsbegriffe beiseite zu schieben. Während die deutsche Klassik in der Dichtung vornehmlich ein Instrument für die geistigen Zwecke sah, während sie durch den Mund der Dichtung *ihre* Sache aussprach, die Sache der Gesittung, der Toleranz, der Menschenwürde, der Freiheit, der Ausbildung der Persönlichkeit, der Vergeistigung der Lebensinhalte, erlebt Kleist die Welt wesenhaft, »an sich«, von ihrem Grunde her. Bei ihm wird kein Ideal verkündet, werden keine Ideen ausgetragen, keine Individualkonflikte abgehandelt, wird nicht zwischen Pflicht und Neigung gebangt, nicht Schuld und Sühne gegeneinander abgewogen, sondern die Dialektik des Seins selbst zum Thema gemacht. Darin liegt auch der Grund, weshalb Kleist – neben Büchner – der einzige ursprüngliche, nicht durch Bildungsvorstellungen behinderte Dramatiker ist, den wir in Deutschland haben, und einer der ganz wenigen dramatischen Dichter überhaupt, die in der unmittelbaren Nachbarschaft Shakespeares genannt werden dürfen. Man verkleinert diesen Tatbestand, wenn man darauf beharrt, Kleist mit dem ästhetischen Instrumentarium der überkommenen Dramaturgie abzutasten. Die Tragik etwa der »Penthesilea« auf den Konflikt zwischen individueller Liebesneigung und Amazonengesetz reduzieren wollen, heißt Kleists Drama in eben das Schema zwängen, dem es unter Schmerzen entwachsen ist.

Nicht minder aussichtslos ist der Versuch, Kleist »weltanschaulich« zu bestimmen und festzulegen. Die schulmeisterliche Vorstellung, ein Dichter müsse eine »Idee« haben, müsse einem Übergeordneten dienen, müsse in irgendeinem Sinne staatsbürgerlich nützlich sein, verbaut den Zugang zu Kleist. Da es undenkbar schien, er könne einzig einem so Dunklen, Unbestimmten, Verschleierten verpflichtet sein wie der menschlichen Existenz schlechthin, hielt man sich an den vermeintlichen Patrioten. Es entstand die Fiktion des Preußendichters Kleist. Das »In Staub mit allen Feinden Brandenburgs!«, das mit Fahnen und Trompeten einen Abgrund überdekken muß, wurde zum Programm erklärt. Auch dies ist eine Belastung Kleists und seiner allgemeinen Geltung bis auf den heutigen Tag. Wenn hierin seine Sendung läge, wäre er längst tot und der »Prinz von Homburg« eine Spezialität für vaterländische Vereine. Denn wem sonst könnte ernstlich noch an einer Verherrlichung altpreußischer Staatsräson gelegen sein? Den Franzosen etwa, die sich gerade dieses Werks mit forschender Liebe angenommen haben? Daß französische Interpreten – Autoren wie Theaterleute – sich zu dem Dichter des »Käthchen«, des »Homburg« und der »Penthesilea« bekennen, ist eines der erstaunlichsten Zeichen seiner Neubewertung. Es öffnet neue Türen des Verstehens auch für den deutschen Betrachter, bestätigt ihn in der Überzeugung, daß das Historische für Kleist etwas Peripheres war. Es lieferte lediglich die stofflichen Voraussetzungen, war die Plattform, von der aus seine Menschen in tragischer Souveränität und unter Überspringung der geschichtlichen und gesellschaftlichen Kategorien die Pforte zur Wahrheit aufzusprengen und unmittelbar mit dem Universum in Kontakt zu treten suchen. Der grenzenlose Mensch, geschüttelt von den Schauern der Existenz, befeuert vom Willen zum Absoluten, umstrahlt von der Glorie der Selbstverantwortung, ist Kleists Held. Ein Mensch, der, herausgehoben aus dem Menschenbürgerlichen und doch in das Menschenbürgerliche gebannt, ebenso erschreckend ist in seiner Nacktheit und selbstzerstörerischen Glut wie bezaubernd in seiner lächelnden Unschuld und heiter-tragischen Verspieltheit. Das Bild dieses Menschen, der begnadet und geschlagen zugleich ist, gilt es zu erkennen – in dem Werk und in dem, der es schuf.

Der Dichter ohne Biographie

Kleists Biographie ist unvollkommen dokumentiert. Nichts bekundet ausdrucksvoller die Fremdheit dieses Dichters in der Welt als die Kärglichkeit und Widersprüchlichkeit seiner Lebensspuren. Die ihn flüchtig kannten, vergaßen ihn – augenscheinlich gehörte Kleist zu jenen Unscheinbaren und in sich Verkapselten, die man übersieht. Die andern aber, denen er nahegekommen war, gedachten seiner auch bei freundlicher Gesinnung mit einer gewissen Betretenheit oder bewahrten ein schmerzliches Schweigen. Es war ein Teil seines Schicksals, zu verletzen, wo er aus sich heraustrat und mit »störrischer Eigentümlichkeit« (Achim von Arnim) seine Wahrheit lebte. Wichtige Briefe und Dokumente wurden aus persönlicher Empfindlichkeit oder falscher Pietät unterdrückt. Für die Familie, und nicht nur für sie, blieb Kleist eine peinliche Figur, die widersprechende Empfindungen hinterließ und über die man nicht gerne redete. Die Stiefschwester Ulrike verweigerte Tieck und dem ersten Kleist-Biographen, Eduard von Bülow, jegliche Auskunft. Erschütternd ihre – laut Überlieferung – stereotype Wendung: »Sprechen wir nicht von ihm, es tut meinem Herzen zu weh.«

Die Gleichgültigkeit der Mitwelt drückt sich in dem biographischen Vakuum ebenso aus wie ihr schlechtes Gewissen und die Unsicherheit, mit der sie auf das Phänomen Kleist reagierte, aber auch Kleists eigene verbergende Art. Wie später T. E. Lawrence, mit dem er manche Züge gemeinsam hatte, neigte er zu Mystifikation und Spurenbeseitigung – bei gleichzeitig sehr ausgeprägtem Geltungsdrang. Dieser war – unter Überspringung der lebendigen Wirklichkeit der Person – gleichsam auf ihr Überpersonales gerichtet. Der Dichter, der der menschlichen Natur ihr Geheimnis entriß, entschlossen und machtvoll wie vor ihm nur Shakespeare, bewahrte sein eigenes. Doch wie Shakespeare kommt das Geheimnis des Lebens der Dichtung zugute. Sie ist beladen mit dem Rätsel der Persönlichkeit, aber sie wächst auch unter solcher Last. Während uns jedoch bei Shakespeare das dichterische Werk immerhin zu Hilfe eilt und wir aus der Dramenfolge mit ihrem zyklischen

Wechsel von Lyrik und Heldengedicht, romantischer und bitterer Komödie, Tragödie und Märchenspiel einen, wenn auch vielleicht nur imaginären Lebensbogen konstruieren können, ist bei Kleist nicht einmal dies der Fall. Sein Dichten läuft eigentümlich beziehungslos sowohl neben seinem persönlichen Leben als auch – mit geringen Ausnahmen – neben dem Leben der Zeit her. Mit so vehementer Kraft er jede Zeile mit dem Siegel seiner Art und seiner innersten Natur versieht, so selten geschieht es, daß das Private ins Werk tritt oder daß aus der Berührung mit den Zeitereignissen Funken herübersprühen. Und als gälte es, in Kleist den Musterfall des im Werk bis zur Unsichtbarkeit verglühenden Künstlers darzustellen, hat das Schicksal auch noch dafür gesorgt, daß wir außer einer nicht sehr vielsagenden Miniatur kein zweifelsfrei anerkanntes Bild von ihm besitzen und daß autobiographische Dokumente von entscheidender Bedeutung wie das »Ideenmagazin« und die sagenhafte »Geschichte meiner Seele« verlorengegangen sind. Dieser Dichter war das Werkzeug einer Erkundung; und so hat es seinen Sinn, daß seine Person ins Anonyme verwiesen wurde, von ihm selbst und von den Umständen. Kleist dichtete aus der Existenz, nicht aus der Biographie.

Nur Anfang und Ende des Gesamtwerkes – der finstere Taumel der »Schroffensteiner« und die Todesheiterkeit des »Homburg« – stehen in offensichtlichem Konnex mit den inneren und äußeren Ereignissen des Kleistschen Erdendaseins. In dem gellenden Hohn auf jegliche Lebensvernunft, der uns aus der »Familie Schroffenstein« entgegenklingt, erkennen wir das Echo der ersten großen Lebenskrise, in die Kleist im Frühjahr 1801 geriet. Es mutet sonderbar an, daß diese Krise und ihr fratzenhaftes Produkt mit dem Namen Immanuel Kant in Zusammenhang stehen. Den affektiven Bezug zu Kant herzustellen mag uns heute schwerfallen, aber die Zeit hatte ihn, wie die unsere den zu Heidegger. Tatsächlich hatte Kant als Vollender der Aufklärung schon an dem von intellektuellem Optimismus durchwirkten Kosmos des jungen Autodidakten in Frankfurt an der Oder mitgewirkt. Der Kantische Pflichtbegriff, den wir in den Briefen des Bräutigams Kleist bis zu parodistischer Überspannung befolgt finden, vertrug sich gut mit dem von Wieland entlehnten Ideal, daß »Vervollkommnung der Zweck der Schöpfung« sei. Wahrheit und Bildung – das waren die als heilig empfundenen Leitsterne dieser, wie es schien, so sicher gefügten geistigen Existenz. »Durch untadelhaften Lebenswandel den Glauben an die Tugend bei andern stärken, durch weise Freuden sie zur

Nachahmung reizen, immer dem Nächsten, der es bedarf, helfen mit Wohlwollen und Güte – ist das nicht auch Gutes wirken?« So hatte Kleist im Herbst 1800 an seine Braut Wilhelmine von Zenge geschrieben, als er ihr zum erstenmal seine Abneigung gegen eine Karriere als Staatsbeamter schmackhaft zu machen suchte. Was den Dichter als Drang nach dem Absoluten bald in ungeahnte Höhen und Tiefen reißen sollte – hier äußert es sich noch vergleichsweise harmlos als moralischer Bildungstrieb. Kleistisch daran ist allein die bohrende Hartnäckigkeit. Es fällt dabei das Wort, daß er sich durch Bildung »auf eine Stufe näher der Gottheit zu stellen« gedenke.

Damals, als Zweiundzwanzigjähriger, stand Kleist positiv zu Kant. Er hatte, wie aus einem Brief vom 14. August 1800 hervorgeht, sogar eine – verlorengegangene – Schrift über ihn verfaßt. Dann aber begegnet er Kant als dem Kritiker der Erkenntnis, und der schreckt ihn aus der naiven Sicherheit seines Rationalismus auf, nimmt ihm den fröhlichen Glauben an die All-Einsicht der Vernunft, an die Einsehbarkeit des göttlichen Grundplans überhaupt. Was bei Kant zunächst nur eine kritische Überprüfung des menschlichen Erkenntnisapparats ist – ohne existentielle Konsequenzen –, das führt bei Kleist eben hierzu: zur existentiellen Erschütterung. Kant war weit davon entfernt, die Wirklichkeit in Frage zu stellen. Im Gegenteil, indem er die sinnliche Welt zu einer Schöpfung und Erfahrung unseres Geistes erklärte, sicherte er sie gegen eine die Einheit des rationalen Weltbildes gefährdende Mataphysik. Er leugnete das Übervernünftige nicht, verwies es aber in einen Raum hinter den Erscheinungen, verbannte es aus der uns zugänglichen Welt. Denn diese existiert, Kants spezifischer Denkverfassung entsprechend, nur in Formen unseres Geistes, ist real allein in ihnen. Das bedeutet Verengung, aber auch Sicherheit – jedenfalls für denjenigen, der wie Kant bereit und fähig ist, die Welt ausschließlich als geistiges Phänomen zu erleben und alles, was darüber hinausgreift, der Zuständigkeit des Glaubens zu überstellen. Auf eine Natur wie Kleist dagegen, der nicht an Scheidung gelegen ist, sondern an Vereinigung, an Erfahrung des Ganzen, des Grundes, des »Urwesens«, mußte es wie ein Schock wirken.

Menschliche Denkkraft schafft keinen Zugang zu den transzendenten Wesenheiten – das ist die Quintessenz, die Kleist aus seiner Begegnung mit Kant zieht, und sie erschüttert ihn. Denn gerade auf dieses Unerreichbare ist sein innerstes Verlangen gerichtet. Das ewige Prinzip, dem er sich im Vertrauen auf die alles vermögende Vernunft nahe glaubte, entgleitet ihm in unbegreifliche Fernen.

Von nun an tritt das große Geheimnis in die Mitte des Kleistschen Welterlebens, das Unerkennbare, der Rätsel-Gott, von dem Sylvester Schroffenstein spricht, der »unbegriffene Geist«, der »an der Spitze der Welt steht« – ein Geist, den man nur erfahren, nicht denken kann. Dieser Prozeß – ein Prozeß ohne Ende – gibt Kleists Existenz und Kleists Dichten die einzigartige Spannung. Das Rätsel wird zur produktiven Macht, ruft alle Schöpferkräfte des verwirrten und gepeinigten Menschen auf, zwingt ihn, auf die gewohnten Sicherheiten zu verzichten und auf eigene Gefahr über die Grenze zu treten. Es ist dies eine Vorform jenes positiven Nihilismus, der dann das Denken und die Literatur des 20. Jahrhunderts prägen wird. Er reißt dem Menschen die Stützen weg, nicht um ihn unglücklich zu machen, sondern um ihn ganz zu sich selbst zu bringen. Das Königreich des Menschen betritt man ohne Krücken.

Tragikomödie der Irrungen

Zunächst allerdings sieht Kleist sich von seinem radikalen Temperament in das entgegengesetzte Extrem getrieben. In seiner Enttäuschung über eine Welt, in der das Sein von den Erscheinungen überlagert ist, baut er einen babylonischen Turm aus Mißtrauen, Irrtum, rasender Ironie und mörderischer Verblendung. Die tragische Moritat von der »Familie Schroffenstein« (erst »die Familie Thierrez«, dann »Die Familie Ghonorez« betitelt) ist das grausig-komische Monument einer grandios überakzentuierten Ekelstimmung, das Modell eines kompletten Kosmos des Absurden. Zwar ist das, greift man noch einmal auf den unschuldigen Urheber all dieser Verwirrung, auf Kant zurück, selber ein »Versehen«, wie dann das finstere Leitwort der »Schroffensteiner« lauten wird. Philosophisches Denken gilt nur innerhalb seiner spezifischen Voraussetzungen. Eben die fegt Kleist impulsiv beiseite und spielt, auf einer ganz anderen Ebene agierend, Kant gegen Kant aus. Für den Königsberger Denker war die Erscheinungswelt völlig intakt, gerade weil sie eine Hervorbringung des erkennenden Subjekts ist. Da wir sie denken, verhält sie sich so, wie wir sie denken. Was außerhalb dieses Prozesses liegt, bleibt Geheimnis und wird als solches respektiert. Für Kleist dagegen, dem es um eben das geht, was Kant ausklammert, wird damit die menschliche Erkenntnisfähigkeit überhaupt fragwürdig. So schreibt er die tragische Groteske des Erkenntnisbankrotts. Indem er Philosophie »anwendet«, und das heißt in seinem Falle: indem er sie in die Affektsphäre überträgt, gerät er nachdrücklich ins Chaos. Kleist treibt Kant, *seinen* Kant, bereits in Schopenhauersche Bezirke vor, in das Reich des sinnlos waltenden Willens. Die Welt wird zum bösen Traum – als solcher wird sie in der »Familie Schroffenstein« abgebildet.

Hier treffen wir in der Tat – doch das bleibt in solcher Vollständigkeit eine Ausnahme – auf eine klare Übereinstimmung mit der biographischen Situation. Das »blinde Verhängnis«, das Kleist in einem Brief an seine Braut anklagt (9. April 1801), der Aufschrei »Ach, Wilhelmine, wir dünken uns frei, und der Zufall führt uns allgewaltig an tausend feingesponnenen Fäden fort« und schließlich das paroxystische »Ach, es ist ekelhaft, zu leben« (Brief an Wilhelmine vom 3. Juni 1801) bezeichnen genau den Stimmungsboden, aus dem das Verzweiflungsdrama des Vierundzwanzigjährigen wachsen soll.

> Gott der Gerechtigkeit!
> Sprich deutlich mit dem Menschen, daß ers weiß
> Auch, was er soll!

Diesen vergeblichen Schrei nach Klarheit tut Sylvester Schroffenstein in dem schauerlichen Schlußakt des Dramas stellvertretend für den Dichter. Ebenso wie der Bastard Johann den Lebensekel des Autors herausschreit:

> Es hat das Leben mich wie eine Schlange,
> Mit Gliedern, zahllos, ekelhaft, umwunden,
> Es schauert mich, es zu berühren.
> (II, 3)

Die Wüstheit, die Undurchdringlichkeit und Mißverständlichkeit des Weltablaufs, denen Kleist seine Menschen hier zum ersten Mal – und das gleich mit der äußersten Radikalität – aussetzt, sind noch nicht kompensiert durch die Sicherheit des Seins, aus der dann später seine großen Figuren schöpfen werden. Man kann auch sagen: sie sind dieser Sicherheit allzu gewiß. Darin liegt ein entscheidender Unterschied zur Dichtung des reifen Kleist. Ihre Gestalten leben zwar im Vertrauen auf die Richtigkeit ihrer inneren Weisungen, zugleich aber auch in der Scheu, daß ihnen die einzige Quelle der Wahrheit getrübt werden könnte. In der »Familie Schroffenstein« wird die irrationale Wahrheit der inneren Stimme wahllos und trotzig von allen in Anspruch genommen. Nicht nur Agnes und Eustache berufen sich – mit der Hoheit weiblicher

Empfindungssicherheit, die in die Sphäre Käthchens, Alkmenes und Natalies vorweist – auf ihr untrügliches Gefühl. Auch Rupert, der Ungerechte, ganz vom Affekt Beherrschte, verfährt, als sei solche Gewißheit ihm beschieden.

Das Seinsgefühl der Handelnden in dieser Tragikomödie der Irrungen ist ungeläutert, sie verwechseln es mit ihren Vorurteilen und Begierden. Sie tragen jene grüne Brille, von der Kleist in dem Kant-Brief vom 22. März 1801 so anschaulich spricht. Die Welt erscheint ihnen in der Farbe ihrer Fehlschlüsse und ihrer Triebe, sie sind ganz der subjektiven Wahrheit ausgeliefert, und die ist etwas anderes als jene unmittelbare Wahrheit hellsichtiger Empfindung, die Kleist in seinen Hauptwerken feiert. Weder haben sie – mit der bezeichnenden Ausnahme des rousseauisch in die Natur entrückten Liebespaares – die ursprüngliche Unschuld des Gefühls noch die höhere Unschuld der – nach der berühmten Formel des Aufsatzes »Über das Marionettentheater« – »gleichsam durch ein Unendliches gegangenen Erkenntnis«. Ihr Denken und ihr Fühlen, ihre ganze Existenz ist »verhext«, nämlich mit zwanghafter Ausschließlichkeit an den unseligen Erbvertrag fixiert, der die Angehörigen der einen Linie des Hauses in denen der anderen nur potentielle Mörder und Thronräuber sehen läßt. So begehen sie im Zeichen ihres »innersten Gefühls«, auch wenn sie es nicht ausdrücklich so benennen, die fürchterlichsten Mißgriffe.

Die machina nigra

Es darf dabei als einer der unheimlichsten Züge des ebenso ungefügen wie auch wieder über Gebühr geglätteten Stückes gelten, daß der bedachtsame und sensitive Sylvester jener falschen Selbstsicherheit in gleichem Maße verfällt, wie der Wüterich Rupert sie einbüßt. Etwas wie eine höhnische Mathematik liegt darin – so als müßte die Summe der Verblendungen immer gleich bleiben, mögen die einzelnen Posten sich auch verändern. Das Absurde ist mehr als nur der Einbruch des Zufälligen in die Menschenwelt, es entwickelt rechnerischen Sinn, hat sein eigenes Bewegungs- und Gleichgewichtsgesetz. Erst in der zweiten Szene des vierten Aktes ist Sylvester so weit, daß auch er dem Mißtrauen, dieser »schwarzen Sucht der Seele«, erliegt. Zu diesem Zeitpunkt aber empfindet Rupert schon Ekel vor sich selbst (VI, 1), nennt er sich einen »Skorpion von einem Menschen« (IV, 4) und schaudert vor dem eigenen Spiegelbild zurück:

Mich aus der Welle an.

Lediglich aus einer Art von metaphysischem Trotz, der ihn zwingt, so schlecht zu handeln, wie er meint, daß die Welt ihn sieht, setzt er sein blutiges Werk fort. Ohne Überzeugung, aber mit um so größerer Verbissenheit spielt er die ihm scheinbar zugewiesene Rolle zu Ende. Das Drama der Täuschungen und Mißverständnisse erhält damit einen weiteren vexatorischen Zug. Die Menschen morden, weil sie sich einbilden, die anderen seien Mörder. Wie in einem Spiegel begehen sie die Verbrechen, die sie den anderen zutrauen. Das meint Hebbel, wenn er es in einer Tagebucheintragung aus dem Jahre 1838 als die Hauptidee der »Schroffensteiner« bezeichnet, »daß Rupert all diejenigen Verbrechen, von denen er glaubt, daß der durchaus unschuldige Sylvester sie begangen habe, begeht, *eben* weil, und *nur*, weil er dies glaubt«. Aber die Menschen morden auch, weil sie zu wissen glauben, daß die anderen sie für Mörder halten. Sie gehorchen dem Zerrbild ihrer selbst, das die Welt ihnen aufzwingt oder vielmehr: das sie sich nur allzu bereitwillig von ihr aufzwingen lassen.

Sie haben mich zu einem Mörder
Gebrandmarkt, boshaft, im voraus. – Wohlan,
So sollen sie denn recht gehabt auch haben.
(Rupert, IV, 4)

Doch auch dies ist ein Gaukelspiel der eigenen Natur. Denn zumindest Sylvester hat sich ja lange Zeit geweigert, an Ruperts Schuld zu glauben. Man sieht: hier waltet eine vielfältig verschränkte und dennoch zielstrebige Kausalität, ein wahrhaft schwarzer Mechanismus.

Erst als die Väter die eigenen Kinder abgeschlachtet haben, jeder in dem Wahn, das des anderen zu treffen, erwachen sie aus ihrer Selbstbesessenheit. Für einen Augenblick scheint der Sinn der Welt, wenn auch um einen zu hohen Preis, wiederhergestellt. Doch das letzte Wort hat ein Wahnsinniger, der dem »Hexenkunststück« des Schicksals Beifall zollt. Mag diese finstere Schlußpointe dramaturgisch »richtig« sein oder nicht – als Willensäußerung des Autors ist sie eindeutig. Aus geringfügigen Indizien – der vielbelachte kleine Finger, der hier eine so grotesk-makabre Rolle spielt – hat sich, verursacht durch menschliche Blindheit, eine Lawine des Unheils entwickelt. Das zu zeigen war Kleists Absicht in seiner damaligen Lebenssituation, und das hat er gezeigt. »Puppen am Drahte des Schicksals«, wie es in einer Randbemerkung des Manuskripts der »Familie Ghonorez« heißt. Oder noch drastischer: »Das Schicksal ist ein Taschenspieler.« Wobei unter Schicksal nicht nur das zu verstehen ist, was den aufrechten Menschen von außen trifft, sondern ebenso die eigene Verblendung, die ihn zum Täter wider sich selbst macht.

Leitmetapher

Man darf sogar sagen: nur zu gut ist es Kleist gelungen, in den »Schroffensteinern« das transitorische Weltgefühl jener Lebensstunde einzufangen. So reißend ist es in das dramatische Gehäuse eingeströmt, daß es dieses beträchtlich deformiert hat. Wohl können wir das Grundgefühl des Stückes nachvollziehen. Es ist dem Leser von heute als eine Art metaphysische Seekrankheit durchaus nicht fremd. Aber dieses Gefühl dehnt sich bei Kleist auf das Ästhetische aus – die Form schlägt und beult nach allen Richtungen aus, das Drama pendelt allzu heftig zwischen Schalmeienklang und Theaterdonner, zwischen Maienblütenduft und spanischer Intrige. Zu deutlich spüren wir die geheime Komik der superlativischen Tragödie. Sie liegt nicht zuletzt darin, daß hier unfreiwillig gerade das verspottet wird, was späterhin das Heiligste sein soll: das Vertrauen zu der eigenen Natur als der einzigen Instanz unmittelbarer Weltbeziehung. Ehe er sich fand, hat Kleist sich persifliert. Ein »überkräftig wunderliches Schauspiel« – diese Kennzeichnung, die Fouqué, der Dichter der »Undine«, dem Stück gab, dürfte bis heute gelten. Die schroffe Kühnheit des genialischen Jugendwurfs imponiert, aber wir fühlen uns mehr geohrfeigt als ergriffen. So ist dieses Drama vorwiegend zum Tummelplatz der Philologen geworden, die darin mit Recht eine erste Mustersammlung Kleistscher Schlüsselmotive und Lieblingsmetaphern sehen.

Vor allem taucht hier zum erstenmal eines der beiden Bilder auf, in denen Kleists Weltgefühl sich in gedrungener Anschaulichkeit präsentiert: das Bild von der gesunden Eiche, die der Sturm niederreißt, »weil er in ihre Krone greifen kann«, während er die kranke, die ihm keinen Widerstand entgegensetzt, verschont. Eine Vorform dieses metaphorischen Philosophems findet sich in einem Brief an die Braut vom 18. November 1800, wo Kleist davon spricht, daß der Sturm den Baum, nicht aber das Veilchen umwehe. Wäh-

rend er im Sommer 1801 in Paris an der »Familie Schroffenstein«
arbeitet, bildet der Gedanke sich weiter in ihm aus. In wörtlicher
Übereinstimmung erscheint er in einem Brief an Adolphine von
Werdeck (29. Juli 1801) und im zweiten Akt der »Familie Schroffenstein«, wo Sylvester sagt:

> Freilich mag
> Wohl mancher sinken, weil er stark ist: Denn
> Die kranke, abgestorbene Eiche steht
> Dem Sturm, doch die gesunde stürzt er nieder,
> Weil er in ihre Krone greifen kann.

Das ist in dem gegebenen Zusammenhang mehr Reflexion als
dramatische Rede. Um so deutlicher wird, wie sehr das Bild von dem
Dichter Besitz ergriffen hat: er *muß* es anbringen, es ist reine
Autobiographie. Erst als es in die Schlußsätze von »Penthesilea«
wie ein Kronjuwel nochmals eingesetzt wird:

> Sie sank, weil sie so stolz und kräftig blühte!
> Die abgestorbne Eiche steht im Sturm,
> Doch die gesunde stürzt er schmetternd nieder,
> Weil er in ihre Krone greifen kann

– erst da steht es im rechten Sinnzusammenhang, drückt es nicht
mehr nur den Autor, sondern auch die Sache aus. »Penthesilea«
wird im Herbst 1807 abgeschlossen. Jahrelang begleitet den Dichter
das groß geschaute Bild. Es ist eine jener nicht schmückenden,
sondern enthüllenden Metaphern, in denen ein Weltverhältnis sich
schlagend offenbart – ein Sinnbild des Kleistschen Menschen, der
kraft seiner Seinsfülle stürzt.

Verzweiflung und Artistentum

Was nun – nochmals – den biographischen Schlüsselwert der
»Familie Schroffenstein« anlangt, so ist es bezeichnend, daß es
selbst hier an Eindeutigkeit fehlt. Oder richtiger wohl: der biographische Wert dieses Werkes liegt eben darin, daß es uns Einblick in
eine Natur gewährt, die alles andere als eindeutig ist, ja die uns eher
wie ein Modellfall des bipolaren, alle Gegensätze nicht nur umschließenden, sondern sie in jedem Augenblick auch empfindenden
Menschen erscheinen will. Denn: sind die »Schroffensteiner«
wirklich, wie wir sagten, ein Verzweiflungsdrama? Wer das Stück

auf sein autobiographisches Pathos hin abhorcht, kann nicht umhin, neben den Tönen der Erschütterung auch solche einer wollüstigen Selbstberauschung wahrzunehmen. Das sind Klänge, die uns zu verstehen geben, daß die sogenannte Kant-Krise nicht so sehr der erste Schiffbruch in Kleists Leben ist als vielmehr ein erster Schritt in die freilich fürchterliche Freiheit. Eine hilfreiche Katastrophe, die Kleist – wir werden noch häufiger davon zu sprechen haben – den Weg wies. Der junge Mann, der sich so brav und so vergeblich bemüht hatte, einen Mustermenschen im Sinne der aufklärerischen Ideale aus sich zu machen, wird durch Kant – wie er ihn versteht – dahin gebracht, das angelesene und anerzogene Bildungs- und Tugendideal fahrenzulassen und endlich er selbst zu sein.

Natürlich ist das, wie die Briefe aus dem Frühjahr 1801 zeigen, zunächst eine mächtige Erschütterung. »Mein einziges, mein höchstes Ziel ist gesunken, und ich habe nun keines mehr«, schreibt er am 22. März an seine Braut und am darauffolgenden Tage – gleichlautend – an seine Stiefschwester Ulrike. Doch keine Woche später, und wir vernehmen bereits eine andere Tonart. Er werde, heißt es in einem Brief an Wilhelmine, das Wort, welches das Rätsel löst, schon finden: »Sei davon überzeugt.« Auf die Panik folgen eine Art finsterer Übermut, eine lustvolle Artikulierung des Erlittenen, die das Klima der »Familie Schroffenstein« entscheidend mitbestimmen. Wenn dies ein Drama der Verzweiflung ist, dann einer bravourösen Verzweiflung. Die genießerisch geölte dramaturgische Maschinerie, die kennerhaft gesetzten Kontraste, die knallenden Aktschlüsse, die kalte Symmetrie des Aufbaus, die Virtuosität der bereits kompletten Dialogtechnik zeigen im Verein mit einem unersättlichen Wirkungswillen, der die wüste Fabel wie einen Operntext ohne Musik in eine permanente Stretta-Stimmung hineintreibt, daß hier nicht nur eine aufgewühlte, sondern auch eine hochartistisch gestimmte Seele am Werk war. Die Einheit von Natur und vernünftigem Wollen, der Kleist so lange gläubig angehangen hatte, wird nicht ohne böses Wohlbehagen auseinandergesprengt.

Man denkt ein halbes Jahrhundert weiter – an Baudelaire. Wie er das Entsetzen pflegte. Wie er mit Raserei und Geduld die »finstere und kalte Schönheit« hervorbrachte, auf die er sich etwas zugute tat. Wie ihm das Bizarre das wahre Schöne war. Wie er das Grelle mit dem noch Grelleren übertrumpfte. »Le goût de néant« – Kleist kannte ihn, wenn er auch nicht die Koketterie besaß, sich damit zu brüsten. Und wenn er auch – im Gegensatz zu Baudelaire – nicht mit bewußter Berechnung auf die Überraschungen einer *poésie scandaleuse* zielte, so enthielten »Penthesilea« und »Die Marquise von O.« doch kaum weniger Brisanzstoff als die »Fleurs du Mal«. Freilich lebte er nicht im Frankreich von 1857, sondern zu einer Zeit und in einem Lande, wo man künstlerische Provokationen, sofern man sie überhaupt wahrnahm, mit Schweigen erstickte. Der »Prinz von Homburg« fand nicht einmal einen Drucker, geschweige denn eine Bühne. Die Prozesse, die man Baudelaire machte, waren das geringere Übel.

In der Höhle

Zum Kleistschen Schaffensprozeß gehört das Bild der Höhle, des Abgeschnürtseins von der Welt. »Penthesilea«, hierfür das grandioseste Beispiel, entsteht in der Klausur der französischen Gefangenschaft, im ersten Halbjahr 1807. Wir finden den Dichter, seine Briefe bezeugen es, trotz mißlicher Lage und unwürdiger Behandlung heiter und gesund wie selten sonst. Er ist in bester Arbeitsverfassung, denn er hat – unwillentlich – die ihm gemäße Arbeitsform gefunden. Der mönchische Zug wird deutlich, den Frank Wedekind an Kleist erkannte. »Welche Wohltat wäre für Kleist zeitweise der Friede eines Klosters gewesen!« stellte der Dichter des »Erdgeists«, Kleist mitleidend und verehrungsvoll verbunden, 1911 in seiner Münchener Gedächtnisrede fest. Er sprach damit etwas aus, was sich in Kleists Leben mehrfach als wahr erwiesen hatte, auch wenn es bloß der Ersatzfriede des Krankenzimmers gewesen war und nur einmal, in Prag (und auch das ist nicht ganz sicher), wirklich ein Kloster. Mit voller Überzeugung kann der als »Spion« Eingesperrte aus Châlons-sur-Marne an Marie von Kleist, seine Kusine und die Empfängerin seiner wichtigsten Briefe, schreiben: »Sie haben mich immer in der Zurückgezogenheit meiner Lebensart für isoliert von der Welt gehalten, und doch ist vielleicht niemand inniger damit verbunden als ich.« Dieser Satz mit seiner Betonung der Weltverbundenheit bei scheinbarer Weltabgewandtheit ist eine der wichtigsten Selbstaussagen des Dichters. Kleists Werke kommen aus einem anderen Bereich als dem der Erfahrung, sie entstehen in wunderbarer Unabhängigkeit von den Umweltereignissen. Das entspricht ihrem elementaren Seinscharakter, und das gibt ihnen bei allem Übermaß und bei all ihrer dunklen Glut den eigentümlichen Unschuldsschimmer. Ein Glanz liegt auf ihnen, der aus der Reinheit des Anfänglichen kommt. Man denkt an das schöne Bild von dem »der Meerestiefe entsteigenden Taucher«, das ein Zeitgenosse, der Kriegsrat Johann George Scheffner, auf Kleist angewandt hat.

So taucht er im Spätherbst 1809, am Ende der auf den Prager Zusammenbruch folgenden, biographisch völlig ungeklärten Monate, mit dem annähernd fertigen Manuskript des »Prinzen von Homburg« auf – wahrhaft aus der Meerestiefe oder aus der mütterlichen Geborgenheit der Höhle. Vom Biographischen her bleibt das ein Rätsel. Umgekehrt freilich darf man hier vom Werk auf die innere Verfassung des Dichters schließen. Die heiter-schmerzlose Loslösung vom Leben, die Todesverklärung Homburgs nach den Fieberschauern der Todesfurcht deuten voraus auf die fast übermütige Heiterkeit des letzten Tages am Wannsee, der Kleists reinster und glücklichster Tag sein sollte. Der herrliche Satz, den der Prinz unmittelbar vor der vermeintlichen Hinrichtung spricht, die seinsfromme, keinen Unterschied zwischen dem Hier und dem Dort mehr gelten lassende Zeile, mit der der scheinbar Todgeweihte die ihm dargereichte Nelke »zu Hause« ins Wasser zu stellen verspricht, ist in der Tat reine Innenbiographie. Wie sehr es sich hier um die Offenbarung eines innerlich bereits Vollzogenen und durch die krude Tat nur noch zu Bestätigenden handelt, wird erhärtet durch den in die gleiche Zeit fallenden Schluß des »Michael Kohlhaas«. Die Anfänge des »Kohlhaas« gehen vermutlich bis in das Königsberger Jahr 1806 zurück, der Schluß wird erst vier Jahre später – bald nach dem »Homburg« – geschrieben. Und auch hier wird der – nun nicht mehr bloß fiktive – Abschied vom Leben zum freudigen Triumph. Nichts, so berichtet der Erzähler von seinem Helden, nichts »glich der Ruhe und Zufriedenheit seiner letzten Tage«. »Homburg«, der Schluß von »Michael Kohlhaas« und der Aufsatz »Über das Marionettentheater« fallen in dieselbe Lebensphase, sie gehören biographisch und binnenthematisch zusammen. In ihnen beginnt das Kleistsche Weltbild zu transzendieren.

Der Patriot

Was zwischen der »Familie Schroffenstein« und den Arbeiten der letzten Lebenszeit liegt, läßt solche hilfreichen Querverbindungen zwischen Leben und Werk und Werk und Leben nur sehr bedingt zu. Das gilt sogar von dem Drama, das eine doppelte Ausnahme zu sein scheint, der »Hermannsschlacht«. Sie bietet sich als höherer Journalismus und zugeich als Innenansicht einer entfesselten Seele dar und entzieht sich doch auch wieder solcher Katalogisierung. Richtig ist, daß Kleist hier zum erstenmal für den eigenen Sturm eine Entsprechung in der Zeit findet. In dem durchsichtig verschlüsselten Tendenzstück verströmt er – gewiß patriotisch, aber nicht nur patriotisch – alles, was er an Hassenskraft besitzt; und das mit einer Gewalt, die, »schauerlich genug«, wie ein Zeitgenosse meinte, über den Gegenstand wie über die Tendenz hinausschießt. Das Joch, gegen das dieses Gedicht rebelliert, ist mehr als das napoleonische, und die Freiheit, die es sucht, mehr als die der Nation. Wie die Liebe, so greift bei Kleist auch der Haß über das Objekt hinaus ins Metaphysische. »Die Hermannsschlacht« erschöpft sich sowenig in der Kategorie des vaterländischen Schauspiels, wie die Gedichte »Germania an ihre Kinder« und »Kriegslied der Deutschen« als bloße politische Lyrik gelten können. Das sind Erhebungen furchtbarerer, elementarerer Art. Der Furor, der sie durchtobt, kündet von einem Existenzkampf im urtümlichen Sinne des Wortes, von dem Umsichschlagen eines Gefesselten, der gegen die Ketten rast, in die Natur und Schicksal ihn geschlagen haben, von einem Aufstand gegen die menschliche Ohnmacht schlechthin. Unter Kleists Händen wird das Aufbegehren gegen den Unterdrücker zu einem Stück Paradiessuche mit den Mitteln der Finsternis. Der Nornentag soll die ewige Herrlichkeit begründen. Nur so erklärt sich das über jeden Begriff Heftige, das Unmenschliche, um nicht zu sagen: das Übermenschenhafte des Kampfes, das man nicht einfach – die bequemste Ausflucht vor den Konsequenzen dieses Geistes – als »pathologisch« abtun kann; und erst so wird die jeder Heldenidealität hohnsprechende Figur Hermanns voll verständlich: des blauäugigen Puniers, der Diplomat und Berserker in einer Person ist, ein auf erschreckende Art »totaler« Mensch, in welchem fürstlichen Anstand und wüste Rechtsverhöhnung, Großherzigkeit, pueriler Charme und Metzgerinstinkte nebeneinander wohnen, überwölbt von einem kaum noch irdisch zu nennenden und doch ganz konkreten Sendungsbewußtsein.

Dieser Freiheitsheld ist in Wahrheit ein Bruder der Penthesilea. In beiden werden die Schrecken des Absoluten zum Ereignis. Denn Hermann will ja gar nicht das Vaterland. Er will – das gibt er in der dritten Szene des ersten Aktes unmißverständlich zu verstehen – überhaupt nichts auf Erden erringen, sondern im Gegenteil alles

aufgeben, um in einem freien Tod über seine Feinde zu triumphieren. Genau wie in Kleists Versen »An den Erzherzog Karl« aus dem
Jahre 1809 (dem ersten der beiden Gedichte dieses Titels) mehr vom
glorreichen Untergehen als vom effektiven Siegen die Rede ist:

> Nicht der Sieg ists, den der Deutsche fordert . . .

Was Hermann will, ist die unbedingte Freiheit, der absolute, von
keinem irdischen Begehren eingeschränkte Raum der menschlichen Selbstbehauptung, ist seine und seines Volkes Eigenwürde,
unabhängig von Interesse, Besitz und Leben. Und dieses Ziel wird er
erreichen:

> Verknüpft mit niemand, als nur meinem Gott.
> (I, 3)

Man versteht jetzt das sonderbare Eingleisige, ja Monologische des
Stücks, seinen entschieden solipsistischen Zug. Für diese Art von
Maßlosigkeit gibt es keinen Gegenspieler; und nichts ist bezeich-
nender, als daß der hier in der Tat fehlt. Wäre wirklich vor allem das
Nationale, die Zeitparallele der Gegenstand gewesen, so hätte sich
eine dem »bösen Geist« Napoleon entsprechende Kolossalfigur
geradezu aufgedrängt. Doch das in den Rausch des Unbedingten
erhobene Ich des Dichters überfliegt die geschichtliche Situation
mit ihren handgreiflichen Möglichkeiten und Forderungen ebenso
wie die Regeln der Dramaturgie. Schon Otto Brahm, im übrigen ein
Bewunderer gerade dieses Dramas, hat festgestellt, daß Hermanns
Übermaß keinen rechten Hebel in der Ökonomie des Ganzen findet
– am wenigsten in der »ahnungsvollen Schwermut« seines Gegners
Varus. Dieser ist im Gegenteil – und das darf als ein Sieg des
Dichters über den Tendenzschriftsteller gelten – die rundeste und
nobelste Figur des Dramas.
Selbst hier also, wo das Ziel eindeutig in der Zeit liegt, drängt Kleist
mit der Kraft des inneren Zwanges von den zeitlichen Bedingtheiten
weg in weitere und höhere Räume. »Die Hermannsschlacht«
schießt wie eine Stichflamme aus der Zeit empor und läßt – wie sie –
die Zeit unter sich zurück. Was nicht ausschließt, daß Kleist das
Stück in einem Brief an Joseph von Collin (22. Februar 1809) mit
voller Überzeugung »für den Augenblick berechnet« nennt. Wenn
er sich allerdings zu der Ankündigung versteigt, von nun an »lauter
Werke zu schreiben, die in die Mitte der Zeit hineinfallen« (Brief an
den Minister Altenstein vom 1. Januar 1809), so weiß sein dunkler
Stern es besser. Nur dieses eine Mal sollte es ihm gelingen, seine

persönlichen Impulse mit denen der Zeit zu koordinieren; und auch diesmal blieb der praktische Effekt aus. Die politische Lage ließ weder den Druck noch die Aufführung der »Hermannsschlacht« zu. Alles, was geschah, war, daß das Manuskript »unter dem Siegel des Schweigens« im Freundeskreis zirkulierte und daß es ein paar private Vorlesungen gab, von denen diejenigen, die dabei waren (der Historiker Dahlmann berichtet es), noch lange den »unwiderstehlichen Herzenston« im Ohre behielten, mit dem Kleist – sonst kein guter Vorleser – die erste Strophe des Bardenliedes gelesen hatte. Es ist die Stelle:

> Wir litten menschlich seit dem Tage,
> Da jener Fremdling eingerückt;
> Wir rächten nicht die erste Plage,
> Mit Hohn auf uns herabgeschickt;
> Wir übten, nach der Götter Lehre,
> Uns durch viel Jahre im Verzeihn:
> Doch endlich drückt des Joches Schwere,
> Und abgeschüttelt will es sein!
> (V, 14)

Verse, in denen allerdings die Not der Zeit und die persönliche Not auf bewegende Art zusammenklingen.

Seinsdichtung

Doch Kleists Schicksalslinie wies in andere Zonen. Es war sowenig seine Sache, Zeitgeschichte zu dramatisieren wie Daten des persönlichen Lebens in Dichtung umzumünzen. Die meisten Erklärungsversuche, die in diese Richtung gehen, sind so subaltern wie die von seinem ersten Biographen geäußerte Vermutung, »das Käthchen von Heilbronn« sei geschrieben, um Julie Kunze, der unbotmäßigen Freundin aus dem Dresdner Sommer 1808, an einem Lehrbeispiel zu zeigen, »wie man lieben müsse«. Kleists Dichten ist weder aus seinem Leben, noch ist sein Leben aus dem Gedichteten hinreichend zu erklären. Dem fugenlosen Block des »Guiskard«-Fragments merkt man nicht an, was an Not und Schöpferqual er seinen Autor gekostet hat. Das Satyrspiel des »Zerbrochenen Krugs« läuft – erstaunlich genug – zeitweilig neben der verzweifelten Anstrengung um den »Guiskard« her; wobei man der immer auf das Äußerste zielenden Schaffensintensität des Dichters nicht gerecht würde, wollte man annehmen, er habe sich bei dem einen von dem anderen erholt. Vollends der »Amphitryon« schwebt frei im Kleistschen Lebensraume – ein Wunder an poetischer Phantasie wie an handwerklicher Souveränität, vollbracht in der Königsberger Zeit während des letzten, unlustigen Versuchs, Beamter zu werden, und vor der Folie des preußischen Zusammenbruchs. Gewiß hat Kleists merkwürdige Wiederbegegnung mit der inzwischen verheirateten Wilhelmine von Zenge und seine gleichsam jupiterhafte Stellung zwischen ihr und ihrem Mann, dem Kant-Nachfolger Wilhelm Traugott Krug, das spezifische, mythisch-intime Klima der geheimnisreichen Komödie mitbestimmt. Doch daraus schließen zu wollen, dieses berückende und wahrhaft lebensgefährliche Spiel mit göttlichen und menschlichen Identitäten sei das *Produkt* der Königsberger Situation, wäre doch wohl eine unziemliche Banalisierung. Um seiner Fremdheit in der Welt innezuwerden, bedurfte Kleist nicht der ihm allerdings verwehrten Idylle im Hause Krug. Die Kulissen für Jupiters Klage über die Einsamkeit einer liebeleeren Götterwelt sind nach einem anderen Maßstab erstellt.

Von »Penthesilea« war schon die Rede: das Werk, in welchem Kleist den Sprung in den eigenen Vulkan am vorbehaltlosesten wagte, verrät am wenigsten von seiner Lebensgeschichte – Seinsdichtung ist offenbarend, nicht plauderhaft. »Das Käthchen von Heilbronn« endlich weist biographische Spuren nur insoweit auf, als es Konzessionen an die romantische Schule macht – als Folge des Dresdner Aufenthalts und seiner Einflüsse. Kleist selbst klagt später in einem Brief an Marie von Kleist (Sommer 1811), er habe sich beim »Käthchen« zu sehr vom »Urteil der Menschen« lenken lassen: »Es war von Anfang herein eine ganz treffliche Erfindung, und nur die Absicht, es für die Bühne passend zu machen, hat mich zu Mißgriffen verführt, die ich jetzt beweinen möchte.« Und er kommt zu dem Schluß, daß er künftig auf nichts Rücksicht nehmen wolle als auf seine »eigne innere Befriedigung«. Denn er sei überzeugt, »daß, wenn ein Werk nur recht frei aus dem Schoß eines menschlichen Gemüts hervorgeht, dasselbe auch notwendig darum der ganzen Menschheit angehören müsse«. Kleist glaubt also – und die Nachwelt hat ihm darin recht gegeben –, daß das Hinabtauchen in die Quellgründe der Person notwendig ins Allgemeine führe, daß ihn mit der Menschheit verbinde, was ihn von der Zeit trenne, daß alles Individuelle seine Wurzeln in einem gemeinsamen Boden habe – mag diese volle, eigentliche Wirklichkeit auch von der trügerischen Wirklichkeit des Augenblicks überwuchert sein. Die schlichte

Wendung vom »Schoß des menschlichen Gemüts« steht hier für das Existentielle schlechthin. Biographisch gesehen, kann man diese Worte freilich nicht ohne Rührung lesen. Denn eben die Unbedingtheit, mit der Kleist ihrer Forderung gefolgt war, hatte ihn dahin gebracht, wo er stand. So unbekümmert und rücksichtslos hatte er aus dem Schoß seines Gemüts produziert, daß er über der Gewißheit der wahren Welt die wirkliche vergaß, der er mit einem Teil seines sterblichen Wesens doch auch angehörte. Eben deshalb, weil er diese Welt nicht hinreichend wahrnahm, weil sie für ihn eine uneigentliche Welt war, ließ er die geschichtliche Wirklichkeit, auch die geschichtliche Wirklichkeit der eigenen Person, so rigoros außer acht – zum Kummer aller Biographen, die das Genie gern in Filzpantoffeln sehen, oder wenn nicht das, so doch als »Kind seiner Zeit«.

Intime Existenz

Kleist war für seine Biographen von jeher eine Verlegenheit. Nicht einmal das beliebteste Kapitel aller Lebensbeschreibungen, »Der Dichter und die Frauen«, konnte befriedigend beliefert werden. Zwar haben wir eine Vorstellung von seinem Verhältnis zu der Musterbraut Wilhelmine von Zenge, von der Seelenfreundschaft mit Marie von Kleist und von der besonderen Art seiner Beziehung zu der Todesgefährtin Henriette Vogel, mit der ihn nichts als eben die beseeligende Gemeinschaft des Todes verband. Von den Frauen jedoch, die möglicherweise sonst eine Rolle in seinem Leben spielten – die kleinen Affären, die Liebeleien, die Leidenschaften des Augenblicks –, von ihnen sind uns allenfalls die Namen und die Tatsache bekannt, daß es von Kleists Seite in der Regel nach kurzer Zeit zu überstürzten Abreisen kam. Das Phänomen der Liebesflucht (vor Luise Wieland in Oßmannstedt, vor Henriette von Schlieben in Dresden) begegnet uns mehrfach in Kleists Leben.
Sowenig man Kleist mit einem seiner männlichen Helden identifizieren kann, so unmöglich ist es, für die Frauengestalten reale Modelle in seiner Biographie zu finden. Während bei Goethe Außen- und Innenwelt so vollkommen eines sind, daß seine Liebesbeziehungen – von Käthchen Schönkopf bis Marianne Willemer – zugleich auch Stufen seiner geistigen und künstlerischen Existenz bezeichnen, entstehen Kleists Menschen nicht aus einem Wechselspiel zwischen der objektiven Welt und der eigenen Seelenwirklich-

keit, vielmehr erwachsen sie doppelgestaltig aus der Spannung seines Inneren. Auch das Du produzierte er aus dem Ich. Den gesamten Schicksalsstoff suchte und fand er in sich selbst. In solch furchtbarer, Menschenkraft übersteigender Abgetrenntheit lag Kleists Tragik, aber auch das, was ihn zum Dramatiker machte. War Goethe Werther, Clavigo und Orest und waren Charlotte Buff, Friederike Brion und Frau von Stein Werthers Lotte, Marie Beaumarchais und Iphigenie, so ist Kleist Penthesilea *und* Achill, Alkmene *und* Jupiter, Käthchen *und* Wetter vom Strahl.

Auch hier also gibt uns die Dichtung keine biographische Hilfen. Viel spricht dafür, daß Kleist nie eine Frau berührt hat – eine wahrhaft beklemmende Vorstellung angesichts eines Werkes, das von furioser Sinnlichkeit vibriert. Die Briefe, die er an seine Braut, die arme Wilhelmine von Zenge, schrieb, sind lederne Bildungsliteratur. Man vergleiche, wie würzig und unmittelbar er seiner Schwester Ulrike mitzuteilen versteht, was – an Wilhelmine gerichtet – ödes Weltanschauungskolleg wird. Lebendig sind diese Liebesbriefe, die sonderbarsten der Welt, nur, soweit sie sich *nicht* an die Partnerin richten. Das heißt: soweit sie Selbstgespräch sind oder – wie die berühmte Schilderung Würzburgs in dem Brief vom 11. Oktober 1800 – Einlage und literarische Fingerübung. Wer nach latenter Erotik sucht, wird sie eher in den Äußerungen über die Freunde (vor allem über Ludwig von Brockes) und in den Briefen an sie finden. Etwa in dem Schmoll- und Zankbrief an Heinrich Lohse (Dezember 1801) oder dem Königsberger Brief an Rühle von Lilienstern, worin es heißt: »Und nur insofern, als Du auch etwas von der Sehnsucht fühlst, die ich nach Dir, d. h. nach der innigen Ergreifung Deiner mit allen Sinnen, inneren und äußeren, spüre, kann ich mich von Deinen Schriftzügen, schwarz auf weiß, in leiser Umschlingung ein wenig berührt fühlen.« Oder in dem Brief an Ernst von Pfuel (7. Januar 1805), worin Kleist emphatisch erklärt: »Ich heirate niemals, sei Du die Frau mir, die Kinder, und die Enkel!« und mit eigentümlicher Inbrunst und in sehr konkreten Wendungen die »mädchenhaften« Gefühle darlegt, die der Anblick des in den Thuner See steigenden Freundes einst in ihm erweckt hatte. Nur in der Gesellschaft der wenigen nahen Freunde scheint er sich ganz glücklich und gelöst und allen fressenden Kummers ledig gefühlt zu haben. Damit rückt ein die Fremdheit zur Welt vertiefendes Motiv in den Bereich des Vermutbaren. Es könnte den Umfang der psychologischen Skala erklären helfen, über die Kleist verfügte und die es ihm erlaubte, neben so pronounciert männlichen Charakteren wie Jupiter, Strahl, Graf F. (in der »Marquise von O.«) so extrem und exemplarisch weibliche wie Agnes und Käthchen, Alkmene und Natalie nicht nach dem Leben abzukonterfeien, sondern sie aus dem Stoff der eigenen Persönlichkeit aufzubauen. Dieser keuscheste Dichter war, so scheint es, auch der wissendste.

Sicher jedenfalls ist, daß die starken, unausgetragenen Spannungen seiner Natur sich mit stürmischer Gewalt ins Werk entluden. Der Wissensdrang, der Vernunftfetischismus, die Bildungsseligkeit des jungen Kleist sind ebenso triebhaft wie später sein auf das Lebensganze gerichteter Erkenntnishunger, sein Durst nach dem Absoluten. Die brennende Gier setzt – ein grandioser Vorgang – die höchsten Kräfte des Künstlertums frei. Doch dazu bedurfte es jener gewaltigen, verzehrenden Anstrengung einer »Umkehr der Richtung«, die – nach Schopenhauer – nötig ist, damit »statt jener quälenden, bedürftigen, verzweifelnden Begierde die Tätigkeit der höchsten Geisteskräfte das Bewußtsein füllt«. Dichten war für Kleist ein hocherotischer Vorgang, keine Ersatzleistung, sondern effektiver Vollzug.

Das Ziel

Kleists Leben war kein stolzer Bau. Seinem kindlichen Streben nach einem »Lebensplan« zum Trotz war es das planwidrigste Leben, das man sich denken kann. Doch im Dasein eines Genies wird alles Ausdruck, und so sagen die weißen Flecke auf der Landkarte dieses verworrenen Lebens mehr, als jede schöne Vollständigkeit es könnte. Sie erzählen uns die Geschichte eines ins Leben Verschlagenen, dem das, was die anderen Wirklichkeit nennen, unwirklich blieb. In seinem zwar nicht berühmtesten, aber vielleicht bedeutsamsten Brief (einem der letzten Briefe an Marie von Kleist, vom August 1811) schildert er, wie schwer, ja wie schmerzhaft es für ihn war, sich das, »was wirklich ist, vorzustellen«. Dieses Bekenntnis ist auf einen bestimmten Fall abgestellt, nämlich auf die Fähigkeit, sich an einen Abwesenden zu erinnern – eine Fähigkeit, die Kleist, wie er sagt, fehlte. Vorstellen kann er sich nur das, worüber seine Phantasie frei verfügen darf, nicht aber, was durch die Wirklichkeit bereits festgelegt ist. Man darf aus diesem außerordentlich vielsagenden Eingeständnis auf ein subjektives Mißverhältnis zur konkreten Faktenwelt überhaupt schließen, wie es sich in Kleists Biographie tatsächlich immer wieder drastisch bekundet. Etwa wenn er sich auf dem Schlachtfeld von Aspern vor Spione witternden österreichischen Soldaten durch das Vorweisen patriotischer Gedichte zu legitimieren sucht und damit natürlich nur Mißtrauen und Gelächter erntet; oder wenn er, der ehemalige preußische Offizier, sich nach der Pariser »Guiskard«-Katastrophe dem Erzfeind Napoleon anschließen will. Beide Male gehorcht er einer ebenso wirklichkeitswidrigen wie seinsgerechten Wallung. Denn womit hätte er sich – folgte man der Logik des Seins und nicht der der Erscheinungen – besser ausweisen können als mit dem, was aus seinem »innersten Gefühl« kam, seinen Gedichten? Und welche Maßnahme hätte vollkommener der ersehnten Ich-Auslöschung entsprochen als das stillschweigende Wegtauchen eines preußischen Dichters und Patrioten in die für England bestimmte napoleonische Invasionsarmee?

Positiv ausgedrückt, bedeutet dies alles: Kleist nimmt die landläufige Realität nur wahr, um – durch sie hindurch – zu dem zu gelangen, was für ihn wirklich ist. Diese seine, die wahre Wirklichkeit, die hinter aller Scheinwirklichkeit liegt und zu der es – in voller Diesseitigkeit – einen Zugang zu finden gilt, hat viele Namen. Einer davon ist: das Paradies. Das Paradies, von dem es in dem Aufsatz »Über das Marionettentheater« heißt, daß es verriegelt sei und daß wir die »Reise um die Welt« machen müssen, um zu sehen, »ob es vielleicht von hinten irgendwo wieder offen ist«. In dieser erstaunlichen Ankündigung, so heiter-verschmitzt sie auch vorgebracht wird, liegt sowohl Kleists Lebenstragik als auch die Herrlichkeit seines Werkes beschlossen. Beide, Leben und Dichtung, stehen im Zeichen des ungeheuerlichen Versuchs, hier auf dieser Erde in den Besitz des reinen Seins zu gelangen.

Die innere Lebensgeschichte

Was sich aus Kleists kargen Lebenszeugnissen, dem lückenhaften Briefwechsel und dem in allem Privaten schweigsamen Werk an Persönlichem herauslesen läßt, ist der dünne, aber immerhin erkennbare Faden einer *inneren* Biographie. Ihr erster einigermaßen überschaubarer Abschnitt umfaßt ziemlich genau acht Jahre, er reicht von dem ersten uns erhaltenen Brief des Fünfzehnjährigen bis zur Kant-Krise und zu ihrem Appendix, dem Pariser Sommer 1801. Der Knabe, aus dem Heinrich von Kleist werden sollte, ist eine Rokokofigur, der Brief, mit dem er sich bei der Nachwelt einführt, reines achtzehntes Jahrhundert, gravitätisch-vernünftig und zugleich tändelnd, ein Brief des Knaben Cherubin, zu dem unhörbar das Mozartsche *non più andrai* erklingt. Der Abstand, den es auszumessen gilt zwischen diesem Brief des Gefreiten-Korporals Kleist an die Tante Massow vom März 1793 und den letzten Äußerungen des zum Tode entschlossenen Dichters, ist ebenso erschreckend wie großartig. Das sind nicht die Pole von Lebenshoffnung und Lebensenttäuschung, zwischen denen die Geschichte eines Scheiterns liegt, es ist ein Weg, der von Welterwartung zu Weltüberwindung führt – und dies in einem Zeitraum von nicht mehr als achtzehn Jahren. Denn größer ist die Zeitspanne nicht, die jenen ersten Brief des »gehorsamen Knechts« an das »gnädigste Tantchen« mitsamt seiner Schilderung einer Burgbesteigung, eines räuberischen Überfalls (der ersten Kleistschen Anekdote!) sowie der Klage über eine unverschämte Zimmervermieterin von dem letzten Brief aus dem Jahre 1811 trennt, geschrieben »am Morgen meines Todes«. Wenn man – trotzdem – Kleist als einen Dichter ohne Entwicklung hingestellt hat, so ist das richtig und falsch zugleich. Wer den Zugang zur Welt vom Unmittelbaren her sucht, sieht sich jedesmal vor einen neuen Anfang gestellt. Insofern kann ein Geist wie Kleist gar keine Entwicklung haben – er kann nur immer wieder den gleichen Sprung ins Bodenlose wagen. Tatsächlich fehlt bei Kleist jenes Weiterreichen der goldenen Eimer von Werk zu Werk, jene stufenweise Entfaltung, in der wir das Werden und die Bildung einer großen Persönlichkeit zu sehen gewohnt sind.

In Kleist ist das Diskontinuierliche sinnträchtiges Ereignis, noch
ehe es zum konstituierenden Faktor moderner Welttheorien wird.
Seine Lebensleistung ist eher durch die Nachbarschaft des scheinbar
Unvereinbaren gekennzeichnet: »Krug« neben »Guiskard«, »Amphitryon« neben »Penthesilea«, »Hermannsschlacht« neben
»Homburg«. Selbst das berühmte, vom Dichter nachdrücklich
behauptete Komplementärverhältnis zwischen »Penthesilea« und
»Käthchen« – »Sie gehören ja wie das + und – der Algebra
zusammen und sind ein und dasselbe Wesen, nur unter entgegengesetzten Beziehungen gedacht« (an Joseph von Collin, 8. Dezember 1808) –, selbst dies ist eine enorme Zumutung an das Weltver-
ständnis, die Aufgeschlossenheit und seelische Spannweite des
Lesers. »Eine ungeheuerliche Forderung«, wie Reinhold Schneider
es genannt hat.
Als Kleist sein Thema gefunden hat, gibt er, wenn man so will, nur
noch Varianten und stellt sie, unbekümmert um eine entwicklungs-
fromme Biographie, nebeneinander. Jedes neue Werk ist ein weiterer Einstieg in denselben Schacht. Doch jedesmal kehrt er mit
anderen Schätzen zurück, und jedesmal gelingt es ihm, sie herrli-
cher und sinnreicher zu ordnen. Kleists Entwicklung liegt nicht in
der zyklischen Auffaltung eines umfassenden Weltgefühls wie bei
Shakespeare, sondern in der immer tiefer bohrenden Hartnäckigkeit eines auf den dunklen Weltkern, auf die unausschöpfbare Mitte
zielenden Erkenntnis- und Ausdrucksverlangens. Blickt man unter
diesem Vorzeichen von der »Familie Schroffenstein« hinüber auf
den »Prinzen von Homburg«, dann wird man ihrem Autor schwerlich die Entwicklung absprechen können – eine Entwicklung, die
sich in der immer schlackenloseren Ausprägung ein und desselben
bekundet.

Gefühl der Würde

Die Jahre der ersten dokumentierten Lebensphase (1793–1801)
zeigen einen jungen Mann, der seine Persönlichkeit auszubilden
sucht – freilich nicht nach dem ihm innewohnenden Gesetz, sondern
nach den Vorstellungen seiner Zeit. Der gefährdete Mensch kennt
keinen höheren Wunsch, als zu sein wie alle; der geheime Chaotiker
stilisiert sich nach dem Bilde seiner Herkunft und Umgebung, ohne
daß es ihm – und das macht das Dramatische dieses Lebensabschnittes
aus – je ganz gelänge. Das Kleistsche Lebensthema läßt sich nicht

unterdrücken. Es ist da, auch wenn es noch ganz im aufklärerischen Jargon formuliert und abgehandelt wird. In einem Brief an seinen ehemaligen Erzieher Martini (März 1799) stellt der Einundzwanzigjährige – verräterisch genug – die Frage, ob ein Fall möglich sei, »in welchem ein denkender Mensch der Überzeugung eines andern mehr trauen soll, als seiner eigenen«. Ein »denkender Mensch«–das ist gewiß eine noch recht karge Vorform des späteren Kleistschen Menschen mit seinem totalen Gefühlsanspruch; und »Überzeugung« ist etwas Minderes als jenes absolute Bewußtsein, mit dem Kleists Helden und Heldinnen dann gegen die Welt antreten werden. Doch die Frage ist – wenn auch in Grenzen – gestellt, und der schülerhafte Eifer, mit dem Kleist zu beweisen sucht, was ihm nicht zweifelhaft sein kann, zeigt, daß hier ungeachtet der akademischen Fragestellung ein vitales Interesse waltet. Nur das eigene Selbst könne uns zu unseren Überzeugungen verhelfen, die jeden einzelnen leitende Vernunft, die alle in wisse, was zu unserem Glücke dient. Das Glück aber, so geht es gut aufklärerisch weiter, das ist nichts anderes als die Belohnung der Tugend, ist der Genuß, den wir beim Anblick der »moralischen Schönheit unseres eigenen Wesens« empfinden. Und dann klingt plötzlich ein Wort auf, das die ein wenig klappernde Argumentation zum Verstummen bringt, weil es aus der Sphäre des Beweisenwollens in die des Ausdrucks und das heißt: der Wahrheit führt. Es ist das Wort Würde, das Gefühl »unserer durch alle Augenblicke unseres Lebens, vielleicht gegen tausend Anfechtungen und Verführungen standhaft behaupteten Würde«. Allein auf das Bewußtsein der Würde oder mit anderen Worten: des unantastbaren Persönlichkeitskerns lasse sich, meint der junge Kleist, selbst unter den traurigsten äußeren Umständen ein »sicheres, tiefgefühltes, unzerstörbares Glück« gründen.

Damit ist – im Ansatz – der Punkt bezeichnet, auf den Kleists Menschen sich künftig beziehen werden, der sie hält und sie – in äußerster Anspannung – die immer wieder geforderte Seinsprobe bestehen läßt. Kleists Würdebegriff ist nicht identisch mit dem abstrakten, pathetischen Begriff der Menschenwürde, wie ihn die Klassik kennt. Er umarmt nicht die Welt, meint nicht die Menschheit als Ganzes, sondern die dem Einzelnen eingesenkte, ihn tragende und schützende, aber auch verpflichtende Gewißheit des Richtigen – eine Gewißheit, die Alkmene über Jupiter, die Marquise von O. über den sie verurteilenden Schein und Homburg, als der Kurfürst ihm die Freilassung anbietet, über die Versuchung eines leichten Sieges triumphieren läßt.

Der Brief an Martini – in teilweise wörtlicher Übereinstimmung mit dem zu derselben Zeit verfaßten »Aufsatz, den sichern Weg des Glücks zu finden« – steht am Ende der Kleistschen Soldatenlaufbahn. Mit ihm schreibt Kleist sich los. Unter dem Vorwand, bei Martini Rat zu suchen, legt er sich selber Rechenschaft ab. Sieben Jahre hat er gegen seine Natur gelebt, fremder Überzeugung zuliebe die eigene gering geachtet und jenes Gefühl der Würde unterdrückt, das sich nun mächtig in ihm zu regen beginnt. Daß er Soldat wurde, war ein Teil seines Versuchs zum Lebensgehorsam – ein Kleist wird eben Soldat. Aber dieser Versuch ist an seine Grenzen gelangt. Nie sei er dem Soldatenstand wirklich zugetan gewesen, und schon längst habe der Wunsch, den Dienst zu quittieren, ihm in der Seele gelegen. Der gehäufte Abscheu bricht sich Bahn. »Die größten Wunder militärischer Disziplin, die der Gegenstand des Erstaunens aller Kenner waren«, schreibt er, und diese Sätze sind denkwürdig, »wurden der Gegenstand meiner herzlichsten Verachtung; die Offiziere hielt ich für so viele Exerziermeister, die Soldaten für so viele Sklaven, und wenn das ganze Regiment seine Künste machte, schien es mir als ein lebendiges Monument der Tyrannei.« So macht er sich endlich frei, jedoch nur, um sich – seiner eigentlichen Kräfte noch immer unbewußt – in eine andere Unfreiheit zu begeben, in die »goldne Abhängigkeit von der Herrschaft der Vernunft«, die er nicht wieder zu veräußern gedenke. Kleist, der rigorose Gefühlsdenker, wendet sich den Wissenschaften zu.

Der Lebensplan

Welche Unordnung muß in einer Natur herrschen, die sich genötigt sieht, mit so widernatürlicher Pedanterie auf Ordnung bedacht zu sein, wie Kleist es in den nun folgenden Jahren ist! Es beginnt die Zeit des hartnäckig verfochtenen und durchexerzierten Lebensplans. »Der Zustand, ohne Lebensplan, ohne feste Bestimmung, immer schwankend zwischen unsichern Wünschen, immer im Widerspruch mit meinen Pflichten, ein Spiel des Zufalls, eine Puppe am Drahte des Schicksals – dieser unwürdige Zustand scheint mir so verächtlich, und würde mich so unglücklich machen, daß mir der Tod bei weitem wünschenswerter wäre«, schreibt er im Mai 1799 an Ulrike, und man spürt die innere Bedrohung hinter den überspannten Worten. So spricht jemand, der weiß, daß er ohne Halt (und sei dieser auch nur eingebildet) verloren ist. In diesem Sinne ist nicht nur seine trotzige Versenkung in Studien zu verstehen, zu denen es ihm vielfach an Vorkenntnissen fehlt, sondern auch seine Verlobung. Auch sie hat ihren Platz im Reglement des Lebensplans und seiner vermeintlichen Sicherheit: die Liebe – in ihrer aufklärerischen Tugendrichtung – als Gewähr gemeinsamer Entwicklung zum Guten und immer Besseren. Dem Nachbarskind Wilhelmine von Zenge ist es bestimmt, als Zufallsbraut zu figurieren. Jede andere wäre ebenso tauglich gewesen, Kleist Gelegenheit zu geben, vor sich und der Welt die Rolle des Bräutigams zu spielen – in voller Überzeugung, versteht sich, denn sie ist ein Teil seines Wunsches nach Normalität und Lebensbürgerlichkeit. Seine Liebesbriefe an Wilhelmine – wenn man diese mit Denkübungen gespickten Schulmeistereien so nennen darf – sind Exerzitien einer eingebildeten Pflicht. Kleist stellt in ihnen die Person dar, die zu sein er sich nach Konvention und Sitte für verpflichtet hält: den kreuzbraven Liebhaber, den um das geistige und seelische Fortkommen seiner Gefährtin besorgten zukünftigen Ehemann. Praktisch sind es heimliche Selbstermahnungen. Er redet sich gut zu, wie er – sonderbar plump und ahnungslos – der Männin Ulrike zuredet, Gattin und Mutter zu werden, um ihre heiligste Pflicht zu erfüllen und das Naturgesetz nicht Lügen zu strafen.

Der Wunsch, eine in jedem Sinne normale Existenz zu begründen, ist so stark, daß er Kleist im Sommer 1800 in das Zwielicht der nie ganz aufgeklärten Reise nach Würzburg treibt. Hier soll, scheint es, ein Arzt dem von der trügerischen Idee allseitiger Lebenstüchtigkeit Gestachelten zu dem verhelfen, was die Natur ihm in unbarmherziger Ökonomie vorenthält. Die Würzburger Reise will uns heute beinahe wie eine Flucht vor der Bestimmung anmuten. Denn wer könnte und möchte sich den Schöpfer des Kleistschen Lebenswerkes als saturierten Gatten und Familienvater vorstellen? Den Schöpfer eines Werkes, das, ganz aus der existentiellen Spannung lebend, ohne Lebensopfer nicht gedacht werden kann. Das ist der Preis für seine Echtheit, und die Reise nach Würzburg ist nichts anderes als der unbewußte Versuch, diesen Preis herunterzuhandeln.

Würzburg

Der Vorgang ist – trotz allem – nicht ganz so dunkel, wie es den Anschein hat; er läßt sich aus den Briefen mit einiger Sicherheit rekonstruieren. Den Ansatzpunkt liefert der Würzburger Brief vom 10. Oktober 1800. In ihm erinnert Kleist seine Braut daran, daß er sie »einst« (im Frühjahr) gebeten habe, aufzuzeichnen, was sie sich »denn eigentlich von dem Glücke einer künftigen Ehe« verspreche. Der Text dieser Aufgabe, einer der berühmten »Denkübungen«, ist erhalten. Die erste der neun Fragen betrifft die geistigen und körperlichen Eigenschaften des künftigen Gatten. Zwar hat Wilhelmine den Aufsatz noch nicht fertiggestellt, Kleist sieht ihm »mit Sehnsucht« entgegen. Gerade diese Frage aber scheint sie schon vor seiner Abreise auf einem ersten Blatt beantwortet zu haben; und dieses Blatt muß so inhaltsschwer gewesen sein, daß es ihn im Innersten verstörte. Er spricht von der »unaussprechlichen, aber bittersüßen Freude«, die ihm die Lektüre bereitet habe. Dieses Blatt sei es gewesen, das, obwohl es die Innigkeit seines Gefühls für sie nur verstärkte, ihn zugleich auch von ihr getrennt und seine Abreise beschleunigt habe. »Weißt Du wohl noch, mit welcher Bewegung ich es am Tage vor unsrer Trennung durchlas, und wie ich es unruhig mit mir nach Hause nahm – und weißt Du auch, was ich da, als ich allein war mit diesem Blatte, alles empfand? Es zog mein ganzes Herz an Dich, aber es stieß mich zugleich unwiderruflich aus Deinen Armen – Wenn ich es jetzt wieder lesen werde, so wird es mich dahin zurückführen.«

Wilhelmine hat also – das kann danach kaum zweifelhaft sein – in schicklichen Umschreibungen von den männlichen Eigenschaften ihres Idealpartners gesprochen, von der physischen Gemeinschaft und von dem Mutterglück, das sie ihm zu danken hofft; und kaum weniger zweifelhaft dürfte sein, daß Kleist sich – auf Grund einer tatsächlichen oder vermeintlichen Hemmung – für außerstande hielt, ihr ein solches Glück zu gewähren. Das erklärt seine Erschütterung wie seine Heimlichkeit, und es erklärt auch das überhitzte Pathos der Würzburger Episode. In ebenso großsprecherischen wie unbestimmten Wendungen versichert er sich darob gewiß nicht wenig beklommenen Wilhelmine immer wieder, wieviel er für sie wage (»Eine beispiellose Tat«), daß er ihr Glück mit »unglaublichen Opfern« erkaufe, ihr zuliebe etwas tue, was er »nie für einen Menschen tat« und wofür sie ihm einst »mit Tränen« danken werde – Wendungen, die in ihrer zugleich Bewunderung und Mitleid heischenden Penetranz schwerlich auf irgendwelche geschäftlichen, politischen oder gelehrten Unternehmungen bezogen werden können, die man als Ziel der mysteriösen Reise angenommen hat.

Freilich hat man auch das Gegenteil daraus schließen wollen und gemeint, mit so übermäßigen Worten spreche man nicht von einer Operation, die einen peinlichen Körperschaden beheben solle. Doch solche Argumentation geht an der Sache vorbei: es handelt sich im letzten nicht um etwas Physisches, sondern darum, daß Kleist seine und Wilhelmines »Bestimmung« erfüllen will, wie er sie damals versteht, den »höchsten Zweck« ihres Erdendaseins. Es nicht zu tun wäre schuldhaftes Versagen. Deshalb schreibt er nach dem Würzburger Ereignis: »Damals war ich Deiner nicht würdig, jetzt bin ich es . . . Damals quälte mich das Bewußtsein, Deine heiligsten Ansprüche nicht erfüllen zu können, und jetzt, jetzt – – Doch still!« Und nun holt er aus, um selbstgewiß zu beschreiben, wie *er* sich das Glück einer künftigen Ehe vorstellt. Wobei er nachdrücklich betont, Wilhelmine brauche nicht zu befürchten, »daß die beschriebene Gattin nicht von Erde sein wird«. Im Gegenteil, er werde sie mit seinen »irdischen Armen umschließen«. Der Brief (10. Oktober 1800) schließt mit einer Apotheose der Gattin als Mutter.

Doch die Hoffnung auf Ehe, wie überhaupt auf physisches Glück, in der Kleist sich so zuversichtlich bestärkt fühlt, erweist sich als trügerisch. Nicht nur die Biographie, auch gewisse thematische Fixierungen des Werkes lassen vermuten, daß hier für immer eine unaufgelöste Problematik blieb. Das Motiv des verklärten Hahnreis – Amphitryon und Theobald Friedeborn, die beide ihre Männlichkeit an ein höheres Wesen abtreten und dafür ausgezeichnet werden – deutet ebenso in diese Richtung wie die sonderbare Hartnäckigkeit, mit der Kleist dem Motiv der unbefleckten Empfängnis anhängt: Alkmene, die Marquise von O., die um den »Segen keuscher Marsbefruchtung« bittenden Amazonen. Die Ohnmacht der eigenen Physis wird dichterisch kompensiert. Sie ist nur zu ertragen, wenn sie ins Mythische erhöht wird. Im prosaischen Bereich des Lebens ändert das freilich nichts. Trotz Würzburg und dem Stadtchirurgus Wirth bleibt es dabei, daß dieser einsamste Mensch seine Fahrt in die Seinsgründe allein antreten muß, allein und ohne wärmende Berührung mit dem, was andere stärkt und tröstet, sie aber auch zur Preisgabe dessen nötigt, was nur der zu keinem Trost bereite Aufenthalt in der Nähe der Wahrheit vermag. In Kleist begegnet uns in konkreter, gelebter Form etwas von jenem äußersten Künstlertum, das Thomas Mann in der Gestalt des Adrian Leverkühn dargestellt hat – ein Künstlertum, dem auferlegt ist, allen Bindungen abzusagen, und das sich nur um den Preis des Selbstopfers verwirklicht.

Die Würzburger Reise mit den sie begleitenden Äußerungen liefert ein Schema, auf das wir später in Kleists Werk immer wieder stoßen werden. Nach Kleist soll das intakte Gefühl der Gesetzgeber unseres Lebens sein. Die praktische Konsequenz dieses Gefühls heißt Vertrauen – Vertrauen als ein irrationaler Akt mit äußerst konkreten Folgerungen. »Unumschränkt Vertrauen« fordert Ottokar in der »Familie Schroffenstein« von Agnes, die nicht weiß, wer er ist. Und als sie es weiß, soll sie mit ihm, dem Sohn des feindlichen Hauses, gemeinsam dem »Gespenst des Mißtrauns . . . kühn entgegenschreiten« und – »wäre der Verdacht auch noch so groß« – ihm mehr vertrauen als ihren Eltern. Das ist die unbedingte Forderung, die Kleists Helden an die Frau stellen. Vertrauen ist das Element, in welchem das Weibliche sich zu reinster Schönheit entfaltet. Hier ist die Frau dem Mann, dem denkenden Tier, dem gleichermaßen von Trieb und intellektueller Zweifelsucht Bedrohten, von Natur aus überlegen. Sie bedarf des Wissens nicht, um an den reinen Willen dessen zu glauben, dem sie ihr Gefühl zugewandt hat. Je verworrener die Situation ist, je eindeutiger der trügerische Schein des »Objektiven« gegen den Menschen spricht, desto selbstverständlicher gibt und erwartet sie Vertrauen. Selbst das Auge, selbst die persönliche Zeugenschaft garantiert nicht die Wahrheit – allein das Vertrauen tut es.

> Und hättest du durchs Schlüsselloch mich mit
> Dem Lebrecht aus dem Kruge trinken sehen,
> Du hättest denken sollen: Ev ist brav,
> Es wird sich alles ihr zum Ruhme lösen,
> Und ists im Leben nicht, so ist es jenseits,
> Und wenn wir auferstehn, ist auch ein Tag.
> (Eve, Der zerbrochne Krug, 9. Auftritt)

So sicher meint das weibliche Gefühl der männlichen Vertrauensbereitschaft sein zu dürfen, daß Toni in der Erzählung »Die Verlobung in St. Domingo« den Geliebten von ihrem taktischen Verrat nicht in Kenntnis setzt, obwohl die Situation es gestattet hätte. Augenscheinlich hält sie es für ausgeschlossen, daß er ihre lauteren Beweggründe nicht auch unausgesprochen mit dem Gefühl erkennt. Als sich diese Unterlassung dann fürchterlich rächt, stirbt sie mit den Worten: »Ach, du hättest mir nicht mißtrauen sollen!«, und echohaft gibt er ihr diese Worte als seine eigenen zurück. Erst spät, nämlich in der Erzählung »Der Zweikampf« (1811), ist Kleist so weit, daß er nun auch den Mann als den groß Vertrauenden auftreten läßt; und im »Prinzen von Homburg«, der auch hierin die Krönung ist, wird die Lösung überhaupt erst auf der Ebene des Vertrauens möglich: in einem Akt äußerster, vertrauensvollster Anheimgabe macht Kurfürst Friedrich den Prinzen zum Richter in eigener Sache.

Auf Würzburg angewandt, stellt sich das Vertrauensthema so dar: die heikle Natur seines Leidens nötigt Kleist zum Verschweigen, er tritt die Reise ohne Angabe von Gründen an, ja er erschwert die Situation noch durch geheimnisvolle, notwendigerweise beunruhigende Andeutungen. Hier beweist Wilhelmine eine zumindest passive Größe. Die ganze Last der Vertrauensforderung liegt bei ihr. Sie soll glauben, ohne zu wissen – an seine Redlichkeit, seine besten Absichten, das hohe Ziel der Reise; sie soll ihm die innere Sicherheit geben, die er selber nicht hat. Es ist bezeichnend für Kleist, daß er ebenso ungestüm fordert, daß man ihm vertraut, wie er selber ungestüm mißtraut. Das eigene Chaos läßt ihn um so gebieterischer nach der Gewißheit im Herzen des Partners verlangen, nach dessen buchstäblich besinnungsloser Zustimmung. Wie ein Leitmotiv geht der Begriff Vertrauen durch die Briefe des zweiten Halbjahres 1800, kaum variiert, oft mit herbe forderndem Akzent und immer grundiert von dem eigenen Unvermögen zu vollem, uneingeschränktem Vertrauen. Wenn die Post ausbleibt, bohrt er: »Zürnst Du vielleicht auf den Geliebten, der sich so mutwillig von der Freundin entfernte? Schiltst Du ihn leichtsinnig, den Reisenden, ihn, der auf dieser Reise Dein Glück mit unglaublichen Opfern erkauft und jetzt vielleicht – *vielleicht* schon gewonnen hat? Wirst Du mit Mißtrauen und Untreue dem lohnen, der vielleicht in kurzem mit den Früchten seiner Tat zurückkehrt? Wird er Undank bei dem Mädchen finden, für deren Glück er *sein Leben* wagte? Wird ihm der Preis nicht werden, auf den er rechnete, ewige innige zärtliche Dankbarkeit?« (15. September 1800). Und vier Tage später beschwört er abermals den »Unhold des Mißtrauens«, der zwischen sie zu treten drohe: »Kehre um, liebes Mädchen! Hast Du Dich aus Mißtrauen von mir losreißen wollen, so gib es jetzt wieder auf, jetzt, wo bald eine Sonne über mich aufgehen wird. Wie würdest Du, in kurzem, herüberblicken mit Wehmut und Trauer zu mir, von dem Du Dich losgerissen hast, grade da er Deiner Liebe am würdigsten war? Wie würdest Du Dich selbst herabwürdigen, wenn ich heraufstiege vor Deinen Augen, geschmückt mit den Lorbeern meiner Tat? *Das* würdest Du nicht ertragen.«

Die »mysteriöse Tat« wird in Kleists Hand zu einer Rute, mit der er der ohnehin kaum zur Rebellion geneigten Wilhelmine unentwegt droht. Noch ein gutes Vierteljahr darauf schreibt er ihr: »Wenn Du mich nicht liebtest, so müßtest Du verachtungswürdig sein und ich, wenn ich es von Dir nicht glaubte. Ich habe Dir schon einmal gesagt, warum« (31. Januar 1801).

Das Erwachen des Dichters

Was Kleist tatsächlich aus Würzburg heimbringt, ist etwas ganz anderes, als er wollte und meinte: es ist die erste Ahnung seines Dichtertums. Weniger denn je ist er geneigt, ein Amt anzunehmen. »Vor meiner Reise war das anders«, schreibt er im November an Ulrike, »jetzt hat sich die Sphäre für meinen Geist und für mein Herz ganz unendlich erweitert – das mußt du mir *glauben*, liebes Mädchen.« Zwar, wenn er in dem Brief vom 10. Oktober von dem »Werk« spricht, das in fünf Jahren fertig sein werde, so ist das doppeldeutig wie vieles in seinen mit Hilfe von Gedankenstrichen ins unbestimmt Verheißungsvolle stilisierten Äußerungen. Spricht hier der pädagogische Liebhaber, der seiner Freude am »Formen und Ausbilden« die Zügel schießen läßt und der in fünf Jahren die ideale Gattin heranzuziehen hofft? Oder setzt sich der werdende Dichter damit zum erstenmal einen jener selbstpresserischen Termine, mit denen er »das Werk« jeweils zu erzwingen wünscht? Welches aber, wenn es nicht die Frau ist, könnte gemeint sein?

Eine sichere oder auch nur wahrscheinliche Antwort darauf gibt es nicht. Einige Autoren, so vor allem Hans M. Wolff, nehmen für die zweite Hälfte des Jahres 1800 bereits die ersten Entwürfe einiger Hauptwerke an, darunter auf Grund allerdings recht äußerlicher Indizien die von »Michael Kohlhaas« und dem »Käthchen von Heilbronn«. Doch das sind Hypothesen. Sicher ist nur, daß Kleist in Würzburg zu einer bis dahin nicht gekannten Freiheit und Freudigkeit des Wahrnehmens und des Ausdrucks gelangt. Wahrnehmen, schreibt er einige Wochen später aus Berlin an Wilhelmine, heißt »mit der Seele den Eindruck der Sinne auffassen und denken«. Das erste große Dokument dieser Fähigkeit ist der Brief vom 11. Oktober mit der berühmten Schilderung Würzburgs. Kleists Spra-

che, auf die sich der Mehltau eines ihr wesensfremden Schul-Ratio-
nalismus gelegt hatte, gewinnt hier die Frische des allerersten
Briefes aus dem Jahre 1793 zurück. Darüber hinaus aber beginnt sie
zu leuchten wie nie zuvor. Kleist spricht – und von daher möchte
man Wolffs These beinahe zustimmen –, wie Theobald Friedeborn
später vor dem Femegericht sprechen wird. Wir hören Käthchen-
Prosa, etwa wenn es heißt, daß der eilige Fluß, der freundlichen
Weisung eines Rebenhügels gehorchend, sein vorzeitiges Ziel aufgibt und den Hügel umgeht, »mit beruhigtem Laufe, seine blumigen Füße ihm küssend«; oder wenn von der in einen blauen
Dunstschleier eingehüllten Landschaft gesagt wird: »Es war, als
wäre der azurne Himmel selbst herniedergesunken auf die Erde.«
Freilich ist dies keine Landschaftsschilderung im Sinne eines
schlichten, hingebungsvollen Augenschmauses. Man hat von dem
Erwachen des Naturgefühls in Kleist gesprochen und dafür den
Würzburger Brief als krönendes Beweisstück angeführt. Wenn das
stimmt, ist Kleists Naturgefühl ohne einen sehr betonten formen-
den Anteil seines Bewußtseins jedenfalls nicht denkbar. Die Natur,
sagt er später im Hinblick auf die Schweizer Bergsilhouetten, sei
»mit Geist gearbeitet«; und es scheint, er ist entschlossen, sie mit
Geist zu sehen. Entsprechend seiner Definition, was Wahrnehmen
sei, faßt er die »Eindrücke der Sinne mit der Seele auf und *denkt* sie«.
Unversehens wird so aus dem Maintal eine dramatische Szenerie:
Fluß und Hügel leben in antithetischer Spannung, die Bergketten
wollen sich versöhnen, aber der Strom tritt als trennende Erinnerung dazwischen. Oder das Bild der wie in der Tiefe eines mächtigen
Amphitheaters ruhenden Stadt: »Die Terrassen der umschließenden Berge dienten statt der Logen, Wesen aller Art blickten als
Zuschauer voll Freude herab und sangen und sprachen Beifall, oben
in der Loge des Himmels stand Gott.« Die Sonne – ein sehr
Kleistsches Bild – glüht im Untergang vor Entzücken, die Zitadelle
bewacht die Stadt »wie ein Riese sein Kleinod«, und ein Weg
schleicht um die Außenwerke wie ein Spion. Schließlich gibt es ein
nächtliches Gewitter, das als Tyrann wütet, bis es von dem Helden
Sonne besiegt wird.
Man bemerkt, wie hier die Schilderung in die Vision übergeht, die
Beschreibung in die Bildkomposition. Das Würzburger Gewitter ist
nicht »wirklicher« als das in der Legende »Die heilige Cäcilie oder
Die Gewalt der Musik«, von dem es heißt, daß es »dunkelschwarz,
mit vergoldeten Rändern« am Himmel steht und dann, nachdem es
sich ausgetobt hat, »zu Dünsten aufgelöst, mißvergnügt mur-

melnd« nach Osten herabsinkt. Die scheinbaren Naturbilder sind – und so wird es auch künftig sein – in Wahrheit Gefühlsbilder, sie sind transreal. Am Ende sehen wir nicht Würzburg und den Main, sondern eine Landschaft, zu der zwar das Gesehene den Anstoß gab, die im Grunde aber eine durchaus eigene Schöpfung des Betrachters ist, eine Hervorbringung seines inneren Auges.

Der Sprachtresor

In diesem Sinne verfügt der Autor auch in göttlicher Unbefangenheit darüber. Einzelheiten der Schilderung, die, wenn es wirklich eine wäre, einmalig und unwiederholbar sein müßten, sind in den Reisebriefen vom 3. und 4. September bereits vorgeformt und kehren in den Beschreibungen, die Kleist im Mai 1801 von Dresden und im Juli 1801 von Mainz gibt, ähnlich, zum Teil sogar wörtlich wieder. Besonders auffallend wird das an dem Bild von dem Amphitheater und der Gottesloge, das in dem Brief vom 28. Juli an Adolphine von Werdeck nun plötzlich auch für Mainz gelten soll. Allein das bezaubernde »mit beruhigtem Lauf (dankbar) seine blumigen Füße ihm küssend« begegnet uns dreimal – bald auf den Main, bald auf den Rhein bezogen.

Auch dies ist ein Beitrag zu dem Kapitel Kleist und die Wirklichkeit, im Sinne jenes Briefes an Marie von Kleist, den wir zitierten. Wirklich ist für Kleist nur das von seiner Vorstellung Geprägte, und das wendet er an, unbesorgt um die wechselnden Anlässe. Sie müssen sich – ganz kleistisch – der Endgültigkeit der Formulierung beugen. Wo das Wort einmal getroffen hat, ist er nicht gewillt, noch ein zweites oder drittes Mal zu zielen – als wäre dies eine Mißachtung der Sprache, die in einer Sache bereits ihr Äußerstes hergegeben hat. So übernimmt er ganze Wortverbände von einem Brief in den anderen, auch wo es sich nicht bloß um Schilderungen handelt, sondern um Mitteilungen aus dem emotionalen Bereich. Das Definitive läßt sich nicht variieren, es ist der Willkür entrückt. Eine eigentümlich hortende Schaffensmethode kündigt sich an. Sie läßt Kleist über Jahre hinweg immer wieder auf gewisse Standardwendungen zurückgreifen: die Puppe am Drahte des Schicksals, die kranke und die gesunde Eiche, der Flötenton im Orkan, das Schwanenbild, das Bild von dem sich in der Mittagsglut in den Waldstrom stürzenden Hirsch (Brief vom 21. Juli 1801; Käthchen, V, 12; Hermannsschlacht, V, 17) oder die Formel von der gebrechlichen

Einrichtung der Welt, die in »Penthesilea«, »Michael Kohlhaas« und der »Marquise von O.« vorkommt. Sogar das berühmte »Doch das Paradies ist verriegelt« aus dem Aufsatz »Über das Marionettentheater« findet sich in einer versuchsweisen Formulierung schon in der »Familie Schroffenstein«, wenn der greise Sylvius, vor den Greueln des Endes zurückschaudernd, heimgeführt werden will und Johann ihm antwortet:

> Ins Glück? Es geht nicht, Alter. 's ist *inwendig*
> *Verriegelt.* Komm. Wir müssen vorwärts.
> (V, 1)

Vermutlich war das verschollene »Ideenmagazin«, von dem Kleist in dem Brief vom 18. November 1800 spricht und zu dessen Belieferung er seine Braut ermuntert, eine Art Schatzkammer solcher Prägungen. Wenn das zutrifft, darf man annehmen, daß wir das meiste daraus kennen: es wird – wozu es bestimmt war – seinen Platz im Werk gefunden haben.

In Würzburg – am Abend vor jenem »wichtigsten Tag meines Lebens« – fällt Kleist auch das erste große Bild zu, in das er sein Verhältnis zur Welt faßt. Es geht dem von der Eiche zeitlich voran und übertrifft es noch an Sinnfälligkeit und Bedeutungskraft. »Da ging ich«, schreibt er am 16. November an Wilhelmine, »in mich gekehrt, durch das gewölbte Tor, sinnend zurück in die Stadt. Warum, dachte ich, sinkt wohl das Gewölbe nicht ein, da es doch keine Stütze hat? Es steht, antwortete ich, *weil alle Steine auf einmal einstürzen wollen* – und ich zog aus diesem Gedanken einen unbeschreiblich erquickenden Trost, der mir bis zu dem entscheidenden Augenblicke immer mit der Hoffnung zur Seite stand, daß auch ich mich halten würde, wenn alles mich sinken läßt.«

Das ist das Bild der positiven Katastrophe: die Summe unserer Hinfälligkeiten läßt uns aufrecht stehen. Ein Genieblitz, ein wahrhaft großes Bild des schwankenden und eben durch den allseitigen Sturz sich behauptenden Menschen. Eine Kernmetapher auch insofern, als es ein physikalisches Bild ist. Für Kleist, den Liebhaber der Naturwissenschaften, der bereits in dem frühen Brief an Martini einen ihm selbst »unerklärlichen Hang« zur Physik bekennt, begibt sich auch Seelisches und Moralisches gern nach physikalischen Gesetzen oder bedient sich doch ihrer Sprache. Sylvester Schroffenstein spricht von dem »Hohlspiegel des Gerüchtes«; Meister Theobald im »Käthchen von Heilbronn« will die Säfte der Hölle durch die »Röhren des Lebens« aufsteigen lassen; und wie der Dichter in dem

49

Bild vom Torgewölbe mit dem Gravitationsgesetz philosophiert, so übersetzt er in einem Brief an Rühle (Dezember 1805) Regungen seines Inneren in eine Art Chemiker-Jargon. »Ich wollte«, heißt es da bitter-humoristisch, »ich wäre eine Säure oder ein Alkali, so hätt es doch ein Ende, wenn man aus dem Salze geschieden wäre.« Das Differential und der Vers sind ihm, wie er im Januar 1805 an Pfuel schreibt, die »beiden Enden der menschlichen Fähigkeit«, was nichts anderes heißt, als daß sie sehr dicht beieinanderliegen. Solche Ausdruckstendenzen finden ihren Höhepunkt in dem Aufsatz »Über das Marionettentheater«, wo – ein uns heute kaum noch befremdender Vorgang – Mechanik Metaphysik wird.

Auch das Bild von dem Gewölbe, das sich als Ganzes dem Sturz seiner Teile dankt, geht in den Vorrat ein. Es kehrt, wenn auch beiläufig und abgeschwächt, in der Erzählung »Das Erdbeben in Chili« wieder. Vor allem aber findet es – wie jenes andere von der Eiche – seinen Platz in »Penthesilea«. Hier dient es, bis in seine letzten naturalistischen Konsequenzen vorgetrieben, der Aufrichtung der geschlagenen Königin.

> Steh, stehe fest, wie das Gewölbe steht,
> Weil seiner Blöcke jeder stürzen will!
> Beut deine Scheitel, einem Schlußstein gleich,
> Der Götter Blitzen dar, und rufe: trefft!
> Und laß dich bis zum Fuß herab zerspalten,
> Nicht aber wanke in dir selber mehr,
> Solang ein Atem Mörtel und Gestein,
> In dieser jungen Brust, zusammenhält.
> (Prothoe, 9. Auftritt)

Herausforderung durch Kant

Je stärker Kleist sich seines Künstlertums bewußt wird, desto schwieriger wird seine Lage – auch vor sich selber. Die Fiktion eines bürgerlichen Lebensziels läßt er zwar bald fallen. Ein Amt annehmen; dem Staat gehorchen, ohne untersuchen zu können, »ob das, was er von mir verlangt, gut ist«; nach den Vorurteilen der Gesellschaft leben – alles das weist er mit Rousseau-Tönen von sich. Die andere Fiktion aber, die einer freien wissenschaftlichen Existenz, erhält er noch aufrecht. Wenn er von dem »schriftstellerischen Fach« spricht, für das er sich jetzt bilde (18. November 1800), so dürfte damit einstweilen noch eine vorwiegend wissenschaftliche

Tätigkeit gemeint sein. Aber auch diese Fassade beginnt zu brök-
keln. In einem Brief vom 31. Januar 1801, der das Loblied des
Freundes Ludwig von Brockes singt – des Gefährten auf der Würzburger Reise –, ist, wenn auch in Brockes' Namen, höchst despek-
tierlich von den Wissenschaften die Rede. Es fällt, von Brockes
geprägt, aber von niemandem tiefer und schmerzlicher begriffen als
von Kleist, das schöne Wort von dem »Gefühlsblick«, jener spontanen, untrüglichen Herzensregung, der der Mensch zu folgen habe.
Und dann spricht Kleist von dem Blick, der ihm selber gegeben oder
vielmehr auferlegt ist. Er spricht von dem Fluch, der ihn zu dem
macht, was er ist. »Vielleicht«, schreibt er an Wilhelmine, »hat die
Natur Dir jene Klarheit zu Deinem Glücke versagt, jene traurige
Klarheit, die mir zu jeder Miene den Gedanken, zu jedem Worte den
Sinn, zu jeder Handlung den Grund nennt. Sie zeigt mir alles, was
mich umgibt, und mich selbst, in seiner ganzen armseligen Blöße,
und der farbige Nebel verschwindet, und alle die gefällig geworfnen
Schleier sinken und dem Herzen ekelt zuletzt vor dieser Nackt-
heit –«. Das ist der Ekel vor der Nacktheit des Erkennens, eines
Erkennens, das nun allerdings nichts mehr mit braver wissenschaft-
licher Bemühung zu tun hat, sondern das der Wahrheitsblick des
Genies ist.

Was soll einem solchen Manne Gelehrsamkeit? Er braucht Wissen
wie jeder andere, aber er wird niemals im erlern- und anwendbaren
Wissen aufgehen. Es dauert denn auch nur wenige Tage, und er
meldet der Schwester, daß die Säule wanke, an die er sich bisher
gehalten habe: »Ich meine die Liebe zu den Wissenschaften.« Und
es folgt ein rechter Ausbruch des Künstlerabscheus vor jeglicher
Maulwurfsgelehrsamkeit. Die Zeit für die Kant-Krise ist reif. Ob es
wirklich Kant war, dessen Lektüre Kleist zu der Überzeugung
brachte, daß »hienieden keine Wahrheit zu finden ist«, oder Fichte,
wie Ernst Cassirer meint, oder vielleicht auch nur eine der Schriften
über die Kantische Philosophie; welches Werk Kants möglicherweise die Wendung verursachte, ob, wie Ludwig Muth annimmt,
der zweite Teil der »Kritik der Urteilskraft«; ob es überdies ein
richtig oder ein falsch verstandener Kant war – alles das ist unwichtig. Der Dichter selbst spricht in dem berühmten Brief vom 22. März
1801 etwas vage von der »neueren sogenannten Kantischen Philosophie«. Doch wer immer es gewesen sein mag – Kleist fand, was er
an diesem Punkt seines Lebens finden mußte und was er, wenn nicht
hier, dann anderswo gefunden hätte: die Lossprechung vom Ver-
standeswesen mit all ihren Konsequenzen.

Diese reichen von der Angst und Unsicherheit des seines Halts Beraubten bis zu den ersten Schritten in den dichterischen Bereich, der ihm eine andere Wahrheit aufschließt und eine andere Art des Erkennens. Daß es – wahrscheinlich – gerade Kant war, der emotionsfreieste Denker, der hier eine absolute Gefühlskraft freisetzen sollte, ist allerdings eine zusätzliche biographische Pikanterie. Man kann nicht unkantischer und überhaupt unphilosophischer reagieren, als Kleist es tat, aber – in seinem Sinne – auch nicht konsequenter. Da der erkennende Geist ihm das »Ding an sich« nicht aushändigen kann, verzweifelt er an der Erkenntnis schlechthin. Kleist war nicht der Mann, der sich, messend und betrachtend, am Rande des Vulkans ergeht, er stürzte sich – höchst unwissenschaftlich – hinein. Der *Prozeß* des Erkennens bedeutete ihm nichts, und auch das mögliche *Resultat* würde ihm nur dann etwas bedeutet haben, wenn es identisch gewesen wäre mit einer Formel, die ihm den Kern des Seins auf der Spitze des Geistes gereicht hätte. Eine Unmöglichkeit also oder etwas, was allenfalls die Kunst in immer neuen Wagestücken zu leisten versuchen kann. Die Welt als ein mit den Händen der Erkenntnis nicht zu greifender Schemen, als bloßer Widerschein des Denkens – das bedrohte die Kernbastion der Kleistschen Existenz. Nämlich die Überzeugung von dem Vorhandensein eines vitalen, ganz und gar wirklichen Wahrheitsquells. Kleist weiß noch nichts von seinem Künstlertum, aber er reagiert spontan mit der Empörung des Künstlers. Die Begegnung mit dem Philosophen wird zur Geburtsstunde des Dichters.

Der spirituelle Materialist

Kleists Wissensverzweiflung hat noch eine weitere, sehr eigentümliche Nuance. Der Wahrheitssucher Kleist hortet Wissen und Erkenntnis nicht nur für diese Welt, sein Bildungsziel greift über das irdische Dasein hinaus. Ihren eigentlichen Goldwert, meint er, beweist die Wahrheit erst im Jenseits. Denn Erkenntnis soll uns ja zur Vollkommenheit und das heißt: in die Nähe Gottes führen. »Ich glaubte«, schreibt er an Wilhelmine, und das klingt nach Seelenwanderung, hört sich wie halbbegriffene Bildung an, die erst Dichtung werden muß, um zu ihrer Wahrheit zu gelangen, »ich glaubte, daß wir einst nach dem Tode von der Stufe der Vervollkommnung, die wir auf diesem Sterne erreichten, auf einem andern weiter fortschreiten würden, und daß wir den Schatz von Wahrheiten, den wir hier sammelten, auch dort einst brauchen könnten.« Wenn aber die menschliche Vernunft nicht Teil oder Vorstufe der göttlichen ist, wenn wir die Dinge nur wahrnehmen, wie sie uns scheinen, und nicht, wie sie sind, so laufen wir Gefahr, den Gang ins Unbekannte mit falschem Wegegeld anzutreten und schließlich, wie die Alraune zu Varus sagt, »hart zwischen Nichts und Nichts« zu stehen. Und so ist, was Kleist am heftigsten bestürzt, die Vorstellung, daß die Wahrheit, die wir hier zu sammeln meinen, nach dem Tode keinen Bestand mehr hat, daß alles Streben vergeblich ist, »ein Eigentum sich zu erwerben, das uns auch in das Grab folgt«. Dieser Gedanke ist es vor allem, der ihn »in dem Heiligtum seiner Seele« erschüttert (Briefe vom 22. und 23. März 1801).

Für das Verständnis des Werkes wie der Persönlichkeit Kleists ist dies von entscheidender Wichtigkeit. Es bedeutet nichts anderes, als daß sein Bildungsideal theologischer Art war und daß er es – wie alles, was in seiner Vorstellung Gestalt wurde – als etwas ganz Konkretes ansah. Mit Recht hat man gesagt, die Kant-Krise sei durch Kleists völlige Unfähigkeit zu abstrahieren ausgelöst worden. Auch die erhabene Existenz, die seinem auf das Jenseitige gerichteten Vollkommenheitsstreben als Ziel und Lohn gesetzt war, konnte sich dieser »Realist des Unwirklichen«, dem jedes Gedachte zur physischen Gegenwart wurde, nicht anders als gegenständlich, ja nicht ohne einen Einschlag von derbem Materialismus vorstellen. Den schönen Satz aus Wielands »Sympathien«, daß die Erde die »Pflanzschule des Himmels« sei, hatte er in wunderbarer Unschuld durchaus buchstäblich genommen. Alkmenes trotziges

Ich brauche Züge nun, um ihn zu denken

(den Gott nämlich) drückt ein Bedürfnis seiner eigenen Natur aus. Um so grausamer war die Enttäuschung, als alles dies nun in die Welt der Bilder verwiesen wurde. Aber die theologische Verwurzelung blieb. Ihre letzte und schönste Frucht ist der Unsterblichkeitsmonolog Homburgs (V, 10). Er ist der mit Bewußtsein erlebte und noch im irdischen Bereich vollzogene Eintritt in die Vollkommenheit, der Augenblick des Absoluten, das Ewige im Jetzt und Hier, begleitet vom fernen Trommelklang des Totenmarsches und umkost vom Duft der Nachtviole. Weiter, als es hier mit den Mitteln der Dichtung geschehen ist, kann das Existenzgefühl nicht vorgetrieben werden in den schwebenden Bereich eines von den irdischen Bedingungen nicht Gelösten, sondern sie Vollendenden. Das ist die Krönung und Verklärung jener Vollkommenheit, von der der junge

Kleist in seinen Lehrepisteln an Wilhelmine gesprochen hatte und die er mit der von Wieland entlehnten Stammbucheintragung gemeint haben mochte, deren letzte Worte lauteten: »Die in der Vollkommenheit unaufhörlich wachsen – o wie selig sind sie!« Nur hatte er inzwischen erfahren, daß der Weg dahin nicht durch dürre Moral- und Verstandesexerzitien führt, sondern durch eine voll durchmessene und erlittene Existenz.

Von der »borniert-religiösen Grundlage seiner fundamentalen Fragestellung« her, wie Georg Lukács, der marxistische Literaturdogmatiker, es ärgerlich genannt hat, erklärt sich sowohl der unbedingte als auch der mystische Zug in Kleist, ja man begreift, daß beide identisch sind. Wenn Kleists innerste Sehnsucht – und daran ändert auch die Kant-Krise nichts, nur die Mittel ändern sich – auf etwas zielt, was die Probe auch vor einer letzten Instanz des Seins bestehen kann, dann ist damit ein äußerster Anspruch gestellt. Dann läuft Kleists Lebensvorstellung auf ein Jenseits im Diesseits hinaus. Dann muß das Paradies sich schon im irdischen Leben beweisen, und ein Mann wie Michael Kohlhaas trägt dann allerdings einen Heiligenschein. In einem solchen Raum – dem des absoluten Seins – erscheint das zeitliche Dasein nicht mehr von dem ewigen getrennt: Kohlhaas kann durch die Zigeunerin die Botschaft seiner verstorbenen Frau empfangen und Homburg hier den Duft der Unsterblichkeit atmen. Aber auch Traum und zukünftige Wirklichkeit sind eines. Wenn der Graf in der »Marquise von O.« in seinen Fieberträumen das Bild des besudelten Schwans sieht, der still untertaucht und rein wieder emporkommt, dann ist das nicht nur der Wunsch, es ist bereits die Gewißheit des guten Endes. Ebenso wie Homburgs Ruhm und Käthchens Liebe vom Traum vorgeprägt sind, und das mit solcher Reinheit, daß das arme Leben Mühe hat, dem Wahrspruch nachzukommen.

Das Wappentier

Doch so weit ist Kleist jetzt – im Frühjahr 1801 – noch nicht. Vorläufig hat er nichts im Sinn, »als allem Wissen zu entfliehen« (Brief an Wilhelmine vom 9. April) und die »ganze unselige Spitzfündigkeit zu vergessen, die schuld an dieser innern Verwirrung ist« (14. April). Kleist befindet sich in »Schroffenstein«-Stimmung – Ekel vor aller Verstandestätigkeit, Ekel vor dem Leben überhaupt erfüllt ihn. Als er sich im April auf den Weg nach Paris macht, um die innere Unruhe – wie er es in ähnlichen Lagen immer wieder tun wird – durch die äußere des Reisens zu betäuben, ist es ihm, als ob er »einem Abgrunde entgegeninge«. Das Leben erscheint ihm als eine einzige Abwärtsbewegung. Wie ein Strom ergießt es sich von der Höhe des Ursprungs hinunter in die Niederungen der empirischen Erfahrung: »Es fließt nur fort, indem es fällt – In das Meer müssen wir alle« (Brief vom 28. Juli 1801 an Adolphine von Werdeck). Das »Wir sinken und sinken, bis wir so niedrig stehen wie die andern, und das Schicksal *zwingt* uns, so zu sein wie die, die wir verachten« ist symptomatisch für Kleists damalige Seelenverfassung. Nicht einmal der Griff in die Gewißheit des eigenen Herzens, wo die Muster unseres Handelns liegen, scheint ihm mehr sicher. »Man sage nicht«, schreibt er aus Paris an Wilhelmine, »daß eine Stimme im Innern uns heimlich und deutlich anvertraue, was Recht sei. Dieselbe Stimme, die dem Christen zuruft, seinem Feinde zu vergeben, ruft dem Seeländer zu, ihn zu braten, und mit Andacht ißt er ihn auf.« Es ist dies die Zeit, in der für Kleist der Sinn des Lebens an einem »Eselsgeschrei« hängt, das – auf der Fahrt nach Paris – die Pferde seines Reisewagens durchgehen läßt. Worauf der Dichter unter den Trümmern hervorkriecht und mit leise komischer Entrüstung nach der »Absicht des Schöpfers« fragt (Briefe vom 18. und 21. Juli). Aus solchem Geist wird nun in Paris »Die Familie Schroffenstein« konzipiert. Sie und die Eselsgeschichte gehören zusammen – der apokalyptische Esel könnte als Schroffensteinsches Familienwappen dienen.

Paris ist nicht geeignet, Kleists Bitterkeit zu mildern. Für ihn, der auf der Flucht vor den Anmaßungen der Ratio ist, sind die Franzosen nichts als die »Affen der Vernunft«. Inmitten der Künstlichkeit des Pariser Lebens verfällt er – von Kant auf Rousseau zurückgeworfen – auf die Idee, künftig in der Schweiz als dichtender Bauer zu leben. An diesem Punkt nimmt die Wilhelmine-Episode ihr längst erwartetes Ende. Viel hatte die Frankfurter Kommandeurstochter hingenommen, aber Bäuerin will sie nicht werden und auch nicht außer Landes und getrennt von ihrer Familie leben. »Meine Hoffnung«, schreibt sie ein Jahr darauf an ihren späteren Gatten, »und die Erwartung von einer frohen Zukunft, waren schon längst in mir gesunken, ich sagte mir es oft, daß ich mit dem Mann nie glücklich sein würde, da ich nicht imstande war, ihn glücklich zu machen. Doch wollte ich mein Wort halten und mich ganz für ihn aufopfern.«

Kleist reagiert auf Wilhelmines Widerstreben mit einer Kälte, die zeigt, wie weit der Bruch in seinem Inneren bereits gediehen ist. Schon früher hatte er mit sonderbarer Ungerührtheit von der Möglichkeit gesprochen, der Verlobten »sein Herz zu entziehen«, und sie im voraus mit der Verantwortung dafür belastet. Seinen Liebesforderungen haftete stets etwas eigentümlich Drohendes an. Als Wilhelmine sich nun zum erstenmal ungehorsam zeigt, genügt das, ihn tatsächlich gleichgültig gegen sie zu machen. Am 2. Dezember gibt er ihr – ziemlich trocken – noch eine letzte Chance. Ihren nächsten Brief beantwortet er schon nicht mehr. Erst als sie ein Vierteljahr später – Kleist befindet sich bereits in der Schweiz – noch einmal pflichtschuldig »mit vieler Herzlichkeit auf ihn einstürmt«, spricht er – am 20. Mai 1802 – das letzte, trennende Wort, obwohl zu diesem Zeitpunkt der Plan, sich in der Schweiz anzukaufen, längst aufgegeben und damit zumindest *eine* Ursache des Konflikts aus der Welt geschafft ist. Ein letzter, rein freundschaftlicher Brief Wilhelmines, der einzige aus ihrer Korrespondenz mit Kleist, der uns erhalten ist, geht ungeöffnet zurück. Kleist läßt sie in dem Augenblick fallen, als ihm sein Dichterberuf Gewißheit geworden ist. Auf einer Aare-Insel bei Thun tritt der Ehrgeiz in sein Leben. Er habe jetzt Sorgen, die sie gar nicht kenne, läßt er die ehemalige Verlobte wissen, und nur »mit Ruhm« werde er ins Vaterland zurückkehren. Eine neue Lebensphase hat begonnen. Das Werk, um das es dabei geht, ist der »Robert Guiskard«.

Positive Katastrophen

Nach dem Bruch mit Wilhelmine verstummt Kleists innere Biographie fürs erste. Die Jahre 1800 und 1801 waren Briefjahre: allein 33 meist umfangreiche Briefe an die Braut. Soweit ein Mensch wie Kleist sich im schriftlichen Gespräch offenbaren kann – oft sind es nur indirekte Aufschlüsse, Indizien –, hat er es damals getan. Erst in seinem letzten Lebensabschnitt, als er schon in der Todeszone steht und die Gewißheit des Übertritts in eine neue Existenz ihm die Seele löst, kommt es – nun allerdings auf einer ganz anderen Stufe und auf unvergleichlich großartigere Weise – wieder zu kontinuierlichen Äußerungen aus dem inneren Bereich.

Bis zum Frühjahr 1802 konnten wir uns an dem inneren Monolog der Briefe leidlich orientieren. Von nun an sehen wir uns darauf angewiesen, Kleists Binnenbiographie im wesentlichen am Rhythmus der Aufschwünge und Niederbrüche zu verfolgen, die ihn mit sonderbarer Regelmäßigkeit heimsuchen oder richtiger wohl: die er mit einer gewissen Naturgesetzlichkeit anzuziehen und heraufzubeschwören scheint. Es ist eine Biographie der Aufschreie. Was dazwischenliegt, die mittlere Stimmlage, ist nur spärlich vertreten, überhaupt die Normalsphäre, oder was man nach beschränktem menschlichem Begriff dafür hält. Denn sicher ist wohl, daß Krise, Aufruhr, äußerste Anspannung und äußerste Abspannung, der jähe Wechsel von Heiß und Kalt, von titanischem Selbstgefühl und grausamer Selbstvernichtung das Lebensklima dieses Mannes sind, *seine* Normalität. Hier nach einem von außen beigebrachten Gesetz richten zu wollen, wäre unfruchtbar und pharisäerhaft. Das vielberufene Pathologische ist Kleists Schöpfergrund, wie es – mehr oder minder – der Schöpfergrund alles Außergewöhnlichen ist. Was wäre uns ein Kleist ohne Qual und Exaltation? Was ein Homburg ohne Traumgesicht und Todesfurcht? Erst auf diesem Boden wachsen die Süße der Überwindung und die Heiterkeit der Einkehr in eine höhere Gesetzmäßigkeit als die der bürgerlichen Paragraphen oder des medizinischen Lehrbuchs.

Was man – auf der psychischen Ebene – das Pathologische nennt, ist ja sehr oft nichts anderes als das wiederaufgedeckte Archaische: das

Zusammenrücken, das Nebeneinander, die Gleichzeitigkeit konträrer Strebungen, wie es dem archaischen Fühlen eigentümlich ist. Die rationalen Sonderungen fallen. Daher die Fülle, fast möchte ich sagen: die Überfülltheit der Figuren Kleists, ihr ungeheurer Spannungsreichtum, der, wie man mit Recht gesagt hat, eher auf eine Art »Über-Gesundheit« deutet. Kleists Menschen sind immer mehrgleisig. Der heute so strapazierte Begriff der Ambivalenz enthält in Wahrheit das Alleräleste. Neu daran ist, daß wir es bejahen; und hierin hat Kleist wie kaum ein anderer dem modernen Empfinden vorgearbeitet.

Archaische Erweiterung des Ichs

Man denkt, wenn von solchen Zusammenhängen die Rede ist, viel zu ausschließlich an die Biß-und-Kuß-Identität der Penthesilea-Sphäre. Doch die archaische Erweiterung des Ichs ist Allgemeingut des Kleistschen Menschen. Nicht nur Penthesileas Gefühlsleben ist mehrfach übereinandergeschichtet, selbst eine kaum als extrem anzusehende Figur wie die Natalie im »Prinzen von Homburg« hat der Dichter expressiv aufgeladen mit einander scheinbar ausschließenden Gleichzeitigkeiten des Empfindens und Wollens. Die große Szene im Kerker (IV, 4), eine der schönsten und kleistischsten überhaupt, gibt davon glorreiche Proben – sie ist, von Natalie her gesehen, von einer geradezu bravourösen Ambivalenz.
Die Prinzessin kommt, um Homburg die Nachricht seiner Befreiung zu bringen. Glühend vor Eifer, überreicht sie ihm das Schreiben des Kurfürsten und »erblaßt« (dies die wörtliche Szenenanmerkung), als sie erfährt, an welche Bedingung der Fürst die Freilassung knüpft:

> Meint Ihr, ein Unrecht sei Euch widerfahren,
> So bitt ich, sagts mir mit zwei Worten –
> Und gleich den Degen schick ich Euch zurück.

Natalie erkennt sofort, daß diese von einem genialen Herzen eingegebene Wendung an eine Zone innerster Aufrichtigkeit und Noblesse in Homburg appelliert, in der es kein Feilschen und keinen Selbstbetrug gibt. Er müßte wider besseres Wissen handeln, wollte er – um des lieben Lebens willen – behaupten, ihm sei Unrecht geschehen. Natalie weiß, daß der Prinz über diese Wendung nicht hinweglesen kann – sosehr sie es wünschen muß und sowenig sie es wünschen darf. Sie muß es wünschen, weil sein Leben daran hängt. Doch auch seine Ehre hängt daran, und so kann sie es wiederum nicht wünschen. Gibt Homburg dem Kurfürsten recht, spricht er sein eigenes Todesurteil; gibt er ihm unrecht, rettet er seinen Kopf, aber um den Preis seines Gewissens. Das bedeutet: Natalie muß zwei einander feindliche, ja einander aufhebende Dinge mit gleicher Stärke wollen. Sie will Homburg frei, und sie will ihn als Helden.

Als der Prinz, der sich wenige Szenen zuvor noch in Todesgrauen wand und alle Würde von sich warf, auf den Anruf des Edlen unfehlbar reagiert und zum Adel einer nach Maßgabe ihrer besten Eigenschaften über sich gebietenden Natur aufwächst, steht seine Partnerin neben ihm, erlebt ergriffen das Schauspiel einer Menschwerdung und sucht es doch zu verhindern. Sie bemüht sich, die gestellte Bedingung zu bagatellisieren, sie als »Vorwand« und »äußere Form« abzutun. Doch je eifriger Natalie in bänglicher Geschäftigkeit auf Homburg einwirkt, desto sicherer und ruhiger wird er; und je stärker sie selbst ihrer Erfolglosigkeit innewird, um so großartiger wechselt ihr Ton vom Beschwörenden ins Segnende. »Bleich«, »erschrocken«, »schmerzvoll« ist sie, und das aus innerster Not. Zugleich aber beugt sie sich gerührt über ihn, beseligt und entzückt, und küßt ihn, weinend und jubelnd in einem Atemzuge.

Das ist ein strahlendes Beispiel dafür, wie Kleist stets – nicht nur in der Triebsphäre – an die geteilte, vielverästelte Wurzel unserer Entschließungen geht. Wie er Situationen herzustellen weiß, in denen das Mehrstimmige unserer Gefühle dramatische Bewegung wird. Kleist greift in das Ungesonderte von Tod und Lust, von Angst, Zweifel und Erwartung, von Traum und Wollen, Müssen und Begehren und humanisiert es.

Falsche Signale

Während der Arbeit an »Robert Guiskard« entschwindet uns der innere Mensch Kleist. Nur flüchtige, meist hoffnungsreiche und damit irreführende Signale geben Kunde von Kleists Verfassung aus der »Guiskard«-Zeit. »Der Anfang meines Gedichtes, das der Welt Deine Liebe zu mir erklären soll, erregt die Bewunderung aller Menschen, denen ich es mitteile«, berichtet er im Dezember 1802 an Ulrike, deren große, kein persönliches Opfer scheuende Zuneigung dieser Motivierung freilich am wenigsten bedurfte. Ulrike liebte ihn, nicht weil er Dichter, sondern weil er ein Kleist war und weil seine schwankende, zweideutige Haltung dem praktischen Leben gegenüber an ihre forsche, tatkräftige Natur appellierte. Sie erhoffte Großes von ihrem Bruder, erwartete augenscheinlich, daß er es zu dem brachte, was sie selbst, ihrer männlichen Wesensart entsprechend, gern erreicht hätte: Erfolg, Ruhm, praktische Wirksamkeit, eine Stellung in der Welt. Seine Kunst bedeutete ihr nichts, sie erschien ihr nur als ein Hindernis auf seinem Weg zum Glück. Wie viele geniale Psychologen ist Kleist zwar ein großer Kenner der menschlichen Natur, nicht aber des konkreten Einzelmenschen. Und so setzt er – zumindest damals noch – bei Ulrike das Interesse an seinem Dichtertum als selbstverständlich voraus. Auch hat er das Bedürfnis, sich der Schwester gegenüber, die ihn immer wieder bereitwillig aus ihrem von der Mutter ererbten Privatvermögen unterstützt, zu rechtfertigen und zu beweisen – und wie sollte er das anders tun als durch Hinweise auf seine dichterische Produktion?

Ebenfalls in einem Brief an Ulrike – und wiederum hoffnungsvoll – spricht er im Hinblick auf den werdenden »Robert Guiskard« von einer »gewissen Entdeckung im Gebiete der Kunst«, die er ans Licht zu stellen gedenke (3. Juli 1803). Eine etwas merkwürdige Floskel, hinter der man viel gesucht hat; ebenso wie hinter dem in der ästhetischen Terminologie der Goethezeit allerdings nicht ungebräuchlichen Wort »Erfindung«, das er später auf das »Guiskard«-Projekt – und weniger pointiert auch auf das »Käthchen von Heilbronn« – anwendet, so als handle es sich um eine Art Wunderding und dramaturgische Patentlösung. Wir kennen Kleists Vorliebe für technisch-physikalische Redeweise. In diesem Fall mag sie tatsächlich einem technischen Problem gegolten haben: der »einsätzigen« Dramenform, wie sie für »Guiskard« offenbar geplant war und dann später in »Penthesilea« verwirklicht wurde; oder überhaupt dem Versuch, mit der Darstellung der Katastrophe das Ganze der Tragödie zu geben.

Alle Anzeichen weisen auf eine siegreiche Schlacht. Erst als Kleist aufgibt, enthüllt sich uns die Schaffenstragödie des »Guiskard« mit ihrem zermürbenden Auf und Ab von Formen und Verwerfen, Aufbauen und Niederreißen. Noch zu Beginn des Jahres 1803 meint Kleist sich »allem Erdenglück« zu nähern. Wären uns nicht einige Äußerungen Pfuels überliefert und vor allem: hätten wir nicht den unschätzbaren Brief, den Wieland im April 1804 an den Mainzer Arzt Dr. Wedekind schrieb, wir wären von der Teilnahme an diesem inneren Drama nahezu ausgeschlossen. Wielands Brief ist, zusammen mit einigen Äußerungen Dahlmanns, Scheffners und Rahel Varnhagens aus der späteren Zeit, eine der ganz wenigen offensichtlich kompetenten Bekundungen über Kleists Wirkung als Mensch. Kleist hatte sich Anfang 1803 etliche Wochen als Gast auf dem Wielandschen Gut in Oßmannstedt aufgehalten, und Wieland schildert – ein Jahr danach – mit Wärme und Beredsamkeit sowohl die Mischung zwischen Zurückhaltung und Liebenswürdigkeit, mit der der Jüngere ihm begegnete, als auch die innere Spannung, das Rätselhafte und Geheimnisvolle seines Wesens, seine Geistesabwesenheit, seine Ort und Partner vergessende Versunkenheit in das Werk, »dieses fatale Werk seines Verhängnisses«, das ihm – wie Wieland sagt – zur »fixen Idee« geworden war.*

»Guiskard« und die Zukunft

Die »Guiskard«-Katastrophe ist der zweite große Niederbruch in Kleists Leben. Nach monatelangem Schweigen meldet er der Schwester am 5. Oktober 1803 aus Genf das Scheitern des »Guiskard«-Plans. Trotz des inneren Aufruhrs tut er es auf eine feierliche, eigentümlich überpersönliche Art, die anzeigt, wie hoch das Ziel gewesen sein muß. Er habe sich, gibt Kleist zu verstehen, an eine Aufgabe gewagt, die über sein Vermögen ging, und es sei töricht, seine Kräfte länger an ein Werk setzen zu wollen, »das, wie ich mich endlich überzeugen muß, für mich zu schwer ist«. Nichtsdestoweniger bleibt er dabei, daß »in der Reihe der menschlichen Erfindungen« diejenige, die er gedacht habe, »unfehlbar ein Glied« sei. Die große Vision einer nach dem Norden heimgeholten Antike, einer unbesänftigten, nicht weimarisch abgeschliffenen Antike,

---

* »Unter mehrern Sonderlichkeiten, die an ihm auffallen mußten, war eine seltsame Art der Zerstreuung, wenn man mit ihm sprach, so daß z. B. ein einziges Wort eine ganze Reihe von Ideen in seinem Gehirn, wie ein Glockenspiel anzuziehen schien, und verursachte, daß er nichts weiter von dem, was man ihm sagte, hörte und also auch mit der Antwort zurückblieb. Eine andere Eigenheit und eine noch fatalere, weil sie zuweilen an Verrücktheit zu grenzen schien, war diese: daß er bei Tische sehr häufig etwas zwischen den Zähnen mit sich selbst murmelte und dabei das Air eines Menschen hatte, der sich allein glaubt oder mit seinen Gedanken an einem andern Ort und mit einem ganz andern Gegenstand beschäftigt ist. Er mußte mir endlich gestehen, daß er in solchen Augenblicken von Abwesenheit mit seinem *Drama* zu schaffen hatte, und dies nötigte ihn, mir gern oder ungern zu entdecken, daß er an einem Trauerspiel arbeite, aber ein so hohes und vollkommenes Ideal davon seinem Geiste vorschweben habe, daß es ihm noch immer unmöglich gewesen sei, es zu Papier zu bringen. Er habe zwar schon viele Szenen nach und nach aufgeschrieben, vernichte sie aber immer wieder, weil er sich selbst nichts zu Dank machen könne . . .« (Aus Wielands Brief an Dr. Wedekind, Weimar, 10. April 1804).

eines tragischen Dramas, in welchem die »Geister des Äschylus, Sophokles und Shakespeare sich vereinigten« – diese Vision, die Wieland gekommen war, als Kleist ihm in Oßmannstedt widerwillig Teile aus dem »Guiskard« vortrug, wirft einen schwachen, resignierten Abglanz noch in Kleists Verzweiflungsbrief, wenn er darin von einer Kunst spricht, die das Schicksal »in diesem nördlichen Himmelsstrich« noch nicht reifen lasse.

Es folgt das berühmte, oft zitierte Wort: »Ich trete vor einem zurück, der noch nicht da ist, und beuge mich, ein Jahrtausend im voraus, vor seinem Geiste.« Kleist wirft hier mit einer großen Gebärde den Zukunftssamen aus, ohne eine Ahnung davon, daß kein anderer als er selber dieser Geist ist, vor dem er jetzt in einem Augenblick hochmütiger Schwäche zurückweichen zu müssen meint. Das künftige Drama, an dem der Dichter verzweifelte und an dem die Zeit vorbeisah, tritt uns gut ein Jahrhundert später mit überwältigender Gegenwärtigkeit in seinem eigenen, nun voll erkannten Werk entgegen. Die Linie Hebbel, Büchner, Wedekind, Strindberg, O'Neill, die von Kleist ihren Ausgang nahm, führt auch zu Kleist zurück. Nicht die sogenannte Re-Barbarisierung der Antike, wie Kleist sie – im Vorgriff auf Nietzsche – in seiner »Penthesilea« wagte, ist dabei das Entscheidende, sondern die Schaffung eines neuen dionysischen Dramas überhaupt. Eines Dramentypus, der durch den Abgrund des entfesselten Gefühls in die Gefilde der Klarheit und Helle führt. Eines elementaren Dramas, das den rohen Urstoff wieder anzufassen wagt und ihn bezwingt. Kleist schuf das Drama des wilden Taumels, der sich zur Form bekehrt, zu einer Form, die ohne diesen Taumel nicht denkbar wäre, die – weil sie erkämpft ist – aus ihm ihren Adel und ihre Lebenskraft zieht. Kleist schuf das Drama des Herkulesschreis, der sich zur Musik besänftigt. Ein Drama, an dem Natur und die Mächte des Unterbewußten ebenso beteiligt sind wie eine der zartesten Nuancen mächtige Seelenkenntnis und ein fanatischer, alle Vorbilder ehrender und ihnen zugleich absagender Formwille, ja Formrigorismus.

Der Schrecken, den Kleist auch heute noch auf manche Gemüter ausübt, erklärt sich aus der Tatsache, daß sein Werk die vollständige Bankrotterklärung des deutschen Idealismus ist. Dabei übersehen die Verschreckten, daß dieser Bankrott unumgänglich, daß er notwendig war. Der abstrakte Humanismus der Klassik war an einem Punkt angelangt, wo er in sein Gegenteil umschlug: in die unmenschliche Versteinerung. Wollte man zu den menschlichen

Grundlagen, zum Anthropologischen, zur humanen Substanz zurück, so mußte man den Marmor der »Iphigenie« zertrümmern. Das hat Kleist getan – auf die Gefahr hin, daß man ihn als Herostrat mißverstehen und brandmarken würde. Er hat dem modernen Drama, der modernen Literatur überhaupt, den Weg gewiesen: den Weg des Geistes durch das Elementare und damit den Weg der Regeneration des Humanen aus seiner ursprünglichen widerspruchsvollen Vielheit.

Der vollendete Torso

Wenn dies Kleists Bestimmung war, dann fragt es sich, weshalb der erste entschlossene Schritt nicht zum Ziele führte, den er – nach dem von ihm selbst bald nicht mehr ganz ernst genommenen Präludium der »Schroffensteiner« – in dieser Richtung tat. Daß es handwerkliches Unvermögen war, ist kaum anzunehmen. Das Anfängerhafte an Kleist war nicht so sehr ein Mangel an dramatischer Fertigkeit – sein Erstling »Die Familie Schroffenstein« hatte eher zuviel davon – als vielmehr ein Mangel an ästhetischem Takt. Warum also mußte der »Guiskard« scheitern? Oder ist er gar nicht gescheitert? Gehört er vielleicht zu jenen Kunstwerken, die über den Torso nicht hinausgelangen, eben weil sie als Torso vollendet sind? Eine allzu moralische Literaturbetrachtung meint in der Tatsache, daß »Robert Guiskard« Fragment geblieben ist, eine Art ästhetisches Gottesurteil sehen zu sollen: die Kleistsche Hybris wurde sichtbarlich gerichtet. Goethefromme Beurteiler pflegen spätestens an dieser Stelle an den vermessenen Ausspruch zu erinnern »Ich werde ihm [Goethe] den Kranz von der Stirne reißen«, den Kleist während der Arbeit am »Guiskard« in »wilderregten Stunden«, getan haben soll. Ein Satz, der allerdings den Fehler hat, daß er nur mündlich und nur von dem hochbetagten, in seiner Erinnerungsfähigkeit nicht immer zuverlässigen Pfuel überliefert worden ist.

Wie immer man zu dem fragmentarischen Charakter dieses Dramas stehen mag, es bleibt ein erstaunliches Faktum, daß alle Versuche, sich seinen Fortgang auch nur auszudenken, unbefriedigend geblieben sind. Was wir kennen, ist ein grandioser Einakter von ausgesprochen statisch-lyrischem Zuschnitt. In die Pest-Lyrik mit ihrem Schwellen und Wogen sind die Figuren eingerammt: an der Spitze Guiskard, der Normannenfürst, ein großer Kriegsherr und doch ganz ein Held der Innerlichkeit. Sein Kampf, soweit wir ihn miterleben, gilt nicht dem weltbeherrschenden Byzanz, nicht der Familienintrige, die er mit einem einzigen beiläufigen Wort bändigt, sondern der Krankheit, der Angst, der eigenen Schwäche – einem Ungreifbaren, einem Gespenst. Der Vorgang ist ganz nach innen genommen. In einem farbenreichen, musikalisch gestuften Szenarium vollzieht sich ein Drama kaum noch wahrnehmbarer Nuancen, dessen Höhepunkt ein Stocken, ein unsicherer Blick und das verstohlene Bereitstellen einer Sitzgelegenheit sind, auf welcher der königliche Held sich mit einem Seufzer des Dankes niederläßt. Nie zuvor wurde so leise, so diskret, mit einem solchen Minimum an Aufwand eine welthistorische Katastrophe auf die Bühne gestellt und zur Wirkung gebracht – freilich zu einer in sich verschlüsselten Wirkung, ohne progressiven dramatischen Charakter. Mit einer solchen Sprache der Nuancen und der Requisiten befinden wir uns, möchte man meinen, eher in der Ausdruckssphäre eines Tschechow, Ibsen oder Strindberg als in der Shakespeares oder des Sophokles. Im Bereiche eines Dramas also, in welchem der Konflikt immer seltener nach außen getrieben und in die Welt getragen wird, sondern in der tragischen Subjektivität des Helden verbleibt. Die Außenwelt reflektiert lediglich die inneren Spannungen des Helden. So gesehen, steht Guiskard einem Oswald Alwing näher als einem Ödipus oder Lear. Begreiflicherweise hat der antikische Überwurf den Blick bisher meist in die falsche Richtung gelenkt: auf die attische Tragödie statt auf das lyrisch-psychologische Drama der Kleist-Nachfolge oder – diesen Zusammenhang hat wohl nur Nietzsche gesehen – auf die szenisch-musikalische Lyrik Richard Wagners.

Guiskard, der Held

Auch »Robert Guiskard« gehört noch in den Strahlungsbereich der Kant-Krise. Nachdem Kleist sich von der Erkenntnis der Wahrheit ausgeschlossen wähnt, nachdem er durch das Chaos, die Seinsverwirrung und höhnische Verzweiflung der »Familie Schroffenstein« gegangen ist, setzt er auf den großen Handelnden. »Handeln ist besser als Wissen«, dieses fragwürdige Wort des Freundes Ludwig von Brockes hatte die Kant-Krise eingeleitet (Brief vom 31. Januar 1801). Es verfolgt Kleist, bis er es im »Guiskard« zu gestalten versucht. Und eben hierin liegt der Irrtum. Das Guiskard-Problem fügt sich nicht in die Kleistsche Grundsituation von Verwirrung und läuterndem Gefühl. Den sich im Tun erfüllenden und sich in das Tun verstrickenden Helden gibt es bei Kleist nicht. Das Sein und nicht das Handeln ist Kleistscher Urbereich. Auch Hermann, auch Kohlhaas, auch der Kurfürst sind Täter nur insoweit, als sie eine Unordnung zu beseitigen, als sie den Einklang der »gebrechlichen Welt« mit dem Sein, das sie trägt, wiederherzustellen haben. Gar nicht zu reden von Jupiter, der die Spitze dieser Art von Aktivität darstellt: er schafft – ein ungeheuerlicher Vorgang – selber die Unordnung, mit dem Zweck, die eigene göttliche Existenz auf die Probe zu stellen. Denn nur wenn Alkmene so stark in ihrem souveränen Menschentum ist, daß sie dem Gotte widersteht – nur dann ist die Schöpfung gelungen.

Guiskard hingegen ist der traditionelle Täter, der Eroberer und Reichegründer, der sich – hier ist der Schatten des Schillerschen Wallenstein unverkennbar – um der Macht willen in Schuld begibt. Guiskard ist der große Abenteurer, der, durch eine Prophezeiung in trügerische Sicherheit gewiegt, der Grenzen nicht achtet, die das Recht der anderen und die eigene Hinfälligkeit ihm setzen. Ein Übermensch, »weniger edel als groß«, wie es in Kleists Quelle heißt, der dennoch an der armseligen Leiblichkeit alles Menschlichen zugrunde gehen muß. Das jedenfalls scheint Kleists Konzeption gewesen zu sein, durchgeführt hat er sie nicht. Eine Fußnote unterrichtet uns von Guiskards Geschichte, das Fragment selbst gibt nur das lyrische Finale – ein Finale, das, wie eine zweite Fußnote uns zu verstehen gibt, in Wahrheit eine Exposition sein sollte. Es fragt sich, ob es möglich gewesen wäre, den progressiven Helden ausschließlich im Scheitern zu zeigen, ihn im Scheitern vollständig zu entfalten. Das ist zunächst ein technisches Problem, das man keinesfalls mit einem Hinweis auf das Vorbild des »König Ödipus« oder auf Ibsens analytische Methode abtun kann. Im »Ödipus« handelt es sich um einen allgemein bekannten Sachverhalt, der nicht erst entwickelt zu werden brauchte, die »story« war Allgemeingut; und bei Ibsen geht es weniger um die dramaturgische Aufarbeitung eines Vergangenen als vielmehr darum, daß eine in der Vergangenheit liegende Schuld in der Gegenwart aufersteht und in ihre praktischen Konsequenzen tritt. Damit wird sie – mag man nun an Kammerherr Alwings Ausschweifungen denken oder an Rebekka Wests Seelenmord – selber Gegenwart, setzt sie sich in unmittelbar gegenwärtige, fortschreitende Handlung um. Eben das macht die dramatische Bewegung bei Ibsen aus.

Im Falle Guiskard aber, wie Kleist ihn angelegt hatte – und auch

Wieland spricht nur vom » *Tod* Guiscards des Normannen« –, hätte eine höchst komplizierte, weitverzweigte und aktive Heldenlaufbahn rekapituliert und nachträglich in die Handlung verflochten werden müssen. Der Stoff als solcher drängte zum dramatischen Epos, zum tragischen Historienstück. An beidem – dem progressiven Helden wie der dramatischen Chronik – konnte Kleist seiner Natur nach nicht interessiert sein. Für ihn gab es nur zweierlei: entweder den Stoff aufzugeben oder ihn so umzuformen, daß aus dem quasi Schillerschen Helden schließlich doch noch ein Kleistscher wurde. Daß ihm dies gelang, ist ein wahrer Geniestreich – für den er allerdings mit dem Preis der Unvollständigkeit, der praktischen Unvollendbarkeit des Stückes zahlen mußte.

Kleist verfuhr völlig konsequent – nicht im Sinne des Stoffes, sondern des künstlerischen Gesetzes in der eigenen Brust. Aus dem willensgespannten Helden der alten Dramaturgie machte er einen Mann der Seins-Totalität. Der Tyrann, der noch in der erwähnten Fußnote spukt, wird zum Vater des Volkes, der listige Realpolitiker zu einem Mann, der seine Sicherheit ganz aus dem Irrationalen schöpft – so sehr, daß er sich sogar gegen die Pest gefeit glaubt. Nur in den Augen seines Gegners Abälard ist er der »gekrümmte Tiger«, der nichts im Sinn hat, als zum Sprung auf Byzanz anzusetzen. Der Guiskard, den wir tatsächlich erleben, ist anders: er stellt sich uns als der in sich ruhende königliche Mensch schlechthin dar. An diesen wendet Kleist seine ganze Kunst. Der Stoff hätte gefordert, daß der Dichter uns den Helden als politisch Planenden und Handelnden zeigte. Doch Kleist stellt ihn – gegen die Interessen des Stoffes, wenn auch mit unvergleichlichem poetischem Gewinn – in eine Finalsituation, in welcher der Wille nichts mehr vermag, in der nur noch die Behauptung aus dem Sein, nicht aus der Aktion möglich ist. Guiskard wird mit keiner menschlichen Macht konfrontiert, sondern mit einem schlechthin Unbezwingbaren: der Pest und seiner eigenen Anfälligkeit. In diesem Sinne baut Kleist die Figur Stück um Stück auf, bis sie, herrlich geraten und ohne Vergleich, vor uns steht.

Die Partitur

Es ist ein musikalisch-dramatischer Prozeß, in den wir unwiderstehlich hineingezogen werden. Das Guiskard-Thema erklingt zunächst gedämpft, wie hinter dem Schleier eines Streicher-Tremo-

los: die Sorge geistert durch das pestverstörte Lager. Ein Chorsatz –
»Das Volk in unruhiger Bewegung« – leitet die Tragödie ein. Angst
und Liebe, Aufbegehren und Verehrung, Todesgrauen und Hoffnung auf Heimkehr – immer neue, gegensätzliche Elemente werden dem musikalischen Strom zugeführt. Apokalyptische Bilder
zucken auf, unverhohlener Jammer und offene Empörung werden
laut. Warnend wird der Gedanke, daß auch Guiskard ein Opfer der
Pest werden könne, geäußert und ausgemalt. Ein Normann hetzt
gegen den Unerbittlichen, eine weibliche Stimme löst sich aus der
polyphonen Grundierung und ruft zur allgemeinen Wehklage auf.
Alles hängt an der Person des Fürsten, die aus dem Unsichtbaren zu
immer ehrfurchtgebietenderer Größe aufwächst: er ist der Fels, der
furchtlos Trotzende, der Liebling des Lagers, der patriarchalische
Kriegsherr, dem er gefällt, »wenn ihm der Krieger in den Mähnen
spielt«.
Dann kommen Nachrichten aus dem Inneren des Zeltes. Guiskards
Tochter Helena spricht zu der Menge: eine sanfte, ein wenig
unsichere Melodie der Beruhigung, die rasch wieder von einem
neuen Anschwellen der Sorge verschlungen wird. Eine Wache weiß
von gräßlichen mitternächtlichen Klagelauten aus Guiskards Zelt
zu berichten, von dem heimlichen Erscheinen des hastig herbeigerufenen Leibarztes. Tastende Vermutungen werden geäußert, bis
ein Unbeherrschter mit dem herausfährt, was alle denken:

> Krank? Angesteckt –!

Doch man hält ihm den Mund zu. Die grell heraustechende
Stimme des Verdachts wird zurückgedrängt. Eine neue Motivgrup-
pe tritt auf, männlich fest gefügt: Robert, Guiskards Sohn, weist das
Volk mit strengen Worten zurecht. Es kommt zum Zusammenstoß
zwischen ihm und dem Chorführer. Doch ehe die Auseinandersetzung sich versteifen kann, fährt züngelnd ein weiteres Motiv
dazwischen: Abälard, der von Guiskard enterbte Neffe, mischt sich
ein. Nach einem kurzen, dreistimmig gearbeiteten Zwischensatz
(Abälard, Robert, Chorführer) beherrscht Abälard die Situation.
Unter dem Vorwand gebotener Aufrichtigkeit teilt er dem Volk
mit:

> Der Guiskard fühlt sich krank.

Ein Klagechor setzt ein und gipfelt in den Sätzen:

> Verloren ohne Guiskard rettungslos!
> Verloren rettungslos! Errettungslos,
> In diesem meerumgebnen Griechenland!

Abälard gibt Details. Sie vergrößern die Sorge, bauen zugleich aber weiter an dem überlebensgroßen Bild des einen Mannes hinter der Szene:

> Noch eben, da er auf dem Teppich lag,
> Trat ich zu ihm und sprach: Wie gehts dir, Guiskard?
> Drauf er: »Ei nun«, erwidert er, »erträglich! –
> Obschon ich die Giganten rufen möchte,
> Um diese kleine Hand hier zu bewegen.«
> Er sprach: »Dem Ätna wedelst du, laß sein!«
> Als ihm von fern, mit einer Reiherfeder,
> Die Herzogin den Busen fächelte;
> Und als die Kaiserin, mit feuchtem Blick,
> Ihm einen Becher brachte, und ihn fragte,
> Ob er auch trinken woll?, antwortet' er:
> »Die Dardanellen, liebes Kind!« und trank.

Selbst die Äußerungen sinkender Kraft tragen zu Guiskards Erhöhung bei. Gerade in dem lächelnden Eingeständnis der Schwäche und ihrer ironischen Übertreibung liegt eine Sicherheit, eine wahrhaft fürstliche Souveränität, die – so müssen wir befürchten – durch Guiskards körperliche Gegenwart kaum überboten werden kann. Da öffnet sich das Zelt. Ein Knabe beschreibt, hoch über den Köpfen der Menge, von einem günstigen Punkt des gegenüberliegenden Hügels aus, mit heller Stimme – im Diskant der Begeisterung –, daß Guiskard sich erhoben hat, frei in der Mitte des Zeltes steht, den Panzer anlegt, den Helm aufsetzt und –

> Jetzt seht, o seht doch her! – Da ist er selbst!

Es ist eine triumphale Steigerung, auf deren höchster Woge Guiskard jetzt endlich leibhaftig vor uns erscheint. Jubel des Volkes, eine kurze, herrscherliche Frage nach Abälard, ein knapper Befehl an ihn:

> Tritt hinter mich.

Abälard löst sich, von Guiskards Blick verfolgt, beklommen aus der Menge und gehorcht. Die Machtfrage wird nahezu stumm, aus dem puren Dasein, der wortlosen Wesensentfaltung des Helden bereinigt. Auch dieses – die Verlegung wesentlicher Lösungen in das Schweigen – ist ein Kernelement der Kleistschen Dramaturgie, von dem in anderem Zusammenhang noch zu sprechen sein wird. Und nun setzt – nach so ausgedehnter, raffinierter Vorbereitung –

das Guiskard-Thema zu voller, glorreicher Entfaltung an. Das Erstaunliche geschieht: der sichtbare Guiskard zeigt sich dem unsichtbaren ebenbürtig. Ein geringerer Gestalter als Kleist hätte kaum hoffen dürfen, solche Fülle der Versprechungen einzulösen. Die lyrische Aufstockung hat zu einem Gipfel der Erwartung geführt, auf dem der Held sich mit wunderbarer Selbstverständlichkeit bewegt. Heiter, gelassen, beinahe familiär und dabei noch in der Vertraulichkeit von einer naturgewachsenen Hoheit wendet er sich an den Chorführer und fordert ihn zum Reden auf. Der bringt seine Bedenken vor, und nun geht Guiskard unvermittelt, mit einem gespenstischen Ruck, aus dem natürlich Heroischen ins Übersteigerte, Gigantomanische über. Er sucht den Verdacht wegzulachen:

Vom Pesthauch angeweht! Ihr seid wohl toll, ihr!

und wird dabei um einen Grad zu laut, zu volltönend, seine Zuversicht klingt prahlerisch – für einen Augenblick meinen wir nicht ihn, sondern Holofernes, Hebbels attrappenhaften Übermenschen, sprechen zu hören. Es folgt eine Fermate der Erschöpfung, angedeutet durch einen der inhaltsschweren Gedankenstriche Kleists (Vers 454), die eine Dramaturgie für sich darstellen. Abermals setzt das Guiskard-Thema ein, aber matt und ohne Glanz: ja, es treffe sich seltsam, so lebhaft wie sonst fühle er sich an diesem Tage nicht, aber unpäßlich, pestkrank gar – das keinesfalls. Der Chorführer, aufs neue beunruhigt, will etwas einwenden, doch Guiskard unterbricht ihn und steigert sich ein zweites Mal in allzu markige Selbstsicherheit: an ihm, an »diesen Knochen«, nage selbst die Pest sich krank, nicht einmal die Berührung der von der Seuche Befallenen brauche er zu scheuen. Mit dem Wallensteinschen

Es hat damit sein eigenes Bewenden
(Die Piccolomini, II, 6)

spielt er auf die Prophezeiung an, in deren Schutz er sich glaubt. Guiskard scheint jetzt gar wieder Herr seiner selbst zu sein. Knapp, geschäftsmäßig fordert er den Sprecher auf, zur Sache zu kommen. Da – ein suchender Blick, ein paar rasche, abgerissene Sätze seiner Begleitung, und man schiebt ihm eine große Heerespauke hin. Er läßt sich – »sanft«, wie es in der Bühnenanmerkung unübertrefflich ausdrucksvoll heißt – darauf nieder, und ein halblaut an die Tochter gerichtetes »Mein liebes Kind«, so überflüssig, so rührend und hilflos in dieser heroischen Umgebung, verrät die ungeheure Anstrengung, die es ihn kostet, sich aufrecht zu halten. Todesmattig-

keit, Erschöpfung bis ins Mark liegen in diesen drei hingehauchten
Worten. Wieder eine Fermate, in der die stumme Tragödie gipfelt
und mit der sie endet.

Was noch folgt, ist eine kurze, drängende Koda. Über den still und
wehrlos dasitzenden Guiskard ergießen sich Klage und Bitte des
Volkes, den Eroberungsplan aufzugeben und heimzukehren. Kaum
noch, daß er wahrnimmt, wie seine Frau von einem plötzlichen
Unwohlsein befallen wird und abgeführt werden muß. Der Chor
hat das letzte Wort:

> O führ uns fort aus diesem Jammertal!
> Du Retter in der Not, der du so manchem
> Schon halfst, versage deinem ganzen Heere
> Den einzigen Trank nicht, der ihm Heilung bringt,
> Versag uns nicht Italiens Himmelslüfte,
> Führ uns zurück, zurück, ins Vaterland!

Sinnreiches Scheitern

Ein Ende über dieses Ende hinaus ist schwer denkbar. Was noch
hätte kommen können, wäre allenfalls die Vollendung und Ausma-
lung der Katastrophe gewesen – ein unkünstlerisches Geschäft.
Neue dramatische Bewegung wäre wohl aus dem historischen
Material zu gewinnen gewesen, nicht aber aus der Anordnung und
Akzentuierung, die Kleist ihm – nicht mehr widerruflich – gegeben
hatte. »Robert Guiskard« ist in der Tat ein in sich abgeschlossenes
Fragment, eine einsätzige szenische Sinfonie, die jeder Fortsetzung
spottet. Die Tragödie, die Kleist schreiben wollte, hat er nicht
geschrieben. Aber was er geschrieben hat und mit innerer Notwendigkeit schreiben mußte, übt seine Wirkung nicht dank der darin
schlummernden Vollendungsmöglichkeiten, sondern vermöge der
endgültigen Gestalt dessen, was wir vor uns haben. So ist Kleist an
seinem Stoff gescheitert und hat zugleich über ihn triumphiert. Es
gehört zum Paradoxen in seinem Leben wie in seinem Schaffen, daß
bei ihm jedes Scheitern ein tatsächliches Gelingen einschließt.

> Nicht jeden Schlag ertragen soll der Mensch,
> Und welchen Gott faßt, denk ich, der darf sinken

– sagt Sylvester Schroffenstein. Ganz so läßt Kleist sich immer
wieder fallen, und immer wieder erhebt er sich, reicher und kraft-
voller als zuvor. Ein nach den Regeln verfertigter, in konventionel-

lem Sinne »vollendeter« »Guiskard« hätte Kleist vielleicht Erfolg und Ruhm zu Lebzeiten gebracht, hätte ihm ein leichteres Dasein beschert. Aber er hätte ihn kaum auf jenen Weg gestoßen, der ihn dann durch die furchtbare und die holde Seligkeit von »Penthesilea« und »Käthchen« bis zu der ganz aus sich selbst gewonnenen Harmonie des »Homburg« führte. Kleist war ein Mensch, der nicht durch Einsicht, sondern durch existentielle Erschütterung lernte. Insofern sind seine Katastrophen notwendige Marksteine in seinem Leben und für sein Werden.

Es ist deshalb müßig, die ungeheure Heftigkeit zu beklagen, mit der solche Entscheidungen sich bei ihm vollziehen – wie er in Paris in einer Art Raserei das »Guiskard«-Manuskript verbrennt, wie er umherirrt, sich den Freunden entzieht, wie er sich schließlich in St. Omer an der Kanalküste Napoleon nach England anschließen will, um so den »schönen Tod der Schlachten zu sterben« (an Ulrike, 26. Oktober 1803). Die Tiefe des Sturzes entspricht der Höhe, in die ihn seine Hoffnungen getragen hatten; und die waren – nicht zuletzt dank Wieland, der einzigen Autorität, von der er je Ermutigung erfuhr – stolzer gewesen, als sie zu irgendeinem anderen Zeitpunkt seines Lebens sein sollten. Er war seines »Geburtsrechts zur Krone« (Brief vom 5. Oktober 1803) innegeworden und hatte in gleichem Atemzuge erfahren müssen, daß er es nicht ausüben durfte. Die Folgen, so hatte es ahnungsvoll in dem Genfer Brief geheißen, seien nicht auszudenken: »Mich entsetzt die Vorstellung.« Als er aufgegriffen und sozusagen routinemäßig zum Weiterexistieren genötigt wird, stürzt er sich in eine Krankheit, die ihn ein halbes Jahr im Hause jenes Dr. Wedekind in Mainz festhält, an den Wieland seinen schönen Brief schrieb. Kleist selbst lehnt, als er wieder in Berlin ist, die Verantwortung für die Vorgänge in Paris und St. Omer ab, er sei in einer Verfassung gewesen, in der er »zuletzt in die Verwechslung der Erdachse gewilligt haben würde« (Brief an Ulrike vom 4. Januar 1804). Und an Henriette von Schlieben, die Dresdner Freundin, schreibt er: »Ich bin nicht imstande, vernünftigen Menschen einigen Aufschluß über diese seltsame Reise zu geben. Ich selber habe seit meiner Krankheit die Einsicht in ihre Motive verloren und begreife nicht mehr, wie gewisse Dinge auf andere erfolgen konnten.«

Äußerlich gesehen, ist Kleist um Jahre zurückgeworfen. Wieder beginnt die Suche nach dem Amt. Wir lernen einen sanften gefügigen Kleist kennen, der mit trauriger Erbötigkeit über sich bestimmen läßt. Seine Briefe an Ulrike, die sein Glück will, aber – wie er

nun selbst schmerzlich bemerkt – nicht weiß, was sein Glück ist,
haben etwas Geducktes, Bettelndes, Erbarmungswürdiges. Ein
herzzerreißender Augenblick, wenn er ihr schildert (24. Juni 1804),
wie er nach einer demütigenden Unterredung im Charlottenburger
Schloß auf dem Rückweg das Schreiben aus der Tasche zieht und
liest, in welchem Wieland ihn – ein Jahr zuvor – beschworen hatte,
den »Guiskard« zu vollenden, »und wenn der ganze Kaukasus und
Atlas auf Sie drückte«. Denn nichts sei dem »Genius der heiligen
Muse«, der ihn begeistere, unmöglich. Dieser Brief, den er wie
einen Talisman bei sich führt, ist das einzige, was ihn zu jener Zeit
an seine Bestimmung bindet, was den Hoffnungsfunken nicht ganz
erlöschen läßt, sich doch noch – früher oder später – den »Kranz der
Unsterblichkeit zusammenzupflücken«, wie er es in hochgestimm-
teren Zeiten genannt hatte. Nie sei ihm das Ziel so glänzend
erschienen wie jetzt, da er in den Staub des Sturzes eingehüllt am
Boden liege und nur mit den Blicken den Weg dahin verfolgen
könne, schreibt er an Pfuel (7. Januar 1805). Indem er sich ganz
fallenläßt, sammelt er Kräfte.

Lebensrhythmus

Kleists Biographie schreitet in Zirkeln voran: Suche nach bürgerli-
chem Broterwerb, Ekel davor, Krise; Absage an die bürgerliche
Lebensform, Sprung in die Künstlerexistenz, Krise. Der erste
Entschluß zum Amt führte in die Kant-Krise, der erste Entschluß
zur Kunst in die »Guiskard«-Katastrophe. Dieses Schema wird sich
– mit den Ausschmückungen und Varianten, die zum Leben gehören – immer wiederholen: in Königsberg, in Dresden, in Prag, in
Berlin. Kleist selbst scheint das empfunden zu haben, wenn er später
in dem Abschiedsgesuch an den Minister Altenstein seinen un-
glücklichen Zustand in Königsberg die »ganze Wiederholung eines
früheren« nennt, den er schon einmal in Frankreich erlebt habe. In
der Tat trägt der Königsberger Versuch (1805/06) – eine Art
Volontär- und Studienzeit, in der er sich praktisch und theoretisch
auf eine Karriere im höheren Staatsdienst vorbereiten soll – von
Anbeginn alle Keime des Scheiterns in sich. Es gibt keine Äußerung
Kleists aus diesem Lebensabschnitt, in der er nicht das traurige Muß
seines Schrittes betont. Er gehorcht dem Familiendiktat, aber es
kann nicht zweifelhaft sein, daß er nur auf eine Gelegenheit wartet,
wieder auszubrechen. Schon zwei Monate nach seiner Ankunft in

Königsberg stellt sich – wie immer bei ihm – eine hilfreiche Krankheit ein. Mitte November 1805 meldet er seinem Gönner Altenstein nach Berlin, daß er den ganzen Herbst unpäßlich gewesen sei. Im Juni 1806 ist es dann soweit: wenig mehr als ein Jahr nach seinem Dienstantritt bittet er um Entlassung. Wie mit gelähmten Sinnen hat er während dieses Jahres auf das Bild seines eigentlichen Selbst gestarrt, das ihm mehr und mehr zu entschwinden drohte: auf des Bild des *Dichters* Heinrich von Kleist. Mit ergreifender Eindringlichkeit schreibt er an Altenstein: »Ein Gram, über den ich nicht Meister zu werden vermag, zerrüttet meine Gesundheit. Ich sitze wie an einem Abgrund, mein edelmütiger Freund, das Gemüt immer starr über die Tiefe geneigt, in welcher die Hoffnung meines Lebens untergegangen ist: jetzt wie beflügelt von der Begierde, sie bei den Locken noch heraufzuziehen, jetzt niedergeschlagen von dem Gefühl unüberwindlichen Unvermögens« (30. Juni 1806). Zwei Monate darauf verschickt er frohgemut das fertige Manuskript des »Zerbrochenen Krugs« und kündet Rühle von Lilienstern an, daß er sich nunmehr durch seine dramatischen Arbeiten ernähren wolle: »Jetzt habe ich ein Trauerspiel unter der Feder.«
Während Preußen zusammenbricht – wir schreiben Oktober 1806, die Schlacht von Jena und Auerstadt ist geschlagen und verloren –, arbeitet Kleist selbstversunken an der »Penthesilea«. Während der Hof nach Königsberg flüchtet, verläßt er Königsberg, um nach Dresden zu gelangen, der sächsischen Musenstadt, die sich mit Napoleon arrangiert hat und daher der »günstigste Ort in dieser, für die Kunst höchst ungünstigen Zeit« ist (an Altenstein, Dezember 1807). Das Glücksgefühl der wiedererwachten Schaffenskraft und der zurückgewonnenen persönlichen Freiheit trägt Kleist – auch das wiederholt sich immer wieder – über die reale Stimmung hinweg. Real ist ihm allein die unsichtbare Bühne in seinem Inneren. Preußens Tragödie bewegt ihn, soweit sie mit der Tragödie der eigenen Brust parallel läuft. Erst als seine künstlerischen Hoffnungen abermals enttäuscht sind und er abermals am Boden liegt – nach der Dresdner »Phöbus«-Katastrophe 1808 –, erst da schreibt er »Die Hermannsschlacht«. Jetzt genügt es ihm, rein rhetorisch in seinem Brief an Ulrike festzustellen: »Wir sind die unterjochten Völker der Römer« (24. Oktober 1806). Denn jetzt ist es ja umgekehrt: während die Schicksalslinie des Vaterlandes steil nach unten führt, steigt die seine stolz empor. Weil er mit sich selbst im Einklang ist, scheint ihm, »als ob das allgemeine Unglück die Menschen erzöge, ich finde sie weiser und wärmer, und ihre

Ansicht von der Welt großherziger« (6. Dezember). Nicht einmal das Zwischenspiel seiner irrtümlichen Verhaftung als Spion und der Einkerkerung in Châlons-sur-Marne kann ihn aufhalten. Kleist ist – wie niemals wieder – auf der Springflut des Glücks, und so kommt er auch mit einem halben Jahr Verspätung noch rechtzeitig nach Dresden. Dort findet er Freunde und Anerkennung. Die Begegnung mit Adam Müller, dem universalen Journalisten, der ihn bewundert; die von kühnen Hoffnungen beflügelte gemeinsame Gründung des »Phöbus«; die günstige Aufnahme, die man seinen Stücken bei öffentlichen Vorlesungen bereitet – alles deutet auf eine sichere literarische Karriere. Zum ersten Male kann der von Schuldgefühlen Geplagte im Tone freudigen Stolzes an Ulrike schreiben: »Ich wollte, Du wärest hier, um Dich mit mir zu freuen, und alles mit eigenen Augen selbst zu sehen« (3. Oktober 1807).

Es ist eine durchaus unkleistische Situation, die mit innerer Notwendigkeit nach der Katastrophe verlangt. Nicht weil das böse Schicksal wieder einmal sein Opfer will, sondern weil eine mit allem Komfort der Lebensnormalität ausgepolsterte Existenz der Produktivität Kleists und ihren spezifischen Bedingungen zuwiderläuft. Alle seine großen Dichtungen sind aus der Isolierung geboren – mit Ausnahme des »Käthchen von Heilbronn«, und das ist bezeichnenderweise seine formloseste Arbeit. Sie siegt kraft der Herrlichkeit ihrer Poesie über die Unsicherheit einer von Einflüssen bedrängten Gesamtkonzeption. Im tragischen Alleinsein – und nur so – findet dieser Dichter die Kraft zu einer von allen Konventionen gelösten Weltbegegnung. Freundlich stößt ihn ein wenig freundlich scheinendes Schicksal immer wieder in den Abgrund, damit er Herrlichkeiten daraus emporschafft, die er an einem angenehmeren Ort nicht hätte finden können. Was freilich das subjektive Elend nicht verringert. »Ich leide aber doch wirklich erstaunlich.« Diese rührende Wendung aus dem Winter 1804 gilt für die meiste Zeit seines Lebens.

Das »Phöbus«-Unternehmen mußte scheitern, genau wie später die »Berliner Abendblätter« scheiterten – schon weil Kleist als Redakteur ein Unding ist. Dieser mythische Egozentriker, der die Welt nur im Durchgang durch das eigene Ich erfährt, der in die Finsternis muß, um in der Abgeschiedenheit seiner vulkanischen Seele das Ganze zu finden, soll das literarisch-diplomatische Geschäft eines Zeitschriftenherausgebers übernehmen. Der »Phöbus« beginnt – jedenfalls in der poetischen Sparte, für die Kleist verantwortlich ist,

Adam Müller sorgt für die Philosophie – von vornherein mehr oder minder so, wie die »Abendblätter« enden, nämlich nahezu als Ein-Mann-Betrieb. Der Redakteur Kleist macht den Schriftsteller Kleist zu seinem bevorzugten Mitarbeiter. Die wenigen Hefte des »Phöbus« sind keine Zeitschrift, sondern eine Kleist-Anthologie. In kurzen Abständen wird der ganze Königsberger Vorrat – dazu der wiederhergestellte Anfang des »Robert Guiskard« – auf eine ahnungslose und, wie die Herausgeber selbst meinen, »verzärtelte« Leserschaft abgefeuert, noch dazu in sogenannten »organischen Fragmenten«. Selbst ein gutwilliges Publikum wäre hier überfordert gewesen – um wieviel mehr eines, das sich sein Unbehagen bereitwillig von Goethe sanktionieren läßt. Gothes Ablehnung von »Amphitryon« und »Penthesilea«, seine bissigen Urteile über den »Phöbus« – Phöbus = *phébus* (Schwulst) – und seine Verweigerung der Mitarbeit besiegelten das Schicksal des mit großem Aplomb ins Leben gerufenen Blattes. Hinzu kommt – fast gleichzeitig – der Weimarer Durchfall des unter Goethes Direktion in drei Akte zerstückelten und damit als Komposition in seinem Lebensnerv getroffenen »Zerbrochenen Krugs«*. Ein wahres Knäuel von Katastrophen, durch die Kleist – und das ist, wenn man so will, ihr Sinn – wieder ganz auf sich selbst zurückgeworfen wird.

---

* In diesem Zusammenhang mag ein Hinweis auf die Bühnengeschichte Kleists am Platze sein. Außer der einen Aufführung des »Zerbrochenen Krugs« – die nächste fand erst zehn Jahre später in Breslau statt – sind zu Kleists Lebzeiten nur »Die Familie Schroffenstein« in Graz und »Das Käthchen von Heilbronn« in Wien, Graz und Bamberg gespielt worden. Insgesamt nicht mehr als ein gutes halbes Dutzend Aufführungen, von denen der Dichter keine sah. Der »Prinz von Homburg« erlebte seine Uraufführung erst 1821 – zehn Jahre nach Kleists Tod – am Wiener Burgtheater unter dem Titel »Die Schlacht von Fehrbellin«. Obwohl die Todesfurchtszene gemildert und die brandenburgische Schlußfanfare gestrichen war, kam es bereits bei den Nachtwandelszenen zu einem Theaterskandal. »Die Gemeinheit herrscht im Theater, wie überall«, notiert der Burgtheaterdirektor Josef Schreyvogel nach der Premiere in seinem Tagebuch. Es folgten Aufführungen des »Homburg« in Breslau, Frankfurt/M., Dresden, Hamburg, Braunschweig und Kassel. Berlin ließ sich Zeit bis zum Jahre 1828, da, wie Heinrich Heine sarkastisch bemerkt, »eine edle Dame glaubt, daß ihr Ahnherr in einer unedlen Gestalt erscheine«. »Die Hermannsschlacht« gelangt erst zu Beginn der sechziger Jahre – nach einem Appell Heinrich von Treitschkes – auf die Bühne (Breslau, Rostock, Dresden), freilich wie alle im 19. Jahrhundert gespielten Werke Kleists in einer verfälschten Bearbeitung. Vom »Käthchen von Heilbronn« sind allein ein halbes Dutzend Bühnenbearbeitungen gedruckt worden, darunter Texte von Holbein, Eduard Devrient und Heinrich Laube. Noch später erscheinen die übrigen Dramen Kleists in den deutschen Spielplänen: »Penthesilea« 1876 in Berlin mit Clara Ziegler in einer das Werk in drei Akte zerlegenden Bearbeitung, »Amphitryon« 1898 in Berlin und »Robert Guiskard« vollends erst 1901 in Berlin und Wien.

Weshalb Goethe Kleist abwies oder vielmehr: weshalb er ihn
abweisen mußte, diese Frage ist immer wieder erörtert worden.
Erkennen und Verkennen walten hier zu gleichen Teilen und in
eigentümlicher Verschränkung. Man hat von einer Rückkehr
Werthers gesprochen, die Goethe entsetzte. Er hatte Werther
sterben lassen, um – nach einem schönen Wort Thomas Manns –
selber am Leben bleiben zu können. Jetzt stand ein anderer Werther
in bedrohlicher Lebendigkeit vor ihm. Das ist gewiß richtig – aber
Kleist ist sehr viel mehr. In ihm erstand für Goethe nicht nur der
eigene Sturm und Drang neu – das hätte der Ältere hinnehmen, als
eine Art literarischer Pubertät lächelnd tolerieren können. Doch
Goethe fühlte sich – und das mit Recht – alarmiert. Es war ihm klar,
daß Kleists Vulkanismus keine temporäre Angelegenheit war, kein
Durchgangsstadium, an dessen Ende eine Variante seiner eigenen
Musterhaftigkeit stehen würde, sondern daß er im Gegenteil deren
Verwerfung bedeutete. Goethe war – nicht im »Werther«, nicht im
»Götz«, sondern im »Urfaust« – von ähnlichen Voraussetzungen
ausgegangen wie Kleist. Aber, aufs Ganze seines Werkes gesehen,
hatte er keine Lösung gefunden, die ein Unbedingter wie Kleist
akzeptieren konnte. Die eigentliche Lösung – die aus dem Existentiellen – hatte er umgangen, sich der Anerkennung des Tragischen
als der das Leben prägenden und adelnden Macht entzogen. Wie in
seiner Biographie, so hatte er in seinen Dramen die Tragik auf die
»Hilfs«figuren abgeschoben: von Egmont auf Klärchen, von Faust
auf Gretchen. Wo seine Dichtung repräsentativ wird, weicht sie in
die untragische Konzilianz aus, in den erhabenen Kompromiß.
Allenfalls die Dunstschicht von Ironie, die den strebend sich bemü-
henden Faust umgibt, der voller Selbsttäuschung noch im Treiben
der Lemuren das Wirken einer »die Erde mit sich selbst versöhnen-
den« tatenfrohen Menge zu sehen meint – allenfalls solche im
letzten unverbindliche Ironie läßt erkennen, wie sehr Goethe sich
des doppelten Bodens der Existenz bewußt war. Die Täter-Herrlich-
keit des späten Faust ist in fahle Skepsis gehüllt. Zur tragischen
Konsequenz indes kommt es nicht. Schiller gegenüber gesteht
Goethe, daß er vor dem Gedanken, eine »wahre Tragödie« zu
schreiben, erschrecke; er sei beinahe überzeugt, er könne sich
»durch den bloßen Versuch zerstören«. Ihm, dem Mann des Aus-
gleichs, dem großen Kalmierer, kommt, wie er an Zelter schreibt,
das Unversöhnliche, das zum tragischen Fall gehört, in dieser »so

äußerst platten Welt . . . ganz absurd vor«.

Kleist hingegen war entschlossen, vor dem Unvereinbaren zu verharren – um diese Formel eines Späteren auf ihn anzuwenden. Gewiß strebt auch er einer Harmonie zu. Aber es ist nicht die Zweckharmonie eines idealisierenden Arrangements, und sie stellt sich nicht in der Weise her, daß sich dem Bösen das Gute, dem Irrtum die Wahrheit, dem Widervernünftigen das Vernünftige dialektisch entringt und die disparaten Elemente des Daseins sich am Ende auf ein schließlich doch sinnvolles, vernunftgesegnetes Ganzes hin ordnen und entwickeln. Kleists Harmonie behauptet sich im ungeschmälerten Bewußtsein der Dissonanz. Sie beruht auf der Anerkennung des Unlösbaren, wie sie sich in Homburgs Entschluß bekundet, durch Hingabe des Lebens – »tot vor den Fahnen schreitend« – das gleiche Gesetz zu ehren, dem er als Lebender nur durch Ungehorsam und Auflehnung dienen kann. Harmonie als Forderung läuft auf Einebnung und falschen Trost hinaus. Es gibt im menschlichen Bereich nur das Ausnahmeglück der harmonischen Konstellation, gnadenreicher Augenblicke eines auf schmaler Höhe zwischen zwei Abgründen sich haltenden Gleichgewichts. Das ist die Situation des Menschen, die Kleist immer wieder darstellt. Es ist die eines disparaten Universums, das aus der Spannung seiner Widersprüche lebt, durch sie existiert, sich in ihnen aufrechterhält – ganz wie das Würzburger Torgewölbe, dieses anschaulichste Sinnbild eines im Widerspruch seiner Teile sich behauptenden Weltbewußtseins. Werthers Weltschmerz konnte sich in Fausts Weltgläubigkeit verwandeln. Kleists Menschen sind weltgläubig *im* Weltschmerz, sie sehen sich mit der Unheilbarkeit des Seins konfrontiert und halten diesem Faktum stand. Das ist *ihre* Weltfrömmigkeit.

Da aber Goethe das Tragische nicht etwa aus Unempfindlichkeit oder aus Lauheit von sich gewiesen hatte, sondern aus persönlicher Notwehr und – im weiteren Sinne – aus humaner Überzeugung, sah er durch Kleist, dessen Kraft er sofort erkannte (kein »gemeines Talent«!), nicht nur die eigene Position in Frage gestellt – er mußte in ihm das schlechthin Antihumane sehen. In diesem Sinne dürften diejenigen – Nietzsche etwa – recht haben, die sagen, daß Goethe Kleist gefürchtet habe. Hier war einer, der sich stark genug fühlte, die Dämonen von der Kette zu lassen – die Dämonen, die Goethe nur zu gut kannte, die er wohlweislich aber in das Kellergeschoß verwiesen hatte. Sie durften allenfalls ein wenig unter dem Sockel rumoren, auf dem er sein Denkmal errichtete: das Bild des großen Harmonischen, die Vater-Figur. Goethe wußte, was ihn diese

Selbststilisierung gekostet hatte. Er, der Schwankende, Reizbare, der leicht Verdüsterte, von unerklärlichen Verstimmungen Heimgesuchte, der tellurisch Gebundene, der Ungütige, Friedlose, der sich selbst als tief problematisch empfand – er hatte sich in einem grandiosen Kompensationsprozeß, oder wenn man das lieber hört: in einem langwierigen Akt der Selbsterziehung dazu gebracht, die harmonische Verbindung von Natur und Geist beispielhaft zu verkörpern. Er war nicht harmonisch, und er war nicht gesund, aber er stellte die Harmonie und die Gesundheit mit höchster Meisterschaft dar. Daher sein Abscheu vor allem sogenannten Pathologischen, daher die gereizte Heftigkeit seiner Reaktion, als er sich der unbekümmert selbstzerstörerischen Ich-Entfaltung Kleists gegenübersieht. Ein ambivalentes Erschauern mag ihn erfaßt haben, in welchem Grauen und Neid gleichermaßen enthalten waren. Angesichts der archaischen Lust Kleists, die Gegensätze organisch in sich pulsieren zu lassen, mag Goethe sich der Künstlichkeit der eigenen Position bewußt geworden sein, der Fraglichkeit seines angestrengten Beschwichtigungswerkes. Goethe bildete die Gesundheit ab, Kleist setzt sie, wie Beethoven, immer wieder aufs Spiel – um der Wahrheit willen, die in der vollen, ungefilterten Existenz liegt.

So ist es begreiflich, daß Goethe nicht müde wird, das »Krankhafte« an Kleist zu betonen, die »verfluchte Unnatur«, die ihn am »Käthchen von Heilbronn«, dieser Schwester Mignons, so erbitterte, daß er das Buch – laut Überlieferung – hurzerhand ins Feuer warf, während er vom »Homburg«, diesem ins Preußische übersetzten Bruder Tassos, überhaupt nicht Kenntnis nahm. »Michael Kohlhaas« ist ihm nichts als ein Fall von »gründlicher Hypochondrie«, gegen den er – kurios genug – die Anmut, Heiterkeit und »fröhlich bedeutsame Lebensbetrachtung« italienischer Novellen ausspielt. An »Penthesilea« hebt er das Widerwärtige und »Hochkomische« ihrer Einbrüstigkeit hervor – ein Zug, den er am liebsten in die Bezirke des neapolitanischen Volkstheaters verweisen möchte. An »Amphitryon« tadelt er bezeichnenderweise die »Verwirrung des Gefühls«, auf die Kleist ausgehe. Hier spricht besonders deutlich die Störbarkeit der eigenen empfindlichen und verletzbaren Natur, die ihre mühsam erarbeitete Fassung keinesfalls gefährdet sehen will. Noch viele Jahre später, als Tieck seinen Rehabilitierungsversuch unternimmt, spricht Goethe von dem »Schauder und Abscheu«, den Kleist ihm erregt habe, »wie ein von der Natur schön intentionierter Körper, der von einer unheilbaren Krankheit ergriffen wäre«. Immer aber sieht er in ihm mehr als nur ein dichtendes

Individuum, nämlich den Repräsentanten eines bedrohlich Neuen:
ein »bedeutendes, aber unerfreuliches Meteor eines neuen Litera-
tur-Himmels«, das »seltsamste Zeichen der Zeit«, wie er im Hinblick auf »Amphitryon« notiert. Mehr als anderthalb Jahrzehnte
nach Kleists Tod, von dem er nicht Notiz nimmt, tröstet er sich noch
bei irgendeiner Mittelmäßigkeit über den »Kleistischen Unfug, und
alles verwandte Unheil«: »Wie wohltätig ist die Erscheinung einer
gesunden Natur nach den Gespenstern dieser Kranken« (Tagebuch,
11. Juli 1827).
Für Kleist waren die Folgen der Zurückweisung durch Goethe hart
und ehrenvoll. Weimar war eine Macht, und die hatte er künftig
gegen sich. Das gilt bis auf den heutigen Tag. Goethe ist die geistige
Autorität, auf die man sich in Deutschland beruft – auch in Sachen
Kleist, wo er Partei war. Zugleich aber hat Goethe den Dichter der
»Penthesilea« in seiner extremen Position bestätigt, ihn ungewollt
darin befestigt. Soviel äußere Freundschaft und Hilfsbereitschaft
Kleist in seinem Leben auch gefunden hat – von der nimmermüden
Ulrike und dem stets heiteren Pfuel bis zu Marie von Kleist, die
sogar etwas von seinem Dichtertum begriff –, in dem Kernbereich
seines Wesens blieb er, nachdem auch Goethe sich ihm versagt
hatte, endgültig allein. Da herrschte von nun an die kalte Glut jener
äußersten Freiheit, die aus der Verlassenheit kommt, das Pathos des
Ungeliebten. Auch hierin steht Kleist neben Beethoven und Nietzsche, der dieses Wort – »Ungeliebtheit« – nicht von ungefähr auf
ihn anwandte. Es steht in der dritten der »Unzeitgemäßen Betrach-
tungen«.

Der politische Dichter

Daß Kleist die Wunde, die ihm geschlagen war, nicht gleich voll
empfand, daß sich nicht sofort eine neue »Guiskard«-Katastrophe
einstellte, lag daran, daß ihm die Zeitgeschichte einen Ausweg
eröffnete, den er nun – spät genug – ging: der Patriotismus fing
diesmal noch die Verzweiflung auf. Die persönliche Spannung
entlud sich im vaterländischen Furor. Es ist die Zeit der »Hermannsschlacht«. Dann freilich setzt der Katastrophen-Mechanismus, der
Kleists Biographie beherrscht, mit peinlicher Präzision wieder ein.
Die Dresdner Erfahrungen von 1807/08 wiederholen sich, verändert in ihren biographischen Details, aber dem nämlichen Gesetz
gehorchend, in Prag (1809) und in Berlin (1810/11). Es sind Kleists

letzte Lebensstationen. Wieder finden wir ihn im Zukunftstaumel. In Prag inspiriert ihn Österreichs Sieg über Napoleon bei Aspern zur Gründung eines politischen Wochenblattes; in Berlin stößt er auf einen ähnlichen literarischen Kreis wie seinerzeit in Dresden, wieder ist Adam Müller dabei. Doch der Prager Zeitschriftentraum dauert keine zwei Monate, dann siegt Napoleon bei Wagram, und es kommt zum Waffenstillstand. Abermals sieht Kleist ein Ziel sinken. Der Sturz ist kaum weniger tief als nach dem »Guiskard«. Er hat doppelte Schwere, denn in ihm wirkt nun auch die Verzweiflung über den Dresdner Fehlschlag nach – aber das Resultat ist der »Prinz von Homburg«.

Auch die Berliner Hoffnungen, die persönlichen wie die politischen, werden enttäuscht. Der »Prinz von Homburg«, so viel mehr er auch ist, hätte der Zeit sehr wohl als politisches Lehrstück dienen können. Nicht tobsüchtige Demagogie wie in der »Hermannsschlacht«, sondern eine dichterische Beschwörung des alten Preußengeistes, bereichert, durchwirkt und modifiziert von einem neuen Geist der Liberalität, der den Spielraum der individuellen Freiheit in die Staatsautorität einkalkuliert, die Staatsgesinnung von daher zu erneuern und zu festigen, ihr frisches Leben zuzuführen versteht – auch das hätte man aus dem Stück herauslesen können. Aber man sieht nur das »Unpreußische«, den somnambulen und vor dem Grabe zitternden Helden, und schweigt die Dichtung noch im voröffentlichen Stadium tot. Freilich, die politische Anwendbarkeit großer Dichtung stößt auch und gerade im Falle Kleist sehr bald auf ihre Grenzen. Die politischen und sozialen Wirkungen, die von einem dichterischen Werk ausgehen, sind versteckter, heimlicher, indirekter Art: sie nehmen den Umweg über die humanen Innenbereiche, zielen auf Veränderung der menschlichen Substanz und dann erst, wenn überhaupt, auf die irgendwelcher gesellschaftlichen Einrichtungen oder auf die Beeinflussung historischer Vorgänge. Man kann, so betrüblich es sein mag, die Tatsache nicht wegdiskutieren, daß ein Unterschied im Wesen wie im Range zwischen weltschaffender und weltverändernder Dichtung besteht, daß die eine für ihre scheinbare Wirkungslosigkeit mit ewigem Leben belohnt wird, während die andere – der flammende Aufruf, die zielgerichtete Zweckpoesie – verurteilt ist, mit ihrem Zwecke selbst zu enden.

Gilt das ganz allgemein, so will es uns besonders mißlich erscheinen, Kleist als politischen Dichter zu reklamieren, wie das Reinhold Steig in seiner inzwischen mehrfach widerlegten Studie über die

»Berliner Abendblätter« unternommen hat. Kleists politischer Wille war – wir haben das bei der Betrachtung der »Hermanns-schlacht« deutlich zu machen versucht – auf etwas durchaus Über-politisches gerichtet, etwas Absolutes, Metaphysisches. Das kann man als spezifisch deutsche Schwäche auslegen und verurteilen, im Sinne etwa des bitteren Satzes von Heinrich Mann: »Man denkt [in Deutschland] weiter als irgendwer, man denkt bis ans Ende der reinen Vernunft, man denkt bis zum Nichts: Und im Lande herrscht Gottes Gnade und die Faust.« Gewiß hat man allen Grund, eine solche Haltung, wenn sie auf nichts als einen wohlfeilen Eskapis-mus hinausläuft, zu beklagen. Sie jedoch nicht wahrhaben wollen und gerade Kleist zu einem Dicher des politischen Engagements erklären, vielleicht noch in der braven Absicht, ihn auf diese Art zu »rechtfertigen«, hieße nicht nur zwei durchaus getrennte Sphären unziemlich miteinander vermengen, es hieße auch die Quelle verleugnen, aus der Kleists spezifisches Talent kam. Dieses Talent war wohl befähigt, Impulse der Zeit aufzunehmen, soweit sie sich mit den eigenen verschmelzen ließen. Seine eigentliche Kraft aber nahm es aus der völligen Voraussetzungslosigkeit, aus der selbst-gesetzten Freiheit, die es ihm erlaubte, in das Reich des Unbeding-ten, einer zeit- und milieuenthobenen All-Menschlichkeit vorzu-dringen. Kleists Vaterlandsliebe war eine Variante dieses Verlan-gens, eine der Möglichkeiten, sich durch ein irdisches Medium dem Absoluten zu nähern. Konkreten politischen Sinn, Blick und Fin-gerspitzengefühl für die realen, vorwärts weisenden geschichtli-chen Tendenzen hatte er ganz offenbar nicht. Der Name des Freiherrn vom Stein kommt bei Kleist nicht vor; und der vermeint-liche Sänger des Vaterlandes tötete sich – paradox genug – am Vorabend der preußischen Erhebung, von der er nichts ahnte.

Das todessüchtige Genie

Als im Spätherbst 1811 die Sensationsnachricht vom gemeinsamen Sterben des »Dichters v. Kleist und der Madame Vogel« durch die europäische Presse ging (sogar in der »Times« erschien ein detaillierter Bericht), da schwankte die öffentliche Meinung zwischen wohlfeiler moralischer Entrüstung und »unziemlichem Enthusiasmus«, wie es in einem Nekrolog Adam Müllers heißt. Was keiner seiner Dichtungen gelungen war, das bewirkte *la tragique aventure* am Kleinen Wannsee: Kleist wurde zum Tagesgespräch. Man glaubte Zeuge eines makabren Liebesdramas zu sein und fand ein schauderndes Gefallen daran. In Berlin mußte erst eine königliche Kabinettsorder dafür sorgen, daß die »verkehrten Ansichten« sich nicht zu »anmaßender Verachtung Besserdenkender« auswuchsen. Auch im Freundeskreis reagiert man unsicher. Diplomatische Reserve bei Adam Müller, ein schwachmütiges »Mich hat es weniger entsetzt, als unangenehm berührt« bei Pfuel, antikische, noch nach Jahrzehnten nicht beruhigte Klage bei Marie von Kleist. Der Eselstritt fehlt sowenig wie das gönnerhafte Mitleid, das nur eine andere Form hämischer Befriedigung ist. »Der arme, gute Kerl, seine poetische Decke war ihm zu kurz«, schreibt Clemens Brentano an Achim von Arnim. Worauf dieser ihn mit erfrischender Deutlichkeit zurechtweist: »Wenn Du dem armen Kleist vorwirfst, seine poetische Decke sei ihm zu kurz gewesen, so ist Dir Deine vielmehr zu lang, oder Du hast sie in der Eile verschoben und über die Augen geworfen.«
Am unbefangensten und dem Sachverhalt angemessensten sind die Äußerungen Rahel Varnhagens (damals noch Levin). Sie, die Berliner Jüdin, hatte mit ihrem Sinn für menschliche Affinitäten rasch die sonderbare Situationsverwandtschaft erkannt, die zwischen ihr und dem mit seiner Herkunft zerfallenen Dichter bestand. Beide waren sie Außenseiter: sie durch Geburt, er durch seelische Beschaffenheit und Entschluß. Beide sahen sie sich genötigt, eine eigene Welt jenseits der gesellschaftlich anerkannten zu errichten. Der Unterschied war nur, daß Kleist dazu kraft seines dichterischen Genies befugt und berufen war, während Rahel für ein so vermesse-

nes Unterfangen nichts zur Verfügung hatte als den Stoff ihres noch dazu äußerst ungünstig ausgestatteten persönlichen Daseins. Da sie als Jüdin von der aktiven, gestaltenden Teilnahme am großen Leben ausgeschlossen ist, öffnet sie sich ihm passiv, akzeptiert sie es vorurteilsfrei in all seiner krausen Widersprüchlichkeit, läßt sie es – nach ihrem eigenen Bekenntnis – auf sich regnen »wie Wetter ohne Schirm«. So gehört sie zu den ganz wenigen Zeitgenossen, die dem Phänomen Kleist nicht hilflos gegenüberstehen. Sie erkennt seine Wahrheit, möchte selbst wahr sein und wahr sehen wie er – »grausam wahr«. Ihre Schilderung einer Teegesellschaft, bei der sie mit Kleist (er in »straßenbeschädigten Stiefeln«) in einem Winkel sitzt und beide sich über all die falsche Vornehmheit lustig machen, ist eine der raren ganz lebendigen Momentaufnahmen aus seinem Leben. Die Draußenstehende kann nun auch seinen Tod unbehindert durch die Scheuklappen der Konvention sehen. »Von Kleist«, schreibt sie am 23. November an Alexander von der Marwitz, »befremdete mich die Tat nicht, es ging streng in ihm her, er war wahrhaft und litt viel.« Ohne Umschweife spricht sie ihre Genugtuung darüber aus, daß er »das Unwürdige nicht duldete«. »Ich mag es nicht«, ruft sie bitter und unter zornigen Tränen, »daß die Unglückseligen, die Menschen, bis auf die Hefen leiden.« Der Wahrheit, dem Großen, Unendlichen könne man sich auf allen Wegen nähern, und die göttliche Güte werde nicht »grade nach einem Pistolenschuß ihr Ende erreicht haben«. »Es ist und bleibt ein Mut. Wer verließe nicht das abgetragene, inkorrigible Leben, wenn er die dunklen Möglichkeiten nicht noch mehr fürchtete?«

Auch sonst fehlt es nicht an Bemühungen, dieser »letzten furchtbar großen und doch so entsetzlichen Tat« gerecht zu werden – Kleist habe »eine Welt schaffen, aber nicht tragen können«, schreibt Caroline Fouqué an Adam Müller – oder ihre Beweggründe schweigend zu ehren. Ganz so, wie Fouqué selbst es tut, der Zartfühlende und allzeit Ritterliche, als er in einem – allerdings nicht erschienenen – Nachruf Vertrauen für Kleists Tat fordert; und zwar unter Berufung auf jene schöne Stelle der Vertrauensverherrlichung im »Zerbrochenen Krug«, die wir in anderem Zusammenhang zitiert haben. Ein halbes Jahr vor seinem Tode hatte Kleist ein Exemplar des »Zerbrochenen Krugs« an Fouqué geschickt mit der Bemerkung, das Stück sei nach dem Teniers gearbeitet und könne, »aber nur für einen sehr kritischen Freund«, auch für eine »Tinte seines Wesens« gelten; und nun zeigt Fouqué, wie gut er Kleist als eben dieser kritische Freund verstanden hat. »Soviel hat ja wohl der

Dichter von seinen Lesern gewonnen«, schreibt er, »daß sie dem, welcher sie in mancher begeisterten Stunde entzückte und über das Unwürdige des äußern Lebens erhob, nur das Edle zutrauen und auch da, wo ihn das Himmelsfeuer in seiner Brust über die Bahn des Gesetzlichen in eine dunkle Welt hinausriß, ihm – wie er selbst in einer seiner Dichtungen sagt – ›in seiner Tat vertrauen‹, ohne weder entschuldigend noch tadelnd . . . an ihr meistern und rütteln zu wollen« (19. Dezember 1811). Oder wie Rahel das gleiche mit unverstellten Worten ausdrückt: »Diese Begräbnisfeier, mich nicht zu wundern, habe ich ihm wenigstens gehalten!« (27. Februar 1812). Insgesamt konnte der romantische Zeitgeist – so scheint es fast – mit Kleists Ende, wie er es verstand, mehr anfangen als mit seiner Dichtung.

Wir haben keinen Grund, uns darüber zu erheben. Denn auch wer heute Kleist sagt, meint die finstere Herrlichkeit seines Todes, noch ehe oder zumindest: während er an das Werk denkt. Erst der Schuß am Wannsee erhöht ihn in den Augen der Welt zum tragischen Genie, drückt ihm, wie Wilhelm Lange-Eichbaum sagt, »die Dornenkrone auf«. Nicht nur das Werk macht den Ruhm, auch der Ruhm – und das heißt: die Summe aller Wirkungen, die von einer Existenz ausgehen – macht das Werk, baut an ihm mit, gibt ihm die Beleuchtungen, die dann für immer zu seinem Wesen gehören. Tragik stellt sich nur da ein, wo es wirklich auf Tod und Leben geht; und so liegt der ungemeine Eindruck, den Kleists Ende auf uns macht, darin, daß das Ästhetische hier seine volle Bestätigung im Existentiellen findet. Mit Schaudern, aber auch nicht ohne ergriffene Zustimmung spürt der Betrachter: hier wurde mit dem vollen Preis gezahlt. Insofern geht, ganz unabhängig von seinen Motiven im einzelnen, etwas Sinngebendes von Kleists Tod aus – er legitimiert die Unbedingtheit des Werkes.

Tod und Dichtung

Dieses Sinngebende erstreckt sich bis in Details, und zwar nach beiden Richtungen: die Dichtung leuchtet in die kaum begreiflichen Tiefen dieses Todes, und der Tod läßt Züge der Dichtung hervortreten, die jetzt erst in ihrer vollen Bedeutung sichtbar werden. So losgelöst vom Leben seines Schöpfers Kleists Werk sonst seine Bahn zieht, auf den Ausgang verweist es um so nachdrücklicher, er ist mit höchster Vollständigkeit darin vorgebildet. Penthesileas Liebe ist tödlich wie Hermanns Freiheitswille und ebenso todesbereit. Sie leben – Hermann spricht es aus – in der Bereitschaft, »die ungeheure Wahrheit anzuschaun«. Doch auch Käthchen geht ohne Zögern in die Feuerprobe. Toni (in der »Verlobung in St. Domingo«) frohlockt bei dem Gedanken, bei der Rettung ihres Geliebten zu sterben. Alkmene möchte lieber nicht mehr leben, als Amphitryon – und sei es auch unwissend – betrogen zu haben. Kohlhaas heilt die Schäden der Welt durch einen freudig erlittenen Tod. Homburg will, nachdem der unbegriffene Tod ihn in alle Tiefen des Entsetzens gestürzt hatte, das Gesetz des Lebens durch ein nun voll begriffenes freies Ende verherrlichen. Und der Kämmerer Friedrich (in der Erzählung »Der Zweikampf«) schöpft die Kraft, seinen Glauben an die Unschuld der Geliebten sogar gegen die vieldeutigen Spruch des Gottesurteils zu behaupten, aus der Maxime, daß man »im Leben auf den Tod und im Tode auf die Ewigkeit hinaussehen« soll. Hinter ihnen allen steht die Gewißheit einer letzten, unantastbaren Freiheit.

Schon Kleists erstes Liebespaar – Agnes und Ottokar in der »Familie Schroffenstein« – findet sich im Zeichen des Todes; und das nicht nur, weil ihre Liebe überschattet wird vom blutigen Streit der feindlichen Elternhäuser, sondern weil sie das Mißtrauen, das dieser Streit auch in ihre Beziehungen zu tragen droht, durch Todesbereitschaft überwinden. Als auch Agnes nicht mehr anders kann, als in Ottokar den mörderischen Handlanger seiner Familie zu sehen, will sie sterben, und zwar durch ihn.

> Die Krone sank ins Meer,
> Gleich einem nackten Fürsten werf ich ihr
> Das Leben nach. Er bringe Wasser, bringe
> Mir Gift, gleichviel, ich trink es aus, er soll
> Das Ungeheuerste an mir vollenden.
> (III, 1)

Indem sie ihm Gelegenheit gibt, den vermeintlichen Mordanschlag auszuführen, verwandelt sie den tödlichen Frevel, oder was ihr als solcher erscheinen muß, in eine Liebestat: das Motiv des äußersten Liebesbeweises im äußersten Erleiden. Von Agnes' Seite ist das Todesspiel Ernst, denn sie hält das Wasser, das Ottokar ihr bringt, für Gift. Von seiner Seite bleibt es Spiel – Spiel freilich auf der höchsten Ebene, der der Lösung und Entknotung des Lebenswirrsals durch Bewußtmachung, der Zerreißung des Wahns durch »spielerische« Darstellung. Er geht auf ihren Irrtum ein, spielt ihn mit und entlarvt ihn so als Irrtum. Als auch er von dem Wasser trinkt:

> Es ist genug für dich. Gib mirs,
> Ich sterbe mit dir –

da weiß sie, daß er unschuldig ist. Sie fällt ihm jubelnd um den Hals und verlangt – nach Gift und Tod:

> O wär es Gift, und könnt ich mit dir sterben!

Was eben noch Opfer war, gilt nun als ersehnte Gunst. Die Vereinigung über das Leben hinaus ist auch hier schon die höchste Bestätigung des Lebens selbst. Wer das Leben ganz erfahren will, muß es bis an die äußerste Grenze leben. Die Empfindung der reinsten Seligkeit fällt mit der des Endes zusammen. Man sieht: bereits in dieser frühen Meisterszene schillert der Tod in vielen Bedeutungen. Er ist Mord und Liebesfeier, Verbrechen und Sakrament, Bedrohung und Gnade. Er wird gefürchtet und herbeigewünscht, denn er vernichtet das Leben, ebenso wie er es krönt.

Triumphgesang unter Schmerzen

Ganz so vielfältig, aber wieder in anderen Tönen, stellt sich uns Kleists eigenes Ende dar. Zwischen dem Entschluß zum Tode und der Ausführung liegen mehr als zehn Tage. Der Schritt wird ohne fieberhafte Hast, mit wahrhaft strategischer Besonnenheit geplant und ebenso getan. Fouqué spricht von der »starren Tapferkeit«, der »furchtbaren sichern Kraft«, die in diesem Abschied liege. Klänge es nicht frivol, man möchte das mit so viel zärtlicher Bedachtsamkeit in Szene gesetzte Ende, einschließlich der beiden Meisterschüsse, die die Toten ohne Entstellung zu einer friedlichen Gruppe vereinen, ein Kunstwerk nennen.

Doch zehn Tage sind eine lange Zeit, das Gefühl bewegt sich nicht immer in der gleichen Höhenlage, die widerspruchsvollen Motive lösen sich aus der Klammer des Willens und treten als das, was sie sind, in Erscheinung, nämlich als einander widerstreitende Einzelstrebungen. So entstehen jene wechselnden Betonungen, die dem Tod Heinrich von Kleists eine Vielfalt der Nuancen aufprägen, als sollte in dieses Letzte noch einmal die ganze Fülle des Lebens zusammengerafft werden. Es zeigt sich, daß sein Ende weder ein Sieg noch ein Scheitern ist, weder Selbstzerstörung noch Erhebung des Selbst ins Grenzenlose – es ist alles das zusammen. Wie Penthesilea war Kleist – er gebraucht in einem der Abschiedsbriefe dieselben Worte wie sie – »zum Tode ganz reif«. Und das in mehr als einem Sinne: als ein Ruinierter und als einer, der sich vollendet hatte. Sein Tod war eine Verzweiflungstat und der freie Entschluß eines Mannes, dessen Zeit erfüllt ist. Auch hier herrscht das Gesetz der Ambivalenz als das allein wahre und immer gültige Lebensprinzip. Alle unsere Taten – um wieviel mehr die äußerste – haben mehrere Gesichter.

Kleists Abschied beginnt – am 9. November, in einem Brief an Marie von Kleist – mit der großartigen Wendung von dem »Triumphgesang«, den seine Seele »in diesem Augenblick des Todes« anstimme*. Wir vernehmen die Sprache eines Menschen, der das, was uns auf dieser Erde hält – »Das Ganze und Einzelne« –, »völlig in einem Herzen überwunden hat«. Doch am folgenden Tage treffen Briefe von Marie von Kleist aus Mecklenburg ein, und alles Irdische, das schon halb versunken war und – nach Homburgs Vorgang – wie Nebel unter ihm lag, wird wieder aufgeführt. Kleist sucht nach Gründen, um sich der Freundin verständlich zu machen. Er kehrt noch einmal auf die Erde zurück, und nun kommt die geschundene Kreatur zum Vorschein. Unverblümt wird ausgesprochen, welch eine furchtbare Quälerei dieses Leben gewesen ist und in welcher Verfassung er, der Dichter so trostreicher Herrlichkeiten, es verläßt. »Meine Seele ist so wund«, heißt es da in einer erschütternden Wendung, »daß mir, ich möchte fast sagen, wenn ich die Nase aus dem Fenster stecke, das Tageslicht wehe tut, das mir darauf schimmert.« Und es folgen Sätze eines bis ins Physische reichenden Welt- und Menschenekels.

Ein Jahrzehnt ist es her, daß Kleist in einem Brief an Wilhelmine von der »traurigen Klarheit« gesprochen hatte, die ihn nötige, die Welt einschließlich seiner selbst in ihrer »ganzen armseligen Blöße« zu sehen. Jetzt wird die letzte Konsequenz daraus gezogen;

---

* Die Abschiedsbriefe an Marie von Kleist sind nicht im Original erhalten, sondern nur in Abschriften von Maries Hand. Ich folge ihrer Datierung, nicht der neuerdings von Helmut Sembdner angenommenen, nach welcher der Brief vom 9. November am 19. und der vom 12. November am 21. geschrieben sein soll. Diese Datierung ist zwar »logischer« als die alte – sie bringt das Vakuum zwischen dem ersten Abschiedsbrief und dem tatsächlichen Todestag zum Verschwinden –, aber es fällt schwer, sich vorzustellen, daß Marie von Kleist sich beim andächtigen Kopieren dieser ihr so ungemein teuren Briefe gleich zweimal geirrt haben könnte. Oder sollten sie, wie manche Briefe Kleists gerade aus der letzten Lebenszeit, undatiert gewesen sein? Dann müßte man annehmen, daß die Empfängerin über das Todesdatum im unklaren war, als sie sie möglicherweise von sich aus datierte.

und es wird auch deutlich, wie sehr ein vorangegangener Besuch bei der Familie in Frankfurt dazu beigetragen hat, seinem wankenden Lebenswillen einen letzten Stoß zu versetzen. »So versichre ich Dich«, schreibt er an Marie von Kleist, »wollte ich doch lieber zehnmal den Tod erleiden, als noch einmal wieder erleben, was ich das letztemal in Frankfurt an der Mittagstafel zwischen meinen beiden Schwestern, besonders als die alte Wackern dazukam, empfunden habe . . .« die »alte Wackern« – keine Dichterphantasie hätte einen ausdrucksvolleren Namen für diese Vertreterin des bösen Mittelmaßes und der giftigen Selbstgerechtigkeit ersinnen können. Es ist eine Szene aus Wedekindschem Geist. Und dann bricht die volle Bitterkeit des verwundeten Selbstgefühls aus Kleist heraus. Zwar sei es in der letzten Zeit »von mancher Seite her« gefährlich gewesen, sich mit ihm einzulassen, und so wolle er niemanden anklagen. »Aber der Gedanke, das Verdienst, das ich doch zuletzt, es sei nun groß oder klein, habe, gar nicht anerkannt zu sehn, und mich von ihnen als ein ganz nichtsnutziges Glied der menschlichen Gesellschaft, das keiner Teilnahme mehr wert sei, betrachtet zu sehn, ist mir überaus schmerzhaft, wahrhaftig, es raubt mir nicht nur die Freuden, die ich von der Zukunft hoffte, sondern es vergiftet mir auch die Vergangenheit.« Wir sehen einen gleichsam hautlosen Menschen vor uns und begreifen, daß er niederkniet und Gott für sein Leben, »das allerqualvollste, das je ein Mensch geführt hat«, aus keinem anderen Grunde dankt als dem, daß es ihm nun »durch den herrlichsten und wollüstigsten aller Tode vergütet« wird (Brief an Marie von Kleist vom 12. Nov.).

Dem konvulsivischen Ekel, dem Hervorstammeln jahrzehntealter Qual folgt eine Art Euphorie. Ein zu Tode Erschöpfter sieht nur noch Herrlichkeiten. Alles erscheint leicht. Das wunderbare Bild stellt sich ein, seine Todesgefährtin werde sich aus ihrer »ganz wunschlosen Lage« so mühelos herausheben lassen »wie ein Veilchen aus einer Wiese«. Ähnlich hatte Kleist vor fünf Jahren an Rühle von Lilienstern vom Sterben geschrieben: »Es ist, als ob wir aus einem Zimmer in das andere gehen.« Noch freilich scheint manche Wendung dann wieder peinlich hochgegriffen. Wenn er von Henriette sagt, daß ihre Seele »wie ein junger Adler fliegt«, daß ihr Grab ihm lieber sei »als die Betten aller Kaiserinnen der Welt«, oder wenn er mit einer taumelnden Nietzsche-Wendung von der »jauchzenden Sorge« spricht, »einen Abgrund tief genug zu finden, um mit ihr hinabzustürzen«. Doch das ist nicht mehr als eine letzte Anstrengung, mit der er die irdische Umklammerung abschüttelt.

Dann weicht das Exaltierte, Überanstrengte, Krampfhafte einer wahrhaft seelenlösenden Entspannung. Eine Anmut und selbstverständliche Schlichtheit stellen sich im Angesicht des Todes ein, deren innere Glaubwürdigkeit bezwingt. »Halb wehmütig, halb ausgelassen« – wie anspruchslos das die Stimmung trifft. Die Bemerkung von den »zwei fröhlichen Luftschiffern« (»In dieser Stunde, da unsere Seelen sich, wie zwei fröhliche Luftschiffer, über die Welt erheben«, an Adam Müllers Frau Sophie, 20. November); der letzte, nun beinahe amüsierte Blick auf die »wunderliche Einrichtung« der Welt; das gutmütige Bild von den »himmlischen Fluren und Sonnen, in deren Schimmer wir, mit langen Flügeln an den Schultern, umherwandeln werden«. Selbst das äußerste Eingeständnis der Niederlage, das berühmte »Die Wahrheit ist, daß mir auf Erden nicht zu helfen war« (in dem Brief an Ulrike vom 21. November), enthält doch zugleich das Bekenntnis einer höheren, aus anderem Stoff gefertigten Natur. Ganz so, wie er wenige Tage vorher an Marie von Kleist von seiner »Traurigkeit als einer höheren, festgewurzelten und unheilbaren« gesprochen hatte. Kleist ist sich seiner abweichenden Beschaffenheit ohne Zerknirschung, eher mit Stolz bewußt. Der Abschieds- und Versöhnungsbrief an Ulrike beginnt mit der ruhigen Versicherung, daß er »zufrieden und heiter« sei, und schließt mit dem Wunsch: »Möge Dir der Himmel einen Tod schenken, nur halb an Freude und unaussprechlicher Heiterkeit dem meinigen gleich: das ist der herzlichste und innigste Wunsch, den ich für Dich aufzubringen weiß.«

Die fieberhafte Überhitzung klingt ab, je näher die Todesstunde rückt. Lächelnde Erwartung und stilles Frohlocken treten an ihre Stelle. Klarsicht, spirituelle Heiterkeit, Seelenruhe. Wenn je ein Mensch Friede gefunden hat im Angesicht des Grabes, dann dieser Friedlose, Gehetzte, den seine »seltsam gespannte Seele ewig unruhig bewegte«, wie er von sich selber sagte, und für den bis dahin der Reisewagen der einzige Ort der Ruhe gewesen war. Was Kleist einst – in einem Brief an Heinrich Lohse (Dezember 1801) – als Metapher benutzt hatte, nämlich daß er sich »so friedliebend, so liebreich« fühle »wie in der Nähe einer Todesstunde«, das ist nun nicht mehr Bild, sondern unmittelbare Wirklichkeit. Es verklärt seine letzten Tage und Stunden, gibt ihnen mehr von einem Aufbruch als von einem Ende. Henriette spricht in ihrer Nachschrift zu dem Brief an Sophie Müller von der »großen Entdeckungsreise«, die sie nun antreten werden. Das ist eine Formel, die auch Kleist akzeptiert haben dürfte. Nicht bloße Erleichterung, die Last des Lebens loszuwerden, prägt seine letzten Lebensäußerungen, sondern die Hochgestimmtheit eines Geistes, der sich anschickt, neue Seinsbereiche zu betreten und jenes Absolute, dem er sein Leben lang angehangen hatte, nun auch leibhaftig zu erfahren.

Der schönste Tag

Es gehört zum Paradoxen und doch auch wieder Sinnvollen in Kleists Dasein, daß wir über seinen letzten Lebenstag besser informiert sind als über jeden anderen. Gleichgültigkeit, Unwissenheit, falsche Pietät und falsche persönliche Empfindlichkeit haben zur Vernichtung so mancher Dokumente geführt, die Kleists Biographie aus dem Zwielicht der Legende hätten erlösen können. Von seinem Tod aber ergriff nicht nur die allgemeine Neugierde Besitz, sondern auch das amtliche Interesse in Gestalt des Hoffiskals Felgentreu, Richters von Heinersdorf, und des dazugehörigen Teltowschen Kreisphysikus. Wir wissen zwar nur recht ungenau, wie Kleist aussah, über die innere Beschaffenheit seines Leibes dagegen sind wir durch den amtsärztlichen Obduktionsbefund auf das genaueste unterrichtet. Kleist hatte Wilhelmine in der Zeit ihrer Verlobung geschrieben, er werde den schönsten Tag, den er vor sich sehe, »nicht nach der Weise der Menschen, sondern nach seiner Art zu feiern wissen« (11. September 1800). Das von allem, was er je versprochen hatte, war jedenfalls wahr geworden, wenn dieser schönste Tag auch nicht der Hochzeitstag, wie er damals wohl meinte, sondern der Todestag sein sollte; und was an dem geschah, wurde in preußischen Akten festgehalten.

Die Aussagen der Zeugen, insbesondere der Wirtsleute und des Personals des Gasthofs Stimming, wo Kleist und Henriette abgestiegen waren und von wo sie jene »große Entdeckungsreise« antraten, bestätigen, was die Briefe vermuten lassen: daß nämlich die Heiterkeit dieses letzten Tages nicht nur auf dem Papier stand. Sie wurde gelebt. Nicht allein, daß beide, wie die Augenzeugen übereinstimmend berichten, »nicht die geringste Unruhe, Furcht oder Betrübnis« erkennen ließen, sie legten darüber hinaus eine höchst ungezwungene Ausgelassenheit an den Tag, »scherzten auf mancherlei Art«, tummelten sich auf der Kegelbahn und am See, warfen Steine ins Wasser, führten spaßhafte Dialoge, tranken Kaffee im Freien und wollten sich ausschütten vor Lachen über einen »Milchbart«, den sich die Tagelöhnersfrau, die sie bediente, beim Trinken gemacht hatte. »Indem wir uns entfernten, und nach Hause gingen«, so berichtet einer der Zeugen, und man liest es mit angehaltenem Atem, »sahen wir beide Fremde Hand in Hand den Berg hinunter nach dem See zu springen, schäkernd, und sich jagend, als wenn sie Zeck spielten. Überhaupt habe ich selten zwei Leute gesehen, die so freundlich zusammen gewesen wären, wie diese auf dem Berge. Sie nannten sich beständig Kindchen, liebes Kindchen, und waren außerordentlich vergnügt.« Das war ungefähr eine Stunde vor ihrem Tode. Und die Ehefrau Stimming fügt hinzu: »Ich habe so wenig als irgendeiner meiner Leute geahndet, daß die beiden Personen einen bösen Vorsatz hätten. Sie schienen mir vielmehr beständig froh, und guter Laune, und nichts weniger als den Vorsatz zu haben, sich zu töten.«

Henriette Vogel

Man hat sich daran gewöhnt, Henriette Vogel als den dunklen Punkt in Heinrich von Kleists Lebensfinale zu betrachten, als eine Art peinlicher Zugabe. Ihr Name, obwohl sie nach ihrem Wunsch in einem Grabe mit Kleist beigesetzt wurde, erschien nicht einmal auf dem Grabstein. Eine verheiratete Frau von mäßigen Reizen und mäßigem Ruf, unheilbar krank und voller Angst vor einem langen Siechtum, hängt sich an ein todbereites Genie und veranlaßt es, zu einem allenfalls verständlichen Selbstmord noch einen Mord zu fügen oder freundlicher ausgedrückt: eine Tötung auf Verlangen. Denn darum und nicht um einen Doppelselbstmord handelt es sich. Marie von Kleist, für die mit dem Tode dieses, wie es in ihren Aufzeichnungen heißt, »unbegreiflichen Sterblichen« eine Welt zusammenbrach, schob in ohnmächtiger Verzweiflung alle Schuld auf Henriette. In rasender Ungerechtigkeit geht sie so weit, die glücklich-unglückliche Rivalin einen »weiblichen Teufel« zu nennen. Auch Pfuel, dem Kleist – ebenso wie Marie – mehrfach den gemeinsamen Tod angetragen hatte, reagierte mit eifersüchtiger Gereiztheit. »Die Vogel«, schreibt er an Caroline Fouqué, stehe in dieser Tragödie »wie eine dumme Zufälligkeit«. Nimmt man dieser Bemerkung den verächtlichen Akzent, so erscheint sie zutreffend. Tatsächlich ist Henriette, soweit Kleists Biographie in Betracht kommt, eine Figur ohne persönliches Eigengewicht, ihre Rolle ist rein instrumental. Darin gleicht sie – sonderbare Wiederkehr –

Wilhelmine von Zenge. Wie Wilhelmine nur »Braut« war und nichts anderes, so ist Henriette ausschließlich Todesgefährtin. Menschlich kommt sie nicht in Betracht.

Die Idee des gemeinsamen Sterbens hatte für Kleist von frühauf eine erotische Faszination. Was in der Sprache des Bewußten Tod heißt, bedeutet in der des Unterbewußten Vereinigung – das Unterbewußte kennt keinen Tod. Alle Todesanträge, die Kleist im Laufe seines Lebens den ihm Nahestehenden macht, sind Liebeswerbungen. Sogar der mütterlichen Freundin Marie von Kleist weiß er nichts Kostbareres zu bieten als das Sterben: »Ich würde Ihnen den Tod wünschen, wenn Sie zu sterben brauchten, um glücklich zu werden . . .« (Herbst 1811). Nun tritt das Umgekehrte ein. Eine beinahe Fremde bittet *ihn* um den Tod. Ihre Todeswilligkeit war Henriettes entscheidende Eigenschaft, die einzige, die Kleist interessierte. Damit und nur damit erfüllte sie, um nochmals in der Sprache der Psychologen zu reden, die »Liebesbedingung«. Das war der Punkt, an dem ihre Naturen ineinandergriffen, und das machte die Rendantin Vogel allerdings jeder anderen Frau überlegen. Sie – und nicht Marie – gewährte Kleist die »unerhörte Lust«, nach der er lechzte, die einzige Form der Umarmung, die ihn glücklich machen konnte.

Alles andere, daß sie, die einander ursprünglich eher kalt und ablehnend gegenüberstanden, nun ein »gewisses tragisches Interesse« aneinander nahmen, wie der kluge Adam Müller es nennt, ja daß sie sich schließlich sogar »von ganzem Herzen liebgewonnen haben« (Kleist an Sophie Müller) – alles das ist nur Folge und wohltätige Zugabe. Sie gingen, so hat man mit Recht gesagt, nicht in den Tod, weil sie sich liebten, sondern sie liebten sich, weil sie zusammen sterben wollten. Daß sie so – über ein Drittes gewissermaßen – am Ende doch auch Gefallen aneinander finden, erleichtert die letzte unkörperliche Vereinigung, auf die Kleists Begehren gerichtet ist. Es erleichtert sie, aber es ist nicht Voraussetzung. Voraussetzung ist das Sterbenwollen, nicht Sympathie oder gar Liebe. Caroline Fouqué hat im Grunde ganz recht, wenn sie fassungslos ausruft, die beiden seien gestorben »wie zwei Bekannte, die eine Mietkutsche zufällig eine gemeinschaftliche, schnell beschlossene Reise tun läßt«.

Henriette mag sich darüber gelegentlich hinweggetäuscht haben, Kleist nie. In dem Abschiedsbrief an ihren Mann schreibt sie, sie vertausche, »von der innigsten Liebe begleitet«, die irdische Glückseligkeit mit der ewigen. Es ist begreiflich, daß sie als Frau die

Illusion der »innigsten Liebe« brauchte, daß sie ihrem Geschlecht die zarte Beschönigung schuldig war. Kleist dagegen bleibt völlig nüchtern, er hintergeht sich nicht. »Kann es Dich trösten«, schreibt er am 12. November an Marie, »wenn ich Dir sage, daß ich diese Freundin niemals gegen Dich vertauscht haben würde, wenn sie weiter nichts gewollt hätte, als mit mir leben? Gewiß, meine liebste Marie, so ist es; es hat Augenblicke gegeben, wo ich meiner lieben Freundin, offenherzig, diese Worte gesagt habe.« Und abschließend stellt er noch einmal fest, Henriettes Entschluß, mit ihm zu sterben, sei das gewesen, was ihn mit »unaussprechlicher und unwiderstehlicher Gewalt« an ihre Brust gezogen habe. Auch die sogenannte »Todeslitanei«, die er Henriette widmet (»Mein Jettchen, mein Herzchen, mein Liebes, mein Täubchen . . .«) und die sie recht dilettantisch und affektiert erwidert – man denkt dabei an Pfuels gallige Charakteristik: »Die Bekannte von gestern, mit dem Gepräge des Unechten an der Stirn« –, auch dieses seltsame Treibhauspoem ändert nichts an dem unpoetischen Tatbestand, der ihm zugrunde liegt. Hier trifft das sonderbare und erschreckende Wort zu, das Adam Müller im Hinblick auf »Penthesilea« prägte, nämlich: »gemütsfrei«. Gilt es nicht für Kleists Tod als Ganzes, so gilt es gewiß für diese Todeslitanei. Sie ist »gemütsfrei«. Ein verbales Virtuosenstück, die Worte geschehen um ihrer selbst willen, haben keinen Gegenstand. Vokabelhaft ranken sie sich um ein Nichtvorhandenes. Es ist das einzige Stück »romantischer Dichtung«, das Kleist je in seinem Leben geschrieben hat.

Was da, nicht weit von der Potsdamer Chaussee, auf einem kleinen Hügel in der Klein-Machnower Heide, dicht am sogenannten Kleinen Wannsee, am Nachmittag des 21. November 1811 geschah, war ein Liebestod. Aber die Liebe der Sterbenden richtete sich nicht auf den Partner, sondern allein auf das Sterben. Man kann fragen: Wozu brauchten sie dann den Partner? Das ist eine der vielen Fragen in Kleists Biographie, auf die es keine endgültige Antwort gibt. Aber es bleibt etwas sehr Menschliches und Bewegendes, daß dieser Einsame nicht in steilem, trotzigem Alleinsein sterben wollte, sondern daß er dazu der gleichgestimmten Bereitschaft einer mitfühlenden Seele bedurfte. Zu keiner Zeit seines Lebens, sooft er sich auch mit dem Gedanken des Selbstmordes trägt, will er allein in den Tod gehen. Selbst in der »Guiskard«-Krise, als der Freund Pfuel ihm die Todespartnerschaft verweigert, legt er nicht Hand an sich selbst, sondern will den Soldatentod suchen. Er, der die physische Gemeinschaft verschmähte – auch im Falle Henriette, obwohl sie, wie er schreibt, »Mittel genug in Händen hätte, ihn hier zu beglücken« –, braucht dennoch die Gegenwart und Mittäterschaft eines endlichen Wesens, um die ersehnte Vereinigung mit dem Unendlichen zu vollziehen. Wie er als Dichter noch dem Irrationalen einen Leib gab, so konnte er auch in diesem äußersten Augenblick des Verlangens nach metaphysischem Kontakt auf die lebendige Wirklichkeit des Menschen nicht verzichten. Die innigste Berührung mit der Welt, die ihm der Tod gewährte, ging über einen Menschen – wie immer dieser Mensch auch beschaffen sein mochte.

Wandlungen des Todesbegriffes

Kleists ganzes Dasein war auf diesen letzten Augenblick gerichtet, es wirkt wie eine einzige Vorbereitung auf ihn. Von Jugend auf lebte er im Bewußtsein des Todes, und zwar eines Todes, über den man gebieten kann. Er brauchte dieses Gefühl einer letzten Freiheit, um das Abenteuer zu bestehen, zu dem er bestimmt war. Wer sich auf die »ungangbaren Wasser« hinauswagt, weiß, daß er eines Tages von ihnen verschlungen wird – aber seine Würde verlangt, daß er diesen Zeitpunkt selbst zu bestimmen sucht. Einige Biographen wollen wissen, Kleist habe schon als Schüler mit seinem Vetter Carl von Pannwitz eine schriftliche Abmachung getroffen, wonach sie, sollten unwürdige äußere Umstände sie dazu zwingen, gemeinsam in den Tod gehen wollten. Tatsächlich nahm Pannwitz sich als Neunzehnjähriger das Leben.

Die immer wieder freudig bekundete Bereitschaft zum Äußersten hat bei Kleist zunächst noch etwas von jugendlicher Fanfare: Lebensheiligung durch Lebensverachtung.

> Das Leben ist viel wert, wenn mans verachtet!
> Ich brauchs –

sagt Ottokar in der »Familie Schroffenstein«; und dieses prachtvoll nüchterne »Ich brauchs« (das Leben nämlich) hat mehr von ritterlichem Draufgängertum als von Todesmystik. Es besagt, daß ängstliche Lebensbewahrung am vollen Leben vorbeiführt. Nur das Leben ist frei und ganz, das sich nicht an die Erde klammert. Die Freiheit, es jederzeit zu beenden, adelt unsere irdische Existenz. Kleist hat diesen Gedanken – in Paris, im Sommer 1801, also während er an der »Familie Schroffenstein« arbeitet – in großem Stil erläutert. »Es ist nichts ekelhafter«, schreibt er an Wilhelmine,

»als diese Furcht vor dem Tode. Das Leben ist das einzige Eigentum, das nur dann etwas wert ist, wenn wir es nicht achten. Verächtlich ist es, wenn wir es nicht leicht fallen lassen können, und nur der kann es zu großen Zwecken nutzen, der es leicht und freudig wegwerfen könnte. Wer es mit Sorgfalt liebt, moralisch tot ist er schon, denn seine höchste Lebenskraft, nämlich es opfern zu können, modert, indessen er es pflegt.«

Doch dabei bleibt es nicht. Schon bald ist die Bereitschaft zum Tode nicht allein die Voraussetzung großen Gelingens, sondern das Gelingen verschwistert sich mit dem Tod, führt auf ihn zu. Als Kleist im ersten Schaffensrausch des »Guiskard« von den drei Dingen spricht, die er zu erlangen wünscht, »ein Kind, ein schön Gedicht, und eine große Tat«, da ist in dieses Ziel zugleich auch der Tod einbegriffen. »Ich habe keinen anderen Wunsch, als zu sterben, wenn mir (diese) drei Dinge gelungen sind.« Hier zeigt sich, daß das Jugendideal einer Anhäufung von Leistung, Tugend und Erkenntnis in der Hoffnung, damit den Eintritt in das Jenseits zu vollziehen, mit der Kant-Krise noch nicht abgetan ist. Es wirkt nach sowohl in Kleists fast religiösem Verhältnis zum Ruhm als auch in seiner Einstellung zum Tode. Wozu soll Ruhm, wozu soll ein erfülltes Leben gut sein, wenn nicht dazu, den Übertritt in das höhere Leben zu legitimieren, ja ihn recht eigentlich zum Ziel und Inhalt zu haben? Ein Leben, das sich vollendet hat, dem ein Äußerstes an Ruhm und Vollbringen abgerungen ist, hört auf, als Leben etwas zu bedeuten. Im Augenblick seiner Sinnerfüllung verliert es seinen Sinn – man kann es nur noch »erhaben wegwerfen«, wie Kleists stolze Formel lautet.

So kann er gerade, wo der Normalverstand das Leben lohnend finden würde, ohne Pose und Phrasenhaftigkeit versichern, daß er keinen anderen Wunsch habe, als zu sterben. In dem überquellenden Brief vom 31. August 1806, in welchem er Rühle das Ende der Beamtenfron anzeigt und sich nun auch dem Freund gegenüber als Dichter bekennt, fällt ihm in der gesteigerten Stimmung des Augenblicks nichts anderes ein, als – in seinem Sinne durchaus konsequent – über den Tod zu philosophieren, ja förmlich zu ihm aufzurufen: »Komm, laß uns etwas Gutes tun, und dabei sterben!« Beides ist für ihn augenscheinlich identisch.

Damit wird der Tod zu einer das Leben erhöhenden und besiegelnden Macht; und das nicht etwa wie bei den Helden Schillers im Sinne der Hinopferung für ein Ideal, sondern ganz konkret. Der idealistische Held vergrößert durch seinen Tod die Kluft zwischen

Idee und Wirklichkeit, er bestätigt sie, statt sie zu überbrücken. Der Kleistsche Held dringt im konkreten Handeln über die Grenze des Lebens hinaus. Posas Tod ist feierlich überhöhte Resignation, eine heroische Geste, hinter der praktisch ein Scheitern steht. Kleists Posa heißt Michael Kohlhaas. Er gibt nicht sterbend eine Idee weiter, sondern hinterläßt einen geordneten Fall. Die Klage gegen den Junker von Tronka ist Punkt für Punkt durchgesetzt, die beiden Rappen stehen dickgefüttert, »von Wohlsein glänzend, die Erde mit ihren Hufen stampfend«, auf dem Richtplatz. Das ist die Kleistsche Verschränkung des höchst Realen mit dem Überrealen. Sosehr die Rappen eine physische Tatsache sind, sosehr sind sie auch eine metaphysische. Sie besagt, daß das Recht möglich ist in einer chaotischen Welt – man muß nur bereit sein, hoch genug dafür zu zahlen. Diese Bereitschaft hat Kohlhaas bewiesen: er hat Unrecht begangen, um Recht zu erlangen, und für beides bezahlt er nun mit dem Leben. Indem er selbst zur Keule griff, hat er sich schuldig gemacht, zugleich aber hat er die Welt gezwungen, ihm – in jedem Sinne – Recht widerfahren zu lassen. Sein Rechtsgefühl macht vor der eigenen Person nicht halt. Mit dem geduldig erlittenen Tod trägt er, die eigene Rechtsverletzung heilend, zur Wiederherstellung des Rechts bei, die sein »höchster Wunsch auf Erden« ist. Daß dies nur auf dem Umweg über persönliches Unrechttun möglich war, ist ein Kleistsches Paradox, das einer paradoxen Realität entspricht, ganz im Sinne der Versicherung des Dichters, er habe stets nur die »Verse« gemacht, die Welt aber so genommen, »wie sie steht«. Kohlhaas entrichtet ihr seinen Tribut und stirbt zufrieden. Er, der sich, wie er zu Luther sagt, ohne den Schutz der Gesetze wie »zu den Wilden der Einöde« verstoßen fühlte, kehrt sterbend in eine intakte Gemeinschaft zurück. Die Welt ist wieder heil.

Wo sich die Idee des Zusammenfallens, ja einer Identität von Gelingen und Tod, von Vollbringen und Sterben, Erfüllung und Ende festsetzt, da freilich besteht die Gefahr, daß auch die Umkehrung dieses Gedankens ihre Verlockungen ausschickt. Der vom Mißlingen verfolgte Mensch gerät in Versuchung, sich selbst zu betrügen. Der selige Tod, der das Glück krönt und die Vollendung verewigt, muß beides auch ersetzen können. Kann das Leben dem Verzweifelnden sonst nichts mehr bieten, so doch die Möglichkeit eines glorreichen Sterbens. »Ich frohlocke bei der Aussicht auf das unendlich prächtige Grab«, schreibt Kleist an Ulrike, nachdem er vor dem »Guiskard« kapituliert hat. Es kann nicht zweifelhaft sein, daß eine solche heroische Illusion auch an seinem letzten Entschluß im November 1811 mitwirkt. Der Tod steht jenseits von Versagen und Verschulden, er ist die Heimkehr in die Unschuld. Im Tode, so läßt Kleist schon seinen frühen Helden Sylvester Schroffenstein sagen, ist der Mensch kein Sünder.

Grund genug für eine Flucht in die Todesapotheose ist gegeben. Kleist ist innerlich erschöpft und ausgegeben, mürbe gemacht, mortifiziert. Die ungeheure Anstrengung seiner dichterischen Produktion hat ihn verzehrt – einer dichterischen Produktion, die sich nicht im täglichen menschlichen Miteinander erneuerte, sondern in furchtbarer Abgetrenntheit allein aus dem Reservoir des eigenen Ichs schöpfte. Auch die äußere Situation ist niederdrückend. Die »Abendblätter«, die ungeachtet ihres Charakters als Boulevardblatt mit einer beinahe religionsstifterischen Gebärde begonnen hätten (das »Gebet des Zoroaster« als Eröffnungsstück!), sind eingegangen, der »Homburg« findet keinen Anklang, bei Hofe ist Kleist (nach dem Tod der ihm freundlich gesinnten Königin Luise) weniger denn je in Gunst, Adam Müller ist nach Wien gegangen, Marie von Kleist lebt auf dem Lande, das Verhältnis zu Ulrike ist seit Jahren getrübt, finanziell ist er ruiniert, und die politische Lage erscheint ihm aussichtslos. Keine Frage, der Mann, der sich am Wannsee erschoß, war ein Zermürbter, ein Mensch ohne Hoffnung. Und doch war all diese gehäufte Trostlosigkeit nicht die Ursache seines Sterbens. Sie hat ihn nicht, wie man von einer schwachen Natur sagen würde, in den Tod getrieben; sie gab nur das letzte Zeichen, zu vollziehen, was längst und in Freiheit geplant und beschlossen war.

Osmose

Wir müssen uns – das ergibt sich aus der Gesamtheit aller dieser Aspekte – mit dem Gedanken vertraut machen, daß für Kleist die Scheidewand zwischen Leben und Tod dünner war als für die meisten Menschen. Diesseits und Jenseits standen für ihn in geheimnisvollem Austausch. Man möchte – und das ist einem Dichter, der sich seine Bilder gerne aus der Physik holte, gewiß nicht unangemessen – von einer Art höherer Osmose sprechen. Kleist wartete nicht auf einen Lohn im Jenseits. Seine Anstrengungen waren darauf gerichtet, das Diesseits so mit Sinn und Größe zu sättigen, daß es naturgesetzlich in eine Wechselbeziehung zum Jenseits tritt. Wenn das Jenseits das vollkommen erfüllte Diesseits ist, so muß es möglich sein, den Punkt zu erreichen, wo die Grenze zwischen beiden fällt oder durchlässig wird. Anders gesagt: wer die Welt ganz durchschritten hat, tritt notwendigerweise über sie hinaus. Nicht derjenige, der vom Leben »absieht«, gewinnt das Unendliche, sondern wer es ganz durchdringt. Weltfrömmigkeit allein befähigt zu Weltüberwindung. Das irdische Dasein wird bis an die Stelle geführt, wo es sich mit dem absoluten Sein berührt und ihm zurückgegeben wird: Opfer und Heimkehr zugleich. Der Mensch löst sich, nach dem schönen Wort Theobalds im »Käthchen von Heilbronn«, »in die Welt auf«.

Dieser geistige Überbau scheidet Kleist auf das bestimmteste von dem anderen großen Liebhaber des Todes, Edgar Allan Poe, mit dem manche Betrachter (so Georg Lukács) ihn zusammen nennen. Poes Todesverlangen blieb triebgebunden, eine pathologische Fixierung, war Grabeslüsternheit und Leichenseligkeit. Seine Leistung ist, daß es ihm gelang, diese Anlage künstlerisch zu kompensieren. Poe war todesverfallen, Kleist todesfreudig. Poe blickte vom Leben weg auf den Tod, Kleist blickte auf das Leben, um es todeswürdig zu machen. Während Poe überall Verwesung sieht, sieht Kleist ewiges Leben , in allen Formen das Daseins regierendes Absolutes, das die Schranken zwischen irdischer und nicht irdischer Existenz niederlegt. Das Absolute wird in das Endliche aufgenommen.

Den Prozeß der Sättigung des Lebens zum Tode hin hat Kleist in »Penthesilea«, »Michael Kohlhaas« und dem »Prinzen von Homburg« mit unvergleichlicher Hoheit dargestellt. Die letzte Phase, die der fast übergangslosen Umwandlung des Lebens in Tod, wurde in »Penthesilea« am sinnfälligsten. In der Selbstauflösung der Amazonenkönigin wird Kleists Grunderlebnis, daß Leben und Tod vom gleichen Stoff sind, beide durchwirkt von der Unendlichkeit des Seins, zum unmittelbaren Ereignis. Zweimal gebraucht Penthesilea jene bereits zitierte Wendung vom »Reif zum Tode sein«: in der trügerischen Glückseligkeit ihres vermeintlichen Sieges über Achill (14. Auftritt) und nachdem sie ihre Liebesrache an ihm genommen hat (24. Auftritt). Die äußerste Erfüllung – hier freilich eine Erfüllung furchtbarer Art – führt zur Verödung des kreatürlichen Eigenwillens. Seine letzte Tat ist, sich gegen sich selbst zu wenden. Wir sind Zeuge, wie Penthesilea guiskardhaft über sich gebietet, in einer Zone, in welcher der Mensch sonst keine Verfügungsgewalt mehr zu haben meint; wie sie ihren Willen stillegt; wie ihre Leiblichkeit sich aufgibt; wie die Endlichkeit des Daseienden von der Unendlichkeit des Seins überflutet und abgetragen wird. Man will Penthesilea den Dolch wegnehmen, damit sie sich nicht töten kann. Aber sie hat weder Dolch noch Pfeile nötig. Sie stirbt Achill nach, wie Novalis seiner Braut nachgestorben ist und wie Wagners Isolde Tristan nachsterben wird – ohne Waffe, ohne Todeswunde, allein aus dem »vernichtenden Gefühl«. Was jedoch bei Wagner romantischer Flügelschlag der Seele ist, Zerflattern des Ich-Bewußtseins, rauschhafte Hingabe an die unendliche Melodie – das hat bei Kleist eine harte Genauigkeit, einen fast wissenschaftlichen Zug beschreibender Selbstbeobachtung:

> Denn jetzt steig ich in meinen Busen nieder,
> Gleich einem Schacht, und grabe, kalt wie Erz,
> Mir ein vernichtendes Gefühl hervor.
> Dies Erz, dies läutr ich in der Glut des Jammers
> Hart mir zu Stahl; tränk es mit Gift sodann,
> Heißätzendem, der Reue, durch und durch;
> Trag es der Hoffnung ewgem Amboß zu,
> Und schärf und spitz es mir zu einem Dolch;
> Und diesem Dolch jetzt reich ich meine Brust:
> So! So! So! So! Und wieder. – Nun ists gut.
> *(Sie fällt und stirbt)*

Das Jenseits im Diesseits

Wieder gehen die Gedanken zurück zum Wannsee, wo es im Grunde auch keines Pistolenschusses mehr bedurft hätte. Die Vorstellung, daß Kleist stehend gestorben wäre wie Penthesilea, durch Selbstaufhebung des Willens, durch einen Befehl des Gefühls, ist nicht so abwegig. Freilich, Kleist war kein Novalis. Die unirdische Sanftmut Hardenbergs, die einen solchen Tod beinahe naturnotwendig einschloß (»Fröhlich wie ein junger Dichter will ich sterben«), mußte von ihm erst errungen werden. Schwerer als jener, den Maeterlinck einen »müßigen Engel« nannte, trug er an dem Paradoxen, das allem Menschlichen beigemischt ist und das uns zwingt zu lieben, was uns drückt und was wir gerne von uns werfen würden. »Dieses rätselhafte Ding«, schreibt er in dem mehrfach zitierten Brief vom 21. Juli 1801, »das wir besitzen, wir wissen nicht von wem, das uns fortführt, wir wissen nicht wohin, das unser Eigentum ist, wir wissen nicht, ob wir darüber schalten dürfen, eine Habe, die nichts wert ist, wenn sie uns etwas wert ist, ein Ding wie ein Widerspruch, flach und tief, öde und reich, würdig und verächtlich, vieldeutig und unergründlich, ein Ding, das jeder wegwerfen möchte wie ein unverständliches Buch, sind wir nicht durch ein Naturgesetz gezwungen, es zu lieben? Wir müssen vor der Vernichtung beben, die doch nicht so qualvoll sein kann als oft das Dasein . . .«

In der Tat gehört dies zur List der Natur, es ist einer ihrer Tricks, mit denen sie den Mechanismus des Lebens in Gang hält. Und so fühlt Kleist – wie Penthesilea – zugleich mit der »Überseligkeit« des Sterbens doch auch seine Bitterkeit. Aber wie bei Penthesilea, so steht auch bei ihm am Ende das Wort: »Nun ists gut.« Und das sollte uns verbieten, weiterhin von Kleists »traurigem« Ende zu sprechen, wie die gängige Floskel lautet. Sein Tod entzieht sich der hochmütigen Klugheit wie dem billigen Mitleid. Kleist hat das Leben gelebt, das die Voraussetzung seines Werkes war; und so tun wir gut, auch seinen Tod als einen Bestandteil seines Werkes zu sehen, wenn man will: als seine letzte Dichtung.

Wer den tragischen Dichter will, muß auch die tragische Existenz wollen. Wenn gesagt worden ist, Kleist sei das Leben mißraten, so muß man die Frage stellen, in welcher Sphäre es für einen Dichter ein Gelingen geben kann, wenn nicht in der des Werkes. Die vielen Interpreten, die – nicht ohne heimliche Genugtuung – feststellen, daß er an einem falschen Weltbegriff zugrunde gegangen sei, daß die Wirklichkeit den Sieg davongetragen habe über seine fehlerhafte Vorstellung von ihr, machen sich damit zu Spruchsprechern eines brutalen Naturalismus der Fakten, der solcher Hilfestellung kaum bedarf. Servilität vor der Wirklichkeit ist nicht Sache des Dichters. Ein Unbedingter vom Schlage Kleists korrigiert seine Bewußtseinswelt nicht, um sich vor dem Scheitern zu bewahren; er verwirklicht sie im Werk, und sei es um den Preis des Lebens. Kleist hat es bis in den Tod verschmäht, das, was die Opportunisten unter »Wirklichkeit« verstehen, zu akzeptieren, nach ihren Spielregeln zu verfahren – je skrupelloser, desto besser – und sich im übrigen mit dem Glauben an ein besseres Jenseits einzurichten. *Seine* irdische Wirklichkeit – und das ist der Kardinalpunkt Kleists, seine erhabene Paradoxie – enthielt bereits das Jenseits. Er wollte es in das Diesseits herüberholen, nicht als übergeordnete Idee, sondern faktisch, als »Durchgöttlichung der menschlichen Existenz«, um diese zentrale Formel Benno von Wieses auf das Gesamtphänomen Kleist anzuwenden, nicht nur auf das Werk. Daß das – in Anbetracht der Beschaffenheit von Welt und Menschennatur – nicht gut ausgehen konnte, versteht sich von selbst. Aber es versteht sich auch, daß dieser Versuch, um der Würde der Welt und der menschlichen Natur willen, immer wieder unternommen werden muß. Die Wirklichkeit Heinrich von Kleists umfaßt zugleich mit dem Faktum seines bürgerlichen Scheiterns auch all das Unwägbare, das durch eben dieses Scheitern zur Geltung gebracht wurde. Sein Ende ist nicht der Gerichtstag des Lebens über einen Abtrünnigen, sondern umgekehrt die Tat eines Mannes, der sterbend dem Leben seinen vollen Reichtum zurückerstattete.

In einer unbegreiflichen Welt

Kleists Menschen leben im Rätsel. Das ist der Daseinsraum, den ihnen der Dichter nach der Kant-Krise zuweist – ihnen wie sich selbst. Wir haben es eben erst zitiert, das Wort von dem »unverständlichen Buch«, welches das Leben sei; es stammt aus dem Pariser Sommer 1801, also aus der unmittelbar auf das Kant-Erlebnis folgenden Zeit. Kleist fühlt sich in ein Labyrinth geschickt, aus dem einen Ausgang zu finden fortan seine Lebensanstrengung sein wird. Er, der Gefährdete, der Mann der tragischen Sensibilität und des Katastrophengefühls, blickt bis zuletzt auf eine wie von »unsichtbaren Geistern« überwältigte, von ihnen in »Ketten und Banden« geschlagene Welt. Dieses allgemeine Gefühl gewinnt nach der »Guiskard«-Katastrophe weiter an persönlicher Schärfe. »Wie von der Furie getrieben«, jagt er, nachdem er das Manuskript des »Robert Guiskard« verbrannt hat, durch Frankreich. Er zweifelt, »jemals auf diesem Stern zur Ruhe zu kommen«, meint alle Kräfte einzig dafür aufbieten zu müssen, sich einigermaßen vor den Schlägen des Schicksals zu retten, das ihm »so unerbittlich grimmig auf der Ferse folgt« (an Henriette von Schlieben, 29. Juli 1804). Niemals verläßt ihn das kindlich-bittere Staunen darüber, daß eine höhere Macht Gefallen daran findet, »ein so hülfloses Ding, wie der Mensch ist, bei der Nase herumzuführen« (»Guiskard«-Brief, 5. Oktober 1803). Denn nicht allein undurchschaubar ist das Walten des Geschicks, es ist auch ohne Güte. »Wirf Dich dem Schicksal nicht unter die Füße, es ist ungroßmütig, und zertritt Dich«, ruft er dem Freund Pfuel zu, als dieser vor einer schwerwiegenden Entscheidung steht. »Laß es an *einem* Opfer genug sein. Erhalte Dir die Ruinen Deiner Seele, sie sollen uns ewig mit Lust an die romantische Zeit unsres Lebens erinnern« (7. Januar 1805).

Dieser Appell an die romantischen Zeiten kommt nicht von ungefähr – er ist selber romantisch, und romantische Schmerzen sind es, die zu ihm führen. Sie gehören zur Zeit, nicht nur zur Person. Der Mensch in einer fremden, feindseligen Welt, als Opfer irrationaler Diktate, ständig auf der Flucht vor den Tücken des Geschicks – das sind, zumindest *auch*, romantische Klischees. Sie werden nicht allein nachgesprochen, sie werden unwillkürlich auch nachgelebt. Die Fluchttendenzen eines mit der Wirklichkeit nicht mehr einigen, ihr nicht mehr vertrauensvoll zugeneigten Geistes werden in der Romantik schöpferisch. Natur und Geschichte, Traum und Märchen sind romantische Zufluchtsorte – Flucht in das Ästhetische, Flucht in die Historie, Flucht in die Formlosigkeit und in das Unverbindliche eines allgemeinen ironischen Infragestellens.

An alledem hat Kleist Anteil und setzt sich zugleich entschieden davon ab. Was immer dieser Dichter sein mag, eines ist er gewiß nicht: ein Schöngeist und ästhetischer Narziß. Spielerisches Wohlgefallen an der eigenen Besonderheit, Koketterie mit der Schwäche und die selbstgefällige Pose der Leidensseligkeit sind ihm fremd. Für die »glücklichen Menschen, welche kein Zweifel um das Wahre, das sich nirgends findet, bekümmert« (an Wilhelmine, 21. Mai 1801), empfindet er nichts als schlichten Neid. Wenn die Romantiker sich ihrer Heimatlosigkeit und Unbehaustheit elegisch rühmen, ja sich an ihr schmachtend ergötzen, beklagt Kleist voll realistischen Unmuts seine »angeborne Unart, nie den Augenblick ergreifen zu können« und immer an einem Orte zu leben, an welchem er nicht sei, und in einer Zeit, die »vorbei oder noch nicht da ist« (29. Juli 1801 an Adolphine von Werdeck). Noch in einem seiner letzten Briefe an Marie von Kleist aus dem Herbst 1811 hadert er mit dem Los, das ihn zwingt, immer an einem anderen Ort zu suchen, was er, seiner »eigentümlichen Beschaffenheit wegen«, noch an keinem gefunden habe. Mochten die Romantiker sich darin gefallen, dem, »was die Menschen Welt nennen«, möglichst unähnlich zu sein – Kleist teilt solche Koketterie nicht. Er leidet ganz offensichtlich unter dem Prozeß der Entfremdung, dem er unterworfen ist, je mehr er sich im Eigenen einrichtet. »Tausend Bande knüpfen die Menschen aneinander, gleiche Meinungen, gleiches Interesse, gleiche Wünsche, Hoffnungen und Aussichten«, schreibt er im November 1799 – er ist noch Student in Frankfurt – an seine Schwester, »alle diese Bande knüpfen mich nicht an sie, und dieses mag ein Hauptgrund sein, warum wir uns nicht verstehen. Mein Interesse besonders ist dem ihrigen so fremd und ungleichartig, daß sie – gleichsam wie aus den Wolken fallen, wenn sie etwas davon ahnden. Auch haben mich einige mißlungene Versuche, es ihnen näher vor die Augen, näher ans Herz zu rücken, für immer davon zurückgeschreckt; und ich werde mich dazu bequemen müssen, es immer tief in das Innerste meines Herzens zu verschließen.« Das sind Worte kummervoller Resignation – ohne jeden romantischen Hautgout.

Die ästhetische Attitüde der Romantik schlägt in Heinrich von Kleist ins Existentielle um. Wenn er als Dreiundzwanzigjähriger das programmatische »Ich passe mich nicht unter die Menschen« spricht, dann bedeutet das nicht den Rückzug in den romantischen Schmoll- und Traumwinkel, es ist die harte Feststellung einer Realität, aus der es Konsequenzen zu ziehen gilt. Der Rausch des Unendlichen, dem sich die Romantik eskapistisch hingibt, wird bei Kleist zu einer mit den empfindlichsten Instrumenten ausgestatteten und zum äußersten Wagnis bereiten Expedition, der Flirt mit dem Dunklen, Unbekannten, dem Unbegriffenen und Unbegreiflichen zu einer Auseinandersetzung buchstäblich auf Tod und Leben. Wie leidenschaftlich Kleist auch Klage führt über die Unbegreiflichkeit des Willens, der »über die Menschengattung waltet«, wie trotzig er fragt, ob Gott Verantwortlichkeit von einem Wesen fordern könne, das ein Leben braucht, um zu lernen, wie es leben müßte, und selbst dann noch nicht weiß, was der Himmel mit ihm vorhat, wie verzweifelt und gequält es auch klingt, wenn er in einem Brief an Marie von Kleist (Juni 1807) ausruft: »Erscheinungen rings, daß man eine Ewigkeit brauchte, um sie zu würdigen, und, kaum wahrgenommen, schon wieder von andern verdrängt, die ebenso unbegriffen verschwinden« – nichts davon dient als Freibrief für ein Ausweichen in romantische Unverbindlichkeit. Wo immer dieser Mann flieht, da ist es eine Flucht nach vorn – in die Dinge hinein, nicht von ihnen weg.

Persönliche Voraussetzungen

Es versteht sich, daß eine solche Art der Welterfahrung ihre Wurzeln in einer ganz bestimmten psychischen und auch physischen Konstitution hat. Das objektiv Unbegreifliche erfährt eine nachdrückliche Vertiefung durch die subjektive Beschaffenheit einer Natur, der die Sicherheit und Selbstverständlichkeit des Oberflächenkontakts versagt ist, ohne den das Leben zu einer enervierenden Kette von Überwindungen wird, zu einer permanenten, energieverschleißenden Anstrengung selbst im Bereich des Kleinen und Kleinsten. Der physiologische Aspekt ist von Kleist selbst sehr ernst genommen worden. In Königsberg (Herbst 1805) prägt er das den Poeten und Medizinstudenten Büchner vorwegnehmende Wort von der »wunderbaren Verknüpfung eines Geistes mit einem Konvolut von Gedärmen und Eingeweiden« – eine ỵnüberbietbar treffende Kennzeichnung des Menschen als einer abhängigen und dabei mit dem Organ höchster Unabhängigkeit ausgestatteten Kreatur; und in einem Brief an Ulrike vom 5. Februar 1801, worin er von seinen Kontaktschwierigkeiten spricht, von dem Zwang, den er in Gegenwart anderer empfindet, der Unmöglichkeit, sich vor ihnen so zu zeigen, wie er es wünschte, bezeichnet er die »unerklärliche Verlegenheit«, die ihn in Gesellschaft befalle, mit Nachdruck als unüberwindlich, »weil sie wahrscheinlich eine ganz physische Ursache hat«.

Man darf annehmen, daß Kleist damit seine vielfach bezeugte Sprachhemmung meint, die auch Ludwig Tieck in seinem »Steckbrief« erwähnt* und die er zu verbergen oder – mit zuweilen befremdlicher Heftigkeit – zu überspielen sucht. Während er nach außen »stark und frei« erscheint, fühlt er sich, wie er Ulrike nun gesteht, »im Innern ganz schwach wie ein Kind«, sobald er unter Menschen ist, gelähmt, als wären ihm alle Glieder gebunden; und er gewährt der Schwester – ein seltener Augenblick, den er wenige Zeilen später auch schon bereut – Einblick in die heimliche Qual, die es bedeutet, »wenn man sich nie zeigen kann, wie man wohl möchte, nie frei handeln kann, und selbst das Große versäumen muß, weil man vorausempfindet, daß man nicht standhalten wird, indem man von jedem äußern Eindruck abhängt und das albernste Mädchen oder der elendeste Schuft von Elegant uns durch die matteste Persiflage vernichten kann«.

Es bedarf keiner großen Phantasie, sich vorzustellen, welche Wirkung solche Behinderung durch eine unbotmäßige Physis – das Stottern ist nur *ein* Aspekt, andere zeigen sich in Kleists Verhältnis zur Frau sowie im Umkreis der Würzburger Reise – auf einen so stolzen, reizbaren und fordernden Geist haben mußte. Wie bitter gerade eine ungestüme, ungenügsame Natur wie die seine den Hohn empfand, sich in ihrer Entfaltung auf so lächerliche und peinliche Art gehemmt zu sehen. Das Physische wirkt hier unmittelbar ins Weltanschauliche. Je schmerzlicher Kleist seine Ketten

---

* »Heinrich Kleist war von mittlerer Größe und ziemlich starken Gliedern, er schien ernst und schweigsam, kein Spur von vordringender Eitelkeit, aber viele Merkmale eines würdigen Stolzes in seinem Betragen. Er schien mir mit den Bildern des Torquato Tasso Ähnlichkeit zu haben, auch hatte er mit diesem die etwas schwere Zunge gemein« (Heinrich von Kleists hinterlassene Schriften, herausgegeben von Ludwig Tieck, Berlin 1821).

spürt und je begreiflicher sie ihm sind, desto heftiger und unbedingter steigert er sich in das Fragen, desto aufsässiger und bohrender
wird es.

Die Frage nach dem Sinn

Das Ungenügen, das aus Kleists Fragen spricht – einem Fragen, das
stets auf die letzten Dinge zielt –, läßt deutlich werden, daß er vom
Unbegreiflichen nicht nur verfolgt wurde, sondern daß er es auch
herausforderte. Hier liegt ein weiterer Grund, weshalb Kleist von
seiner Zeit so wenig verstanden wurde. Er teilte ihre Gewißheit
nicht, daß sich der Geist aus einem einheitlichen Weltgrunde
sinnvoll zur Welt entfalte. Goethes weise Bescheidung, den Sinn in
den Phänomenen selbst zu sehen, ist ihm verwehrt; er nimmt jedes
Ding und befragt es nach dem *hinter* ihm liegenden Sinn. Jede
einzelne Erscheinung sucht er auf einen zentralen Bezug hin zu
ordnen. Der Fall Kohlhaas wird ihm ebenso wie der der Marquise
von O. über das Individuelle hinaus zur Unordnung der Welt
schlechthin. Mit seiner Klärung und Bereinigung tut er nichts
Geringeres, als den Sinn der Welt wiederherzustellen. Diese Radikalität des Zweifelns und des Forderns, diese Neigung, jedes zu jeder
Zeit der äußersten Frage zu unterwerfen, der Frage nach dem Sinn,
mit dem sich unser irdisches Dasein vor der zweifelnden Vernunft
legitimieren soll – diese Attitüde einer rabiat gewordenen, in ihre
letzten Konsequenzen gehenden Aufklärung, eines Ultra-Rationa-
lismus gewissermaßen, setzt ihn in Widerspruch zu dem weltgläu-
bigen Idealismus seiner Zeit. Ein Mann solcher Art mußte ihr
Unbehagen verursachen, wenn er ihr nicht gar als ein Kranker und
Narr galt. Das ist der »gar zu arge Hypochonder«, den Goethe –
stellvertretend für seine Epoche – an Kleist tadelt, der »große Geist
des Widerspruchs«, der ihn, wie Goethe meinte, als Menschen und
Dichter zugrunde richten werde.
Die Goethezeit gedieh unter dem Schutz ihrer ideellen Voraussetzungen. Harmonisch entfaltete sie sich nach dem Gesetz ihrer
humanistischen Glaubenssätze und war glücklich, in solcher Entfaltung sich selbst als Zweck empfinden zu dürfen. Mit der Frage
nach dem »Zweck der Zwecke« tritt der Geist aus den eigenen
Bedingungen heraus und stellt sich selbst in Frage, taucht er in die
Tiefen seines Ursprungs zurück. Ein lebensgefährliches Unterfangen, das für den in der Sicherheit, das heißt: in der fraglos geglaub-

ten Übereinstimmung von Ich und Gesellschaft, Geist und Leben, Seele und Welt Lebenden keinerlei Versuchung bedeutet. Der Mensch jedoch, der im Unbegreiflichen steht, weil ihm solche Voraussetzungen genommen sind oder weil er sie von sich aus nicht mehr anzuerkennen vermag, der sich auf nichts als auf seine Existenz verwiesen sieht, *muß* fragen. Die Frage nach dem Sinn – das ist der Schrei aus der Tiefe.

Hier tritt uns in Kleist am eindeutigsten der Mensch *unseres* Jahrhunderts entgegen, dem die Welt nicht mehr als geschlossenes Sinngefüge überschaubar ist. Wir alle haben zwar ein »Amt«, wie Kleist es zunächst sucht und dann verwirft. Ein Amt, doch es fehlt der gefühlte Bezug auf das Ganze eines geordneten Kosmos, auf das Absolute und Ewige, das ihm über das bloße praktische Funktionieren hinaus einen Sinn geben könnte. Inmitten einer Welt von Apparaten wird der Mensch selbst zum Apparat, kleistisch gesagt: zum Werkzeug eines »unbegriffenen Geistes«. Das menschliche Denken hat sich isoliert, es arbeitet mit höchster Perfektion, aber ohne sinnvolle Verbindung mit einem übergeordneten Prinzip. Es schafft eine Fülle von Weltveränderungen, ohne sie auf eine unerschütterlich im Absoluten verankerte Sittlichkeit zu beziehen. Diese Fülle von Weltveränderungen – sie sind *unser* Unbegreifliches. Bei allem scheinbaren Fortschritt machen sie uns geistig und seelisch wieder zu Primitiven, die am Kult des Geräts und seiner »sinnfreien« Bedienung ihr selbstgenügsames Gefallen finden. Denn heute wie damals gibt es das, was man die »partikularen« und »endlichen« Zwecke nennt. Sie sind es, in die sich der Mensch rettet. Gerade dies aber, diese »zyklopische Einseitigkeit«, von der Kleist in einem der Pariser Briefe spricht, die Vollkommenheit der Teilverrichtungen, in die wir uns blind und besinnungslos flüchten, gerade dieser schwachherzige Verzicht auf den zentralen Bezug wird von Kleist mit Abscheu zurückgewiesen. Er verhöhnt die Spezialisten von damals, die ihr Behagen im Teil-Verständnis und in der Partial-Funktion finden, während ihm »ein allgewaltiges Bedürfnis die Lippe trocknet«. Und sein innerstes Verlangen entlädt sich in dem Aufschrei: »Ja, wenn wir den ganzen Zusammenhang der Dinge einsehen könnten!« (Brief vom 29. Juli 1801). Es ist der vielleicht kleistischste aller Sätze – derjenige, in welchem Ruhm und Verhängnis dieses Geistes wie in einer Fanfare aufklingen. Als sei er der erste und einzige in einer noch unbebauten Welt, stellt er die Frage nach dem Sinn. Das heißt: die tragische Frage, auf die es keine Antwort gibt.

Der Mensch als Produkt einer undurchschaubaren Schöpfung, die auf sein Fragen mit einer Grimasse antwortet – das ist das Thema der »Schroffensteiner«.

> Das Nichtsbedeutende, Gemeine, ganz
> Alltägliche, spitzfündig, wie zerstreute
> Zwirnfäden, wirds zu einem Bild geknüpft,
> Das uns mit gräßlichen Gestalten schreckt

– sagt Sylvester Schroffenstein (I,2). Nicht umsonst häufen sich gerade in Kleists erstem Stück, dieser unmittelbaren Frucht der Kant-Krise, die Metaphern menschlicher Preisgegebenheit.

>   – doch muß die Flagge wehn, wohin
> Der Wind,

seufzt Eustache (III, 2); und Sylvester begleitet den Kampf eines Boots auf sturmbewegtem See mit dem beziehungsvollen Satz:

> Es zieht ein unsichtbarer Geist gewaltig
> Nach einer Richtung alles fort, den Staub,
> Die Wolken und die Wellen.
> (IV, 2)

Die Welt steht im Zeichen des Versehens:

> Wenn ihr euch totschlagt, ist es ein Versehen.
> (V, 1)

Es wurde bereits dargelegt, daß Kleist in der »Familie Schroffenstein« auf diese Erfahrung doppeldeutig reagiert. Verzweiflungsvolle Bitterkeit steht neben höhnischer Zustimmung, existentielles Pathos neben nihilistischem Applaus. Die Skala reicht von Sylvester Schroffensteins berühmtem

>   Ich bin dir wohl ein Rätsel?
> Nicht wahr? Nun, tröste dich; Gott ist es mir
> (II, 3)

bis zu den die Tragödie mit einem aberwitzigen Schnörkel beschließenden Sätzen Johanns, des hellsichtigen Narren:

> Geh, alte Hexe, geh. Du spielst gut aus der Tasche,
> Ich bin zufrieden mit dem Kunststück. Geh.
> (V, 1)

Das sarkastische Wohlgefallen an dem wahnwitzigen Experiment der Welt überwiegt. Die »Schroffensteiner« sind Kleists *pièce noire*. Oder vielmehr: sie wären es, wenn es die Erzählung »Der Findling« nicht gäbe. Denn immerhin, in der »Familie Schroffenstein« haben wir das Liebespaar, das einen hellen Schimmer in die Welt trägt, mag es am Ende auch von ihr verschlungen werden und so die Finsternis nur noch vertiefen. Agnes und Ottokar in Kleists erstem Drama haben die gleiche Funktion wie Josephe und Jeronimo im »Erdbeben in Chili«, Kleists erster Erzählung. Ihre Aufgabe ist es, die arkadische Unschuld inmitten der bösen Konventionen darzustellen. Im »Erdbeben in Chili« geschieht das mit fast programmatischer Inbrunst, wenn das verfolgte und geächtete Paar sich zwischen seinen Verfolgern von den Schrecken der Elementarkatastrophe ausruhen darf – eine rousseausche Idylle, eingebettet in rousseauschen Zivilisationspessimismus. Denn es scheint nur so, als habe »das allgemeine Unglück alles, was ihm entronnen war, zu *einer* Familie gemacht« und den menschlichen Geist dazu vermocht, im Elend, »wie eine schöne Blume aufzugehn«. In Wahrheit hat das Wüten der Natur das des menschlichen Geistes nur für einen kurzen Augenblick übertönt und zum Verstummen gebracht. Das Ende ist um so entsetzlicher, als wir sehen müssen, wie eine durch Not und wunderbare Errettung scheinbar geläuterte Menschheit übergangslos in die Orgie des Massenwahns taumelt.

Der Findling

Im »Findling« gibt es nicht einmal solch eine trügerische Atempause. Hier ist die Seinsfinsternis vollkommen. »Der Findling« ist eine perfekte Diablerie, wie es sie sonst in Kleists Werk nicht gibt. Diese Erzählung ist ein Rätsel mehr innerhalb des großen Rätsels seiner Dichtung. Schon die Datierung gibt Fragen auf. Die Geschichte ist nirgends erwähnt, stillschweigend taucht sie 1811 im zweiten Bande der Kleistschen Erzählungen auf, was freilich nicht besagt, daß sie um diese Zeit auch entstanden ist. Man darf es bezweifeln. Denn so fremdartig und ungeläutert sie sich in der Nähe der erhabenen Finalstimmung des »Prinzen von Homburg« und des »Kohlhaas«-Schlusses ausnimmt, so vortrefflich paßt sie in die Nachbarschaft der »Familie Schroffenstein«, ja sie überbietet das Erstlingswerk noch an finsterer Konsequenz. »Der Findling« ist die Geschichte des grundlos Bösen. Die Bosheit ihres Helden ist nicht motiviert – Nicolo ist weder ein körperlich Mißgeschaffener wie Richard III. noch ein intellektueller Wollüstling wie Jago –, sie ist einfach da, als pure, sich selber lebende *malizia*. Das Erschreckendste aber ist – und das macht diese Erzählung in unserem Zusammenhang doppelt bedeutsam –, daß das Böse mit der Gebärde der Unschuld in die Welt tritt: sie kann es nicht erkennen, der Mensch ist hilflos der Täuschung preisgegeben. Nichts Rührenderes als der Anblick des pestkranken Knaben, der, die Arme flehentlich emporgereckt, neben der Kutsche des Kaufmanns Piachi herläuft und bittet, aus der verseuchten Stadt, in der seine Eltern schon elend umgekommen sind, gerettet zu werden. Keine Falschheit, keine Hinterlist – mit kindlicher Offenheit bekennt er seine Krankheit und appelliert an die Barmherzigkeit. Niemand kann ahnen, daß dies die gleiche Unschuld ist, mit welcher der Herangewachsene später das Recht des Bösen geltend machen wird.

Die Erzählung hebt mit einem so reinen Akkord des Menschlichen an – Tränen kindlichen Leides, Tränen männlichen Mitgefühls –, daß der Preis, den diese Rettung kostet, beinahe erträglich scheint: Piachis eigener Sohn wird von Nicolo angesteckt und ein Opfer der Pest. Nicolo, der Findling, tritt an seine Stelle. Das Kleistsche Motiv der schmerzerhöhten Stellvertretung, das schon dem Schluß der Erzählung vom »Erdbeben in Chili« seine eigentümliche Weihe gab, wird abermals angeschlagen. Es ist ein Motiv aus dem Arsenal des tragischen Daseins, eine jener Maßnahmen des sich behauptenden Lebens, die vor Verzweiflung bewahren. Nur wer bereit ist weiterzuleben mit dem, was das alles verzehrende Schicksal übrigließ, und noch das Fremde als das Seine anzuerkennen, ja dessen Wert vermehrt zu sehen um das Gewicht des eigenen Leides – nur der besteht die schwere Prüfung des Lebens. Das ist der Sinn des schönen Schlußsatzes im »Erdbeben in Chili«, wo es von den Eltern, die eben auf gräßliche Art ihres Kindes beraubt wurden, heißt: »Don Fernando und Donna Elvire nahmen hierauf den kleinen Fremdling zum Pflegesohn an; und wenn Don Fernando Philippen mit Juan verglich, und wie er beide erworben hatte, so war es ihm fast, als müßt er sich freuen.« Ebenso wird nun Nicolo, der sich mit der zähen Lebenskraft des Bösen rasch von der Krankheit erholt hat, an Sohnes Statt angenommen: als Waise und Findling gilt er nach dem Volksmund als »Gottes Sohn«. Nichts warnt die Pflegeeltern, nichts den Leser als allenfalls die etwas starre Schönheit des Knaben, das Wortkarge, Mürrische, seine sonderbar lautlosen Bewegungen. Erst später wird uns bewußt, daß der Dichter hier schon mit kaum merklichen Winken ein Unbehagen in uns geweckt hat. Während Piachi voller Wehmut in Gedanken an den verstorbenen Sohn und voller Rührung über den neugewonnenen »sich die Tränen vom Auge wischt«, holt der Findling Nüsse aus der Tasche, nimmt eine nach der anderen zwischen die Zähne und knackt sie ungerührt auf – eine Szene jugendlicher Gemütskälte, die im Rückblick ein furchtbares Gewicht erhält.

Still, wie es eingezogen ist, breitet das Böse sich aus – tintenhaft. Unbekümmert um psychologische Wahrscheinlichkeit führt Kleist – das ist ein sehr moderner Zug – einen chemischen Prozeß vor. Die Welt wird schwarz. Was blöder Zufall scheint, erweist sich in Wahrheit als zielstrebige Aktion des Bösen. Elvire, Nicolos Adoptivmutter, pflegt eine geheime Wunde, ihre Liebe zu einem genuesischen Edelmann, der ihr vor Jahren das Leben rettete und dabei umkam. »Zufällig« sieht Nicolo ihm ähnlich, »zufällig« wählt er, der von der Geschichte nichts weiß, das Kostüm eines genuesischen Ritters für den Karneval, wird durch Elvires Erschütterung (wenn auch nach mancherlei Mißdeutungen) auf ihr Geheimnis verwiesen und gewinnt Gewalt über sie – in der Tat zufällig, wenn man ihn als Person, mehr als zufällig, wenn man ihn als Instrument einer allgegenwärtigen und alles durchdringenden Bosheit nimmt. Eine außer ihm liegende Macht spielt ihm die Trümpfe zu. Durch die Person blicken wir auf eine tiefer liegende Unordnung, in der die Folgerichtigkeit des Chaos herrscht, und die hat Kleist hier mit einer grimmigen Virtuosität dargetan. Das Böse mit den Zügen des idealen Geliebten, die Niedertracht im Kostüm der durch das höchste Opfer verklärten Selbstlosigkeit, in deren Maske der junge Teufel zur Notzüchtigung der Pflegemutter schreitet – man kann die wüste Ironie kaum weitertreiben. Die Verankerung alles Daseienden im gleichen dunklen Lebensgrunde ist auf schauerliche Art deutlich gemacht. Und noch ein »Zufall«: wie von ungefähr formt Nicolo in Elvires Gegenwart aus den Buchstaben eines Legespiels den (ihm unbekannten!) Namen jenes genuesischen Adligen – Colino – und stellt dabei fest, daß dies die Elemente seines eigenen Namens sind. Als Zufall in einer Reihe nicht weniger krasser Zufälle ist das unerlaubt. Man muß sich schon entschließen, in solcher Häufung das Walten eines spezifischen Ausdrucksverlangens zu sehen. Dann allerdings gewinnt diese Szene Höllenfeuer. Es muß Kleist ein finsteres Vergnügen bereitet haben, einen wahren »Schroffenstein«-Spaß, diese sechs Buchstaben durcheinander zu schütteln und – mit einer einzigen Bewegung des Handgelenks –

Engel und Satan zugleich daraus hervorspringen zu lassen.

Nicolo richtet Elvire zugrunde und jagt Piachi aus dem eigenen Hause. Aber das Böse schafft nicht nur Opfer, sondern auch Mittäter. Piachi wird von ihm angesteckt wie einst sein Sohn von der Pest. Wie er im Wohltun übertrieb, als er Nicolo sein ganzes Vermögen übereignete und sich ihm damit auslieferte, so übertreibt er nun im Strafen. Er drückt ihm »das Gehirn an der Wand ein« und stopft ihm das Dekret, mit dessen Hilfe er um seinen Besitz gebracht werden sollte, in den unersättlichen Schlund. Doch damit noch nicht genug: um seine Rache vollenden zu können und nur ja sein Opfer nicht zu verfehlen, läßt Piachi, zum Mörder geworden, sich ohne Absolution an den Galgen knüpfen. »Ich will nicht selig sein. Ich will in den untersten Grund der Hölle hinabfahren. Ich will den Nicolo, der nicht im Himmel sein wird, wiederfinden und meine Rache, die ich hier nur unvollständig befriedigen konnte, wiederaufnehmen!« Das ist in der Tat mehr als das Äußerste, es ist das »Über-Äußerste«, wie Thomas Mann bemerkt hat, der diese Novelle künstlerisch besonders hoch, direkt neben »Michael Kohlhaas« stellte. Ein Karussell des Bösen, das, durch eine Guttat in Gang gesetzt, in mörderischer Fahrt rotiert und selbst mit dem Tode der Insassen noch nicht zum Stehen kommt.

Stärker als das Rätsel

»Der Findling« endet mit einer Höllenfahrt, »Das Erdbeben in Chili« mit der Anerkennung des tragischen Daseins. Welche der beiden Erzählungen auch die frühere sein mag, die vom »Erdbeben in Chili« weist nach vorn. Sie gibt zu verstehen – und das ist ihre Bedeutung innerhalb des Kleistschen Gesamtwerkes –, daß die Welt zwar ein furchtbares Rätsel bleibt, aber eines, das den Menschen stärker macht. Er ist das Opfer der undurchschaubaren Schöpfung, aber auch ihr Held. Das wird nun in der Folgezeit immer großartiger herausgearbeitet. Wo die Verwirrung am tiefsten, der Schein am täuschendsten ist – in der »Marquise von O.«, im »Zweikampf«, in »Amphitryon« –, da offenbart sich auch am reinsten die Herrlichkeit des Menschen. Die außerordentliche, schockierende Kühnheit der Erzählung »Die Marquise von O.« besteht darin, daß hier die Verwirrung in den intimsten Bereich verlegt ist, buchstäblich in den Mutterleib. Die Marquise weiß sich unschuldig und fühlt sich trotzdem schwanger. An was soll sie glauben, und an was muß sie zweifeln? An ihrem Bewußtsein oder an dem Naturgesetz? Aber schon die ersten Zeilen der Geschichte belehren uns, daß sie entschlossen ist, gegen das Unbegreifliche anzutreten, und zwar – das gibt dem heiklen Fall von vornherein einen Untergrund hoffnungsreicher Heiterkeit – auf die hausbacken-vernünftigste Art. Mit einem den »Spott der Welt reizenden Schritt«, nämlich der Veröffentlichung einer Zeitungsannonce, fahndet sie nach dem irdischen Urheber des Rätsels.

Kaum weniger vertrackt, nun aus dem Biologischen ins Metaphysische erhoben, präsentiert sich das Geheimnis in der Erzählung »Der Zweikampf«. Hier wird selbst die äußerste Gewähr der Sicherheit, das Gottesurteil, als unsicher erwiesen. Der Verleumder siegt im Gotteskampf (oder scheint doch zu siegen), während der Verteidiger der Unschuld zu Boden gestreckt wird. Die Situation ist völlig undurchsichtig, sie enthält alle Elemente existentieller Verzweiflung. Doch auch hier nimmt der Mensch den Kampf auf – diesmal ist ein Mann, der Kämmerer Friedrich von Trota – und siegt kraft der Sicherheit seines Seins über die Daseinsverwirrung. Nicht zu höhnischer Bejahung der absurden Existenz fühlt sich der Mensch Kleists – nach dem Durchgang durch die »Schroffenstein«-Periode – befugt, sondern mit feierlicher Ausschließlichkeit auf sich selbst vereidigt, aufgerufen, den lauteren Persönlichkeitskern, das Göttliche im Menschen gegen ein von keiner göttlichen Großmut gezügeltes Schicksal zu behaupten oder – wie Alkmene – gegen die listigen Versuchungen des Göttlichen selbst.

Unbedenklich, in göttlicher Selbstherrlichkeit, aber auch voller Überdruß an der eigenen Göttlichkeit, spielt Jupiter mit seinem Geschöpf, setzt er es der Sinnestäuschung aus. Weil er weiß, daß er sich Alkmene, der ganz in ihrer Liebe zu Amphitryon Ruhenden, anders nicht nähern kann, nimmt er die Gestalt des Menschengatten an, ein Vorgang, der kaum erträglich wäre, hätte Kleist es nicht – mit einem Geniegriff – verstanden, den frevelnden Gott auch als einen Bedürftigen erscheinen zu lassen, der sich aus dem Absoluten der Schöpfereinsamkeit in die wärmende Endlichkeit der Schöpfung begibt. Er muß sich, um der Schöpfung ganz innezuwerden, zum Menschen erniedrigen. Und so rein geht die Sterbliche aus der Not hervor, in die sie durch die Liebe des Unsterblichen gestürzt wird, daß Jupiter am Ende anbetend vor Alkmene niedersinkt, der Schöpfer vor dem Geschöpf, bestätigt in seiner Gotteskraft und zugleich in Frage gestellt in der Einzigartigkeit seines Gott-Seins:

Mein süßes, angebetetes Geschöpf!
In dem so selig ich mich, selig preise!
So urgemäß dem göttlichen Gedanken,
In Form und Maß, und Sait und Klang,
Wies meiner Hand Äonen nicht entschlüpfte!
(II, 5)

Hingerissener als in diesen Versen ist der Mensch nie gefeiert
worden. Es ist die Huldigung des Gottes an die Kreatur, die der
äußersten Probe standgehalten hat. Einer Probe, abgefeimter und
gezielter noch als die im »Zweikampf« beschriebene. Im »Zweikampf« äußert sich die Gottheit zwar vieldeutig, aber sie hat es nicht
auf die Verwirrung des Menschen abgesehen. Vielmehr wird der
göttliche Wille menschlich-voreilig interpretiert. Am Ende stirbt
der ungerechte Sieger an der kleinen Wunde, die er im Gottesstreit
empfing, während sich Friedrich von Trota von seinen scheinbar
tödlichen Verletzungen wunderbar erholt. Das Gottesgericht wird
als eine Erfindung menschlicher Willkür erkannt. Denn: »Wo liegt
die Verpflichtung der höchsten göttlichen Weisheit, die Wahrheit
im Augenblick der glaubensvollen Anrufung selbst anzuzeigen und
auszusprechen?« In »Amphitryon« dagegen setzt der Gott seine
ganze Herrlichkeit daran – die Überlegenheit seines Schöpfergei-
stes wie seiner sinnlichen Schöpferpracht –, das arme Menschenwe-
sen wankend zu machen, und kann doch nicht mehr erreichen, als
daß Alkmene in ihm den Gatten liebt, den irdisch-braven Amphitryon, der freilich dadurch, daß er von Jupiter verkörpert wird, eine
zaubervolle Steigerung erfährt:

Dem Leben treu, ins Göttliche verzeichnet.
(II, 4)

Obwohl kein Blut fließt, wird Alkmene härter geprüft als alle
anderen, und ihr Sieg ist vollkommen. Wodurch sie siegt – sie wie
die Marquise von O. und der Kämmerer Friedrich –, davon wird
noch zu reden sein.

Die Welt im Verhör

So werden aus blinden Schickungen sinnreiche Erprobungen. Der
Dichter tastet sich durch das Labyrinth der Welt. Er ist genötigt, die
Welt zu erfragen, die bizarren Vermummungen des Seins for-

schend zu durchdringen. Das Leben wird zum »Fall«, es nimmt Prozeßcharakter an. Sehr fein nennt Fouqué Kleist einen »juridischen« Dichter. In der Tat sind »Michael Kohlhaas«, »Der Zweikampf« und der »Prinz von Homburg« Rechtsfälle, deren Linien ins Metaphysische ausgezogen werden. »Das Käthchen von Heilbronn« beginnt mit der Feme und gipfelt im Gottesgericht. »Der zerbrochene Krug« ist eine einzige Gerichtsverhandlung, der Prozeß wird hier zur ästhetischen Großform. »Die Familie Schroffenstein« und »Die Marquise von O.« sind Kriminalfälle, bei denen – wie im »Zerbrochenen Krug« – nach dem Täter gefragt wird. Während es aber in den »Schroffensteinern«, dem nihilistischen Charakter des Stücks entsprechend, gar keinen Täter gibt – das foppende Schicksal selbst war der Täter, der »Mord«, um den all die blutige Verwirrung ging, ist gar nicht geschehen –, erkennen wir im »Zerbrochenen Krug« und in der »Marquise von O.« den Schuldigen frühzeitig: es kann – außer für die Betroffenen selbst, die in das Unbegreifliche eingeschlossen sind – sehr bald keinen Zweifel mehr geben, wer den Krug zerbrochen und wer der Marquise Gewalt angetan hat. Nicht die Aufklärung des Falls steht im Mittelpunkt, sondern der Prozeß als solcher. Das Fragen ist das Eigentliche, nicht die Antwort. Im Fragen schafft sich der dem Unerkennbaren ausgelieferte Mensch das Existenzgefühl; indem er fragt, wird er sich seiner selbst bewußt, baut er sich auf. Auch wo das »Juridische« zurücktritt – in »Robert Guiskard« und in »Penthesilea« –, hebt die Welt mit einer Frage an: die Gerüchte über Guiskards Erkrankung nötigen zum Fragen ebenso wie das plötzliche Auftauchen der Amazonen und das Rätsel ihres doppelseitigen Eingreifens in den Kampf. Dementsprechend ist das Verhör die typische Dialogform Kleists.

> Zwei Werte hat ein jeder Mensch: den einen
> Lernt man nur kennen aus sich selbst, den andern
> Muß man erfragen.

Dieser Satz Ottokars aus der »Familie Schroffenstein« enthält ein Programm. Er macht die beiden Wegweiser namhaft, die uns durch die unbegreifliche Welt leiten: die Offenbarungen unseres Innern und der detektivische Verstand. Wo jene ausbleiben, da tritt dieser in Funktion. Die Welt wird ins Verhör genommen. Das beginnt mit der Szene, in der Jeronimus Schroffenstein den Kirchenvogt ausforscht, und endet mit der Gewissensbefragung Homburgs durch Hohenzollern. Kohlhaas verhört den Großknecht Herse, Luther

verhört Kohlhaas, die Feme verhört Käthchen, die Obristin in der
»Marquise von O.« verhört ihre Tochter, Adam verhört Eve, und
der Gerichtsrat Walter verhört Adam. Sogar die großen Liebesszenen werden zu peinlichen Befragungen, ja gerade sie. Denn die
Bereitschaft zur äußersten Hingabe spannt zugleich die Kräfte der
Bewahrung. Kleists Liebende sind mit der Dialektik des Mißtrauens
wohlvertraut. Penthesilea, die sich nur dem Herrlichsten zur Liebe
stellen will, zweifelt an Achills Identität und fordert Beweise. Agnes
und Ottokar nehmen sich wechselweise ins Verhör, ehe sie das
große »Wir glauben uns« sprechen (III, 1). Sie fragen sich zusammen. Wetter vom Strahl fragt aus dem schlafenden Käthchen, aus
dem Born ihres unbewußten Wissens, die Wahrheit herauf, ohne
sie ganz zu begreifen. Wie Gustav von der Ried, der vertrauensun-
fähige Held in der »Verlobung in St. Domingo«, gehört er zu den
Kleistschen Toren, denen die tumbe Männlichkeit den Zugang zum
Eigentlichen verstellt. Amphitryon, der liebende Feldherr und
abgöttisch geliebte Mann, sieht sich, von Wundern grausam
bedrängt, in die Rolle des ehelichen Untersuchungsrichters genötigt. Mit stockenden, keuchenden Fragen (»Darauf?«, »Nun?«,
»Hierauf jetzt?«, »Und nun?«) preßt er die Gattin aus und manö-
vriert sich doch nur immer tiefer in das Mirakel seiner »doppelten«
Existenz. Auch Jupiter, den die ungöttliche Sehnsucht treibt, nicht
als Gott, sondern um seiner selbst willen geliebt zu werden, wird zu
einem Inquisitor aus Seelennot. Seine Gespräche mit Alkmene sind
Fragespiele raffiniertester und gewagtester Art. Hinter jeder Frage
klafft ein Abgrund.
Daß trotzdem der Lustspielcharakter gewahrt bleibt, liegt daran,
daß alles göttliche Inquirieren das Gegenteil von dem bewirkt, was
es beabsichtigt. Je begieriger Jupiter bestrebt ist, Alkmene zur
Gottesbraut zu machen, desto nachdrücklicher bestätigt sie sich als
Menschengattin. Darin berührt sich »Amphitryon« mit Kleists
anderem Lustspiel, dem »Zerbrochenen Krug«. Hier, wo der Fra-
gende nicht nur Partei, sondern der Schuldige selber ist, Richter und
Übeltäter in einer Person und noch dazu angehalten, mit der
Führung dieses Prozesses gegen sich selbst seine Befähigung zum
Verbleiben im Richteramt zu beweisen, dient das Fragen – und in
dieser Umkehrung liegt die komische Verzerrung – vorsätzlich der
Verdunkelung des Tatsächlichen, nicht seiner Erhellung. Man
versteht, daß der Dialektiker Hebbel an dieser Konstellation seine
Freude hatte.

Doch wie Kleist sich selbst bis zuletzt die eigene Unbegreiflichkeit attestiert und sie von seiner Umgebung attestiert bekommt, so sind auch seine Menschen nicht nur der Qual unbeantwortbarer Fragen und dem Trug unerklärlicher Begebenheiten ausgesetzt. Der Kleistsche Mensch steht nicht nur im Rätsel – er selber ist ein Rätsel, sich und den anderen. Das ist der Fall Penthesileas, der durch Herkunft und Geschichte, durch physische Beschaffenheit und seelisches Maß ins Transhumane Entrückten, der »rätselhaften Sphinx«, wie die Griechen sie nennen. Kopfschüttelnd berichten Odysseus und Diomedes von Penthesileas erster Begegnung mit Achill. Das kriegerische Liebesspiel erscheint ihnen als Verrücktheit, sie können es nicht als solches erkennen, es liegt außerhalb ihrer menschlichen Reichweite. Eine Liebe, die ihre Beute jagt wie eine »hunger-heiße Wölfin«, die schlägt, wo sie zärtlich sein möchte, die zu besiegen trachtet und dann den Sieg verschenkt, die auf einen Mordhieb mit einem Lächeln antwortet – eine solche Liebe ist dem Normalverstand unfaßbar, und er muß um seiner selbst willen darauf bedacht sein, daß sie ihm unfaßbar bleibt.

Hier stellt sich das Unbegreifliche nicht wie in der »Familie Schroffenstein«, in »Amphitryon«, in der »Marquise von O.« oder im »Zweikampf« als verhüllte Kausalität dar, sondern als das unergründliche Urphänomen der Person. An ihm scheitert Achill. Einer elementaren Natur von explosiver Gespanntheit und unaufhaltbarer Konsequenz begegnet er in tändelnder Ahnungslosigkeit. Penthesileas amazonische Leidenschaft kann nur den im Kampf besiegten Mann lieben. Galant spielt der Sieger Achill der aus einer Ohnmacht Erwachten den Besiegten vor und setzt so ihre Liebeskräfte frei – Liebeskräfte, mächtig genug, alle Vorbehalte ihrer Amazonennatur zu überspielen. Als Penthesilea erfährt, daß in Wahrheit Achill der Sieger in der Schlacht war, trägt ihr befreites Gefühl sie über die Erniedrigung hinweg. Er aber, für den weibliche Hingabe selbstverständlich und die Forderung des Amazonentums nach männlicher Unterwerfung nichts als eine Formalität ist, der er leichthin genügen zu können glaubt, fordert sie zum Entscheidungskampf – in der Absicht, sich nun endgültig von ihr »besiegen« zu lassen. Spielerisch und eben darum todbringend – denn in dieser Sphäre gibt es kein Spiel, das nicht zum Äußersten bereit wäre – appelliert er an den Kernbereich ihres Wesens. Damit ist die Tragödie unabwendbar geworden. Ihr Zentrum heißt: Verkennung. Achill verwechselt den Buchstaben des Amazonengesetzes mit Penthesileas Amazonenexistenz. Indem er jenen zu erfüllen meint, rührt er diese auf. Er sieht nicht, daß Penthesilea der Amazonensatzung nicht bloß gehorcht, sondern daß sie ihrem Wesen nach Amazone ist. So tut er zwei gleich verhängnisvolle Dinge: mit der Aufforderung zum Zweikampf verletzt er ihre eben erst erwachte Weiblichkeit, und zugleich weckt er aufs neue das eben erst verdrängte Amazonische in ihr, reizt es zu Raserei. Er weckt Kräfte, die er nicht begreift, und wird das Opfer dieses Unbegriffenen. Die Orgie der Geschlechtsüberschreitung, die Mann und Frau in einer Person sein will, geht vernichtend über ihn hinweg – mit Todespfeilen, die von Liebe singen, mit erzgepanzerter Umarmung und menschenfresserischer Zärtlichkeit. Seine letzten Worte, das rührende

> Penthesilea! meine Braut! was tust du?
> Ist dies das Rosenfest, das du versprachst?,

sind weniger Worte des Entsetzens als eines fassungslosen, abgrundtiefen Staunens.
Penthesileas Liebe schließt – nicht anders als die Käthchens, ihres Gegenpols – das platte Verstehen ebenso aus, wie Hermanns Patriotismus es tut oder Kohlhaasens Liebe zum Recht. Prothoe, die zu Penthesilea steht wie Kottwitz zu Homburg – Parteigängerschaft aus Sympathie, nicht aus Verständnis –, findet mit dem Satz

> Und jeder Busen ist, der fühlt, ein Rätsel
> (9. Auftritt)

das Wort, das hier allein trifft. Achill selbst apostrophiert Penthesilea immer wieder als das »wunderbare Weib«. Er grüßt sie – nicht nur aus Ritterlichkeit – als eine Botin aus fremden Sphären:

> O du, die eine Glanzerscheinung mir,
> Als hätte sich das Ätherreich eröffnet,
> Herabsteigst, Unbegreifliche, wer bist du?
> (15. Auftritt)

Unbegreiflich – das Wort kehrt immer wieder – wird Penthesilea in der Wut ihrer Triebe auch den Amazonen, ein Schrecken, eine »Hündin«; und am Ende blickt sie selber auf ihre Tat wie auf etwas, was nicht zu ihr gehört:

> Gebt acht, sie sagen noch, daß ich es war.
> (24. Auftritt)

Das ist das gleiche, wie wenn Wetter vom Strahl mit fremdem, fragendem Blick auf die Peitsche sieht, die er eben noch gegen Käthchen erhoben hatte.

Sich selber unbegreiflich

Kleists Menschen haben etwas Entrücktes, Schlafwandlerisches, auch wenn sie nicht wirklich Schlafwandler sind wie Homburg oder hellsichtig Träumende wie das Käthchen von Heilbronn. Selbst wo sie sich ihres Tuns bewußt werden, haben sie keine Einsicht in die Gründe ihres Tuns. Als Käthchen gefragt wird, was sie aus dem Vaterhaus getrieben hat und was sie zwingt, dem Grafen wie ein Hund zu folgen, antwortet sie mit einer inbrünstig-feierlichen Versicherung ihres Nichtwissens:

> Mein hoher Herr! Da fragst du mich zuviel.
> Und läg ich so, wie ich vor dir jetzt liege,
> Vor meinem eigenen Bewußtsein da:
> Auf einem goldnen Richtstuhl laß es thronen,
> Und alle Schrecken des Gewissens ihm,
> In Flammenrüstungen, zur Seite stehn;
> So spräche jeglicher Gedanke noch,
> Auf das, was du gefragt: ich weiß es nicht.
> (I, 2)

Der Mangel an Selbstverständnis erscheint nicht als solcher, er strahlt als ein Zeichen wahreren Menschentums, ist die Gloriole vertrauender Lebenskindlichkeit. Gegen das Rätsel der Welt setzt der Mensch bei Kleist sein eigenes Rätsel. Doch das Rätsel der Person ist wesensverschieden von dem der sie bedrängenden materiellen Wirklichkeit. Bedeutet dieses Unordnung, Willkür, Chaos, so ist jenes der hermetische Raum einer das unverfälschte Sein umschließenden Innerlichkeit. Was den Normalverstand an Kleists Figuren befremdet, ist, daß sie nicht aus zweiter Hand existieren wie fast alles, was wir Leben nennen, nicht kraft gewisser Normen und Vereinbarungen, sondern seinsunmittelbar, daß sie ihre Weisungen umweglos aus dem geheimnisvollen Bereich des eigentlichen Lebens erhalten. Das gibt ihnen die ganz unirdische Überlegenheit, mit der etwa das Käthchen in der zweiten Szene des ersten Aktes – ein Augenblick von ergreifender Zartheit – den verstörten Vater tröstet, das Kind den grauhaarigen Narren, der hilflos dem Lebensrätsel ausgeliefert ist, weil sein bloß vernünftiges Denken schnurgerade in den Aberglauben führt. Sie haben die kreatürliche Sicherheit, aber auch das fromme Staunen über sich selbst. Das Unbegreifliche ihres Handelns umgibt sie wie eine schützende, bewahrende Schicht.

> Weiß nit, ihr Herren, was mir widerfahren,

sagt Käthchen, als das brennende Schloß über ihr zusammensinkt und sie, vom Cherub geleitet, unversehrt ins Freie tritt (III, 15). Sie ist gegen die Mißhandlungen der Welt gefeit, gegen die Anschläge der Bosheit ebenso wie gegen die der Liebe. Dem Grafen, der sie unter Tränen um Verzeihung bittet, hat sie nichts zu entgegnen als ihre Sorge um *ihn*:

> Himmel! Was fehlt dir? Was bewegt dich so?
> Was hast du mir getan? Ich weiß von nichts.
> (V, 12)

Das ist die Unschuld, die, fraglos in den Widerspruch des Lebens eingebettet, nicht weiß, wie ihr geschieht.

Das gleiche gilt von Alkmene. Nur ist sie differenzierter, »mondäner«, keine märchenhafte Kaisertochter, die von einem Engel beschützt, sondern eine Dame, die von einem Gott heimgesucht wird. Jupiters zweideutige Veranstaltung, sein trickreiches Verhalten locken sie immer wieder an die Ränder des Bewußtseins – dahin, wo der Absturz in die Erkenntnis droht. Um so großartiger, wie sie sich das Geborgensein bei sich selbst in diesem Klima des Mythisch-Intellektuellen und des Theologisch-Erotischen bewahrt. Käthchen wandert, eingehüllt in ihre Arglosigkeit, durch die Welt wie durch einen Märchenwald. Alkmene besteht eine Gratwanderung, an deren Ende jenes unausdeutbare und praktisch nicht spielbare »Ach« steht, das alles ist: Seufzer des Glücks und der Erleichterung, irdische Scham, aber auch Sehnsucht nach dem Gott, die von nun an unstillbar wird. Es ist der Augenblick des Bewußtseins, der für Sekunden den zurückgelegten Weg beleuchtet. Der Laut des Reiters, der nichtsahnend den See überquert hat.

Der Kurfürst

Das Verharren im Rätsel, das Heimischsein im vermeintlich Widersprüchlichen, das zu wechselseitiger Durchdringung gebracht wird, nimmt vollends programmatischen Charakter in einer Figur an, von der man es am wenigsten vermutet, dem Kurfürsten im »Prinzen von Homburg«. Auch er, den man als planvoll Handelnden zu sehen gewohnt ist, als Verteidiger einer festgefügten Konvention, erweist sich als ein Unbegreiflicher. Denn auch er führt der Norm, die er vertritt, neue Kräfte aus dem Reservoir des ungeformten Lebens zu. Jedes Gesetz, das wir uns zur Sicherung des Daseins geben, muß nicht nur befolgt, es muß täglich neu gelebt und aus dem Unmittelbaren bestätigt werden. Das tut der Prinz von Homburg, indem er sich erst über das Gesetz hinwegsetzt und dann zu ihm hinfindet. Zu einem Gesetz, das allerdings – und dies ist das Bedeutsame – am Ende nicht mehr als das alte gelten kann. Es ist verändert und bereichert um das, was in seinem Umkreis an erlittenem und durchkämpftem Leben geschah. Die Stimme des Kreatürlichen dringt in den Bereich der starren Legalität – das ist über das Psychologische und Kompositorische hinaus der Sinn von Homburgs Todesfurcht.

Der Kurfürst assistiert diesem Hergang auf scheinbar widerspruchsvolle Art, mit der undurchschaubaren Selbstgewißheit eines Mannes, der eine tiefere Bindung kennt als die an das Gesetz. Er will den Prinzen begnadigen, wenn dieser das Gesetz *nicht* anerkennen kann. Eine jeder Staatslogik auf das wunderlichste zuwiderlaufende Entscheidung, die, könnte sie nicht sicher sein, sich an einen Edlen zu wenden, geradenwegs in die Anarchie führen würde. Das Gesetz trifft den Unüberzeugten ebenso wie den Überzeugten, ja es muß Wert darauf legen, gerade den Widerstrebenden mit Härte in die Grenzen zu verweisen, die er freiwillig nicht achtet. Man hat denn auch – Paul Ernst etwa, der Autor des »Preußengeistes« – von Tyrannenlaune gesprochen, die es sich erlaube, den Schuldigen zu begnadigen. Oder umgekehrt: von Cäsarismus, der um des falschen Heroentums der Disziplin willen mit einem Menschen spiele, der im Überschwang des Augenblicks gefehlt hat. Doch das eine ist so unzutreffend wie das andere. Der Kurfürst spielt weder mit dem Gesetz noch mit dem Prinzen. Er überläßt beide und sich selber einem dialektischen Prozeß, in welchem Gesetz *und* Mensch sich zu beweisen haben. Es ist – nach Moritz Heimanns Wort – ein Spiel mit der Welt, das nicht vom Kurfürsten, sondern vom Dichter angestellt wird. Ein Spiel, in das der Kurfürst eingeschlossen, in welchem er nur einer von mehreren Faktoren ist und dessen Ausgang völlig ungewiß wäre, wenn uns nicht die Tonart des Stückes, sein goldener Grundakkord, mit Zuversicht erfüllte.

An der Gestalt des Kurfürsten zeigt sich, daß das Rätsel bei Kleist in seiner reinsten Form ein Stück stehengebliebener Natur ist: wie ein gewachsener, lebendiger Baum in eine Architektur eingearbeitet sein kann. Kleists dramaturgischer Sinn, sein Artistentum, sein technischer Wille waren auf die Rhythmisierung des Unterbewußten gerichtet, nicht auf rationale dramaturgische Arithmetik. Gleichungen werden bei ihm nicht aufgelöst, Unbekannte nicht am Ende durch Bekannte ersetzt. Seine Dramaturgie ist vielmehr ein Musizieren mit Unbekannten. Pythagoreische Musik, deren Sinn klar, aber nicht übersetzbar ist. Die vieldeutige Naturstimme bleibt in einer Komposition von außerordentlicher Strenge voll erhalten: jenes zentrale Stück in uns, um das der Mensch geordnet, von dem er abhängig ist und das ihm doch unbekannt bleibt. Die vielerörterte Frage, ob es dem Kurfürsten Ernst damit sei, den Prinzen erschießen zu lassen, ist falsch gestellt – sie sprengt den Zauberkreis der Dichtung. Es ist ihm damit so Ernst wie mit dem Gegenteil. Man hat wenig von Kleist verstanden, wenn man meint, der Kurfürst handele nach einem hochbewußten pädagogischen Schema. Täte er das, er wäre wirklich das kalte, rechnerische Prinzip, das die Schulddramaturgie in ihm sieht, obwohl dem allein schon die intim-menschlichen Züge des Erstaunens und der Betroffenheit, der Überraschung, Neugierde und Spielfreude entgegenstehen, mit denen der Dichter ihn ausgestattet hat. Gerade dieses Ineinander von Institutionellem und Spontanem hat auf die Beurteiler verwirrend gewirkt. Es waltet darin ein so vorurteilsloser Lebensbegriff, eine so entschiedene Auffassung vom Prozeßhaften alles Menschlichen, daß hier, wie so oft, die alten Maßstäbe versagen. Der Kurfürst ist gebunden an seine Staatsidee, zugleich aber hat er die Spontaneität einer großen Natur, und eben das ist sein »Rätsel«.

Kurfürst und Hohenzollern

Spontan, in der Spiellaune eines großen Herrn, nimmt er dem schlafwandelnden Prinzen den Lorbeer aus der Hand, schmückt den Kranz mit der eigenen Halskette und läßt Natalie die Glücks- und Siegesgöttin spielen – ein durchaus unüberlegter Vorgang, ausgelöst allein durch Hohenzollerns Bemerkung, der Prinz sehe im Geist bereits, wie ihm »aus Sonnen« der Siegeskranz für die bevorstehende Schlacht gewunden werde. Hohenzollern ist sich, im Gegensatz zum Kurfürsten, sehr bald der Tragweite des Spiels bewußt, das er selber unbedacht provozierte – auch er eine in ihren Motiven undurchschaubare, »rätselhafte« Figur. Weshalb führt er die Hofgesellschaft in den nächtlichen Garten? Ein Kasinospaß und harmloser Schabernack? Unbewußte Eifersucht auf den Glänzenderen? Vielleicht auch nur ein gutgemeinter Versuch, Homburg von seiner Sonderbarkeit zu heilen? Oder ist der Graf – bei Kleist durchaus denkbar – lediglich ein dramaturgisches Werkzeug in der Hand des Dichters, dem es, unbekümmert um psychologische Motivierung, auf eine bestimmte Konstellation ankommt? Ist er nichts als Ballettführer?

Obwohl Hohenzollerns Handlungsweise eine gewisse soldatische Unbedenklichkeit, ja Roheit verrät, ist er es, der darauf besteht, daß das Traumbild aus der Erinnerung des Prinzen gelöscht wird, damit es keinen Schaden anrichte:

> Hier rasch herein, mein Fürst!
> Auf daß das ganze Bild ihm wieder schwinde!

Er ist derb genug, einem unklugen Einfall nachzugeben, aber auch feinfühlig genug, ihn nach Kräften wiedergutzumachen. Das Zuviel, das ihn zuweit gehen läßt, macht ihn auf der anderen Seite empfindsam. Das ist der Widerspruch, der Kleists Figuren nicht zerstört, sondern sie im Gegenteil rundet, ihnen zu geheimnisvoller Lebendigkeit verhilft.

Hohenzollern ist es auch, der dem Kurfürsten im rechten Augenblick diese erste Szene mit ihrem folgenreichen Scherz ins Gedächtnis zurückruft. Der Kurfürst hatte dem Schlafentrückten ein preußisch-nüchternes

> Im Traum erringt man solche Dinge nicht!

entgegengesetzt. Dennoch war dem Prinzen ein sehr reales Unterpfand des »Geträumten« zurückgeblieben: Natalies Handschuh. Aus dem Rätsel des Handschuhs resultiert Homburgs Geistesabwesenheit beim Befehlsempfang, das Überhören der Order und schließlich, als sich bestätigt, daß es tatsächlich Natalies Handschuh ist, die trügerische Gewißheit seiner Heldenrolle. Denn wenn der Handschuh »real« ist, dann muß es auch der Siegeskranz sein. Auf Natalies Versicherung, daß der Handschuh ihr gehöre, folgt – nach einer Pause, in der Homburg »wie vom Blitz getroffen« dasteht – das triumphierende

> Dann wird er die Fanfare blasen lassen!
> (1, 5)

Im Gefühl des ihm bestimmten Sieges geht der Prinz in die Schlacht. Die Kugel rollt. In dichter Ursachenverknüpfung wird, was als höfische Improvisation begann, zum – beinahe – tragischen Schauspiel.

In der großen Szene der für Homburg bittenden Generalität (V, 5) weist Hohenzollern den Kurfürsten eindringlich und mit dem Freimut, der Kleists Preußen auszeichnet, auf diesen Kausalzusammenhang hin. Der Fürst schlägt den Angriff zwar ab, indem er die Ursachenkette seinerseits um ein weiteres Glied nach rückwärts verlängert und beweist, daß, will man solche Art der Argumentation überhaupt gelten lassen, nicht er, sondern Hohenzollern der »Schuldige« sei. Denn dieser war es ja, der ihn in den Garten gerufen hatte. Eine analoge Stelle findet sich in »Michael Kohlhaas«, in der Szene des sächsischen Staatsrats, wo sich ebenfalls zeigt, daß *alle* an der Urheberschaft der Verwirrung mitschuldig sind. Doch Hohenzollern hat nicht vergeblich gesprochen. Es ist ihm gelungen, mit seinen Worten jenes Irrationale ins Spiel zu bringen, das keine Schuldigen und keine Schuldlosen kennt, sondern nur Verstrickte. Zwar kann seine Beweisführung nicht akzeptiert werden, denn sie läuft auf nichts Geringeres hinaus als auf die menschliche Unverantwortlichkeit schlechthin. Trotzdem verfehlt sie ihre Wirkung nicht. »Der Kurfürst fällt in Gedanken« heißt es an einer Stelle der Szene; und am Ende bricht Hohenzollern die Auseinandersetzung – trotz der Zurechtweisung – im Tone des Siegers ab:

> Es ist genug, mein Kurfürst! Ich bin sicher,
> Mein Wort fiel, ein Gewicht, in deine Brust!

Auch hier walten Noblesse und Vertrauen: der Graf überläßt es dem Souverän, die letzten Folgerungen selbst zu ziehen, und er weiß, daß er sie ziehen wird.

Eine pädagogische Farce?

Moritz Heimann, einer der wenigen Interpreten, die die Undurchsichtigkeit im Verhalten des Kurfürsten als konstituierendes Element des einzigartigen Gedichts begriffen haben – er vergleicht sie mit der »Unklarheit der Luft, die wir atmen, des Wassers, das wir trinken, des Lichts, das wir sehen« –, hat auch die Bedeutung gerade dieser Stelle hervorgehoben: »Hier winkt der Dichter.« Trotzdem scheint es uns gegen das Gesetz der Dichtung zu verstoßen, *eine*

Stelle als diejenige ausmachen zu wollen, an welcher die Entscheidung fällt. Wäre es Kleists Absicht gewesen, das unzweideutig herauszustellen, er hätte es getan. In Wahrheit handelt es sich hier um Grenzerweiterung: das Gesetz der alten Dramaturgie, nach welchem der Zuschauer der Vertraute einer jeden Person auf der Bühne ist und wissen muß, was sie nicht weiß – »Für den Zuschauer muß alles klar sein«, sagt Diderot –, wird von Kleist außer Kraft gesetzt. Wenn Goethe noch Jahre später (1813) im Hinblick auf Shakespeare feststellt: »Das Geheimnis muß heraus, und sollten es die Steine verkünden«, so ist das Geheimnis für Kleist eine zusätzliche Dimension der Gestaltung. Nicht im Sinne des ästhetischen Reizes oder der stofflichen Spannung, sondern der natürlichen Mehrschichtigkeit eines die plane Eindeutigkeit abweisenden Lebensgefühls. Aus der überschaubaren Handlung wird ein lebensträchtiger Vorgang, der viele Möglichkeiten in sich birgt. Etwas vom rätselhaften Walten des Weltgeistes selbst ist in die Hand des Dichters gelegt. Nur das Ganze zeugt von dem geheimen Plan, das einzelne bleibt stumm.

So gibt die Seele des Kurfürsten sich nicht stückweise preis, sie formt sich aus. Kein Wallensteinscher Monolog weiht uns in seine Entschlüsse ein. Er offenbart sein Inneres in einem Ensemble von Bewegungszügen, und darunter findet sich keiner, der uns das Recht gäbe, ihn für einen barbarischen Komödianten zu halten, der durch Vortäuschung des Äußersten Disziplin und Sinneswandlung erzwingen will. Vielmehr folgt er von Anbeginn seinen Impulsen. Spontan droht er dem Schuldigen – »Wers immer war« – das Kriegsgericht an. Spontan läßt er Homburg verhaften, als sich herausstellt, daß dieser es gewesen ist, der mit der Reiterei befehlswidrig in die Schlacht eingegriffen hat. Herrscherlicher Zorn und die majestätische Attitüde dessen, der das Gesetz hütet, lassen den Gedanken an eine pädagogische Farce gar nicht aufkommen. Die beiden letzten Szenen des zweiten Aktes haben den großen Zug unmittelbarer Entschließungen und einer ganz unreflektierten Aktivität. Niemand aus seiner Umgebung zweifelt an dem Ernst des Fürsten – auch Homburg nach dem Gespräch mit Hohenzollern nicht mehr (III, 1); und selbst Natalie, die an die Milde seines Herzens glaubt, ist dennoch überzeugt, daß er – »*Erhaben*, wie die Sache steht« – gar nicht anders könne, als den Spruch vollstrecken zu lassen.

Bis zu der ersten Szene des vierten Aktes, dem Kniefall Natalies, hat der Kurfürst überhaupt keine erzieherischen Absichten, braucht sie nicht zu haben; denn er glaubt sich mit dem Prinzen einig. Man kann das Gesetz – und das Gesetz des soldatischen Gehorsams steht hier stellvertretend für jedes andere – wohl in einer Aufwallung verletzen, wie der Prinz es getan hat. Keinesfalls aber darf es in Frage gestellt werden. Nicht um die Beugung und Belehrung eines Verstockten geht es hier – daß der Prinz das sein könne, darauf kommt der Kurfürst zunächst gar nicht –, sondern darum, den gestörten Zustand der Gesetzessicherheit wiederherzustellen, das Gesetz feierlich zu bestätigen, es durch einen reinigenden Akt zu ehren. Ein solcher Akt kann die Hinrichtung Homburgs, wenn sie geschehen oder wenn sie auch nur als staatspolitische Möglichkeit sichtbar werden soll, allein kraft der besiegelnden Zustimmung des Betroffenen selbst sein. Der Kurfürst zweifelt keinen Augenblick, daß sein Neffe hierin mit ihm übereinstimmt, er betrachtet ihn als Verbündeten. Daher seine außerordentliche Bestürzung, als er durch Natalie erfährt, daß diese stillschweigende Voraussetzung gar nicht besteht, daß Homburg vielmehr um sein Leben bettelt. »Betroffen«, »im äußersten Erstaunen«, »verwirrt« heißt es in den Szenenbemerkungen. Das doppelte

> Er fleht um Gnade?
> Nein, sag: er fleht um Gnade?
> (IV, 1)

spiegelt eine beinahe stammelnde Fassungslosigkeit. Die Gemeinsamkeit des Staatsdenkens, auf dessen Boden der Kurfürst sicher und ohne Tyrannengrausamkeit handeln zu können meinte, zerbricht. Was Feier eines Heiligtums sein sollte, fällt nun jäh auseinander in einen Machtspruch und in ein Opfer dieses Machtspruches. An einem Gesetz aber, das sich auf Gewalt statt auf Überzeugung gründet, kann dem humanen Sinn dieses Herrschers nicht gelegen sein. Augenblicklich zeigt er sich bereit, dem Prinzen die Freiheit zurückzugeben:

> Wenn er den Spruch für ungerecht kann halten,
> Kassier ich die Artikel: er ist frei!

Erst mit diesem inhaltsschweren »Wenn« beginnt die pädagogische Finesse, erst jetzt kann man von einem Plan reden. Freilich von einem, der alles andere ist als die Maßnahme eines altpreußischen Zuchtmeisters. Es ist ein Akt äußerster Humanität, die Preisgabe des geschriebenen Gesetzes um des ungeschriebenen willen. Der Verurteilte selbst wird aufgerufen, das Gesetz, das ihn richtet, anzuerkennen oder es zu verwerfen. Weiter kann Vertrauen nicht gehen, es ist mehr als nur Vertrauen in eine Person (obwohl es auch das ist), es ist das Vertrauen auf den zeugenden Lebensgrund, dem das Gesetz zurückerstattet wird, damit er es neu gebäre. In solcher Zuversicht erweist sich Kleist als getreuer Schüler seines Freundes Adam Müller, dessen Lehre vom Widerspruch« (1804) und »Elemente der Staatskunst« (1809) Sätze enthalten, die uns heute wie ein vorweggenommener Kommentar zum »Homburg« erscheinen wollen. Das Gesetz als etwas in ständigem Werden Begriffenes, die Läuterung seines Kerns in der Bewegung, im reinigenden Streit zwischen der allgemeinen Rechtsidee und dem Recht des Einzelnen, die Forderung, daß jeder Richterspruch nicht nur »Decision«, sondern auch »Vergleich« sein solle, wie es in einer der Müllerschen Vorlesungen heißt – alles das ist im »Homburg« aus der Unverbindlichkeit der Katheder-Romantik in die Wirklichkeit und Überprüfbarkeit des konkreten Kunstwerks übergeführt, es ist dichterisch wahr geworden.

Wieder handelt der Kurfürst spontan. Er spielt ein hohes Spiel, und nur eine edle Natur kann es wagen im Vertrauen auf eine edle Natur. Was sich zwischen den beiden Männern zuträgt, ist das Walten eines geistigen Eros von unsagbarer Zartheit. Der Kurfürst ist seiner Sache auf unerklärliche Weise sicher. Obwohl er nachzugeben scheint, hat er das feine Lächeln des Triumphs. Ein Licht rätselhafter Heiterkeit breitet sich über die ernste Szene. Natalie ist denn auch sichtlich verwirrt von diesem nicht ganz geheueren Umschwung und der Mühelosigkeit ihres Sieges. War der harte Oheim ihr ein Rätsel, der milde ist es nicht minder. Die würdevolle Höflichkeit, mit der er sie zu Beginn begrüßte, macht einer fast neckenden Courtoisie Platz. Mit dem sibyllinischen Satz, daß es Rettung für den Prinzen gebe,

> So sicher,
> Als sie in Vetter Homburgs Wünschen liegt,

wird sie entlassen. Das Gnadenversprechen erscheint ihr so zweideutig, daß sie, um eine allgemeine Petition in die Wege zu leiten, ihr Regiment ins Hauptquartier beordert – eine Eigenmächtigkeit, die dem Gnadenakt dann nur im Wege steht. Denn der Herrscher kann nicht unter Druck handeln. Um dieses Hindernis zu überwinden, bedarf es schließlich der Beschämung der Offiziere durch den aus dem Kerker herbeigerufenen Prinzen selbst.

Das ist eine dialektische Bewegungskette, wie Kleist sie liebt. Aus einer Unklarheit entwickeln sich Züge und Gegenzüge, von denen jeder das Gegenteil dessen bewirkt, was er bewirken sollte und nach menschlichem Ermessen bewirken müßte. Die rasche Gnadenbereitschaft erweckt Mißtrauen statt Erleichterung und führt zu Maßnahmen, die ihrerseits zur Folge haben, daß gerade das geschieht, was sie verhindern sollten: die Rechtmäßigkeit des Todesurteils wird bestätigt, und zwar durch den Verurteilten selber. Eben dies aber schafft – das ist das letzte Glied in dieser dialektischen Verzahnung – die Voraussetzung für die legitime Begnadigung. Während Natalie und die Offiziere eine lebhafte Aktivität entfalten, fallen die eigentlichen Entscheidungen im stummen Raum zwischen Homburg und dem Kurfürsten. Es zeigt sich, daß eine Rettung, die auf Kosten des Gesetzes geht, in der Tat »nicht in Vetter Homburgs Wünschen liegt«. Eines Gesetzes freilich, das kein Fetisch und kein Moloch ist, sondern eine Hilfsmaßnahme der gebrechlichen Welt, eine Übereinkunft, angewiesen auf die Bereitwilligkeit der Partner, die beide wissen, wie sehr alles Menschliche vom Chaos bedroht ist.

Homburg hat auf die noble List des Fürsten und väterlichen Freundes so sicher und unbeirrbar reagiert, daß der Sieg der Idee – der Idee einer auf Einsicht gegründeten Partnerschaft zwischen Staat und Individuum – vollkommen ist. Er ist vollkommen nicht nur in der Brust des Prinzen, sondern wird nun (V, 7) mit einer großen Geste auch in die Welt getragen. Homburg plädiert im Bewußtsein des sicheren Todes gegen sich selbst. Damit hat er eine Freiheit erlangt, die ihn nicht nur über die mit schwankenden Argumenten für ihn eintretenden Kameraden, sondern auch über den Kurfürsten hinausträgt. Vermächtnishaft feiert er als ein schon außerhalb des Wirklichen Stehender das Gesetz. Die Rollen scheinen auf das ausdrucksvollste vertauscht, wenn am Schluß der Szene Homburg den Kurfürsten segnet, nicht dieser ihn. Das den anderen feiernde »Denn du bists wert«, das, im Munde des Kurfürsten, Gnade sein könnte, wird von dem Prinzen ausgesprochen und gilt dem Menschen als Staatsmann. Die Vollstreckung des Todesurteils an einem solchermaßen Geläuterten und Erhobenen wäre unsinnig und ebenso unmenschlich, wie die an einem einsichtslosen Feigling es gewesen wäre. Niemand hat diese zwiefache Apotheose der Menschenwürde gröblicher und tendenziöser mißdeutet als Bertolt Brecht in seinem Sonett »Über Kleists Stück ›Der Prinz von Homburg‹«, worin er den Helden als »Ausbund von Kriegerstolz und Knechtsverstand« apostrophiert (»Rückgrat zerbrochen mit dem

Lorbeerstock!«) und ihn den in Staub gelegten Feinden Brandenburgs gleichsetzt:

> Sein Degen ist noch neben ihm: in Stücken.
> Tot ist er nicht, doch liegt er auf dem Rücken
> mit allen Feinden Brandenburgs in Staub.

Lösung

Während in »Michael Kohlhaas« die Logik des Falles und die Tonart
der Erzählung zur äußersten Konsequenz nötigen – Kohlhaas, der
Mordbrenner aus Rechtsgefühl, hat sich zu weit aus dem Kreise der
Menschen entfernt, er kann nur durch das bereitwillig dargebrachte
letzte Opfer dahin zurückkehren –, drängt in »Homburg« alles zur
Gnade. Es ist hier eine solche Höhe erreicht, daß ein Gnaden*wort*
nicht mehr ausreicht. Die Gnade schafft sich ihren Raum, verlangt
Auslauf, Feier, Zeremoniell. Sie darf nicht nur ausgesprochen
werden, sie muß sich ereignen, und zwar da, wo die Verwirrung
begonnen hat: im Garten von Fehrbellin. Auch hierin erweist sich
Hohenzollerns Wort als wirksam. Nicht umsonst hatte er den Faden
der Geschichte auf den Anfang zurückgelenkt. Zauber wird nun
durch Zauber gelöst.
Daß der Kurfürst diese Entwicklung mit so heiterer Sicherheit
voraussieht oder vielmehr: daß er sich ihr so selbstverständlich
anvertraut, macht ihn rätselhaft. Er vertraut auf die gerechten
Strebungen des Lebendigen, steht zum Edlen im Verhältnis einer
natürlichen Partnerschaft, und so weiß er es zu wecken und zu
lenken. Das Undefinierbare, das hier herrscht, ist die schöpferische
Ungewißheit des Werdens, die unter der Hand des Dichters und der
seines Geschöpfes doppelte Gestalt annimmt. Über dem Ganzen
liegt das Geheimnis der Geburt. So wird es verständlich, daß der
Kurfürst seiner Umgebung mindestens ebenso unbegreiflich erscheinen muß wie der schlafwandelnde Prinz. Der abgeleitete
Mensch blickt mit Befremden dahin, wo das wahre Leben sich
vollzieht, das er allenfalls exekutieren darf. Penthesilea bleibt ihm
ein schreckliches, Käthchen ein holdes Rätsel – ein Rätsel in jedem
Falle. Achill und Prothoe, Theobald Friedeborn und der Graf vom
Strahl, Natalie, Kottwitz und Hohenzollern sind die fragende
Normalität, die sich dem Unbegreiflichen des eigentlichen, des
gesetzgeberischen Lebens gegenübersieht.
Doch auch die Träger des wahren Lebens sind sich ihrer Rolle nur

unvollkommen bewußt – sonst könnten sie sie nicht leben. Homburg ist ein Träumer, ein Mann der verwirrten Klarsicht; und Kurfürst Friedrich ist mehr ein Mensch der ahnungsvollen Sicherheit, des Abwartens und Vertrauens als des Wissens und der rationalen Planung. In ihnen allen *geschieht* das Leben, das »dunkle, rätselhafte, irdische Leben«, und so erfahren sie es in seiner Totalität. Daß sie sich dabei selbst ein Rätsel bleiben, eben das macht ihre Erfahrung vollständig. Es befähigt sie, Organe auszubilden, die dem reduzierten Menschen verkümmert sind, und sich mit ihrer Hilfe *fühlend* durch den »Wunderbau der Welt« zu bewegen.

Das erkennende Gefühl

Kleist war nicht der erste, der dem Gefühl eine zentrale Rolle zuwies, aber die Art dieser Rolle wich entscheidend und auf charakteristische Weise von dem Kult der Innerlichkeit ab, wie seine Vorgänger und seine Zeitgenossen ihn verstanden. Seit Rousseau ging eine Welle der Empfindsamkeit durch Europa. Sie war die Antwort auf den Intellektualismus der Aufklärung, und nirgends wurde diese Antwort stürmischer erteilt als in Deutschland. Den Rationalismus aus »all seinen verjährten Positionen und Verstecken« unbarmherzig verjagt zu haben, notiert Eichendorff später, sei vielleicht das »ergötzlichste Halali« gewesen, das »jemals durch die Literatur erklungen«. Die deutsche Intelligenz, in der Enge absolutistischer Kleinstaaterei zu Weltfremdheit und Servilität angehalten, wurde gefühlvoll aus Ressentiment. Trotz Lessing blieb ihr die Verstandeskultur als höfisches oder bestenfalls großbürgerliches Gewächs verdächtig. Man protestierte, man revolutionierte – aber nach innen. Zuerst in der kraftgenialischen, vergleichsweise plebejischen Tonart des Sturm und Drangs, später in den subtileren, aber auch dünneren Formen der Romantik. Die unbewältigte Realität wird nach innen genommen und aus dem Unverbindlichen der Phantasie neugeboren. Eine halbe Welt, die des Rationalismus, wird durch eine andere halbe Welt, die des Irrationalismus und Irrealismus, ersetzt. Die Lösung aus dem Ganzen bleibt – trotz Novalis – unversucht. Auch die deutsche Klassik geht den Weg der Entwirklichung, der in ihrem Falle nicht in die Subjektivität des Fühlens, sondern in den Spiritualismus einer nicht mehr glaubwürdigen Idealität führt. Ablösung von der Wirklichkeit, Verachtung der Empirie und ein Ausweichen in Emotionalismus, Schöngeisterei und weltflüchtigen Idealismus sind die Schicksalszeichen der deutschen Literatur selbst in ihren Spitzenprodukten.

Das Merkwürdige ist nun, daß gerade Kleist, der sich an der gesellschaftlichen Realität so wund stößt wie kein anderer und der sich wie in einer Art letzter Zuflucht auf den Wahrheitswert des Gefühls beruft, solchen Gefahren am wenigsten erlegen ist. Dem Katalog deutscher Untugenden, die er in seltener Heftigkeit und

Dichte verkörpert, der Maßlosigkeit, der Untergangsseligkeit, dem Inkommunikablen, der störrischen Selbstbefangenheit, hatte er augenscheinlich Eigenschaften entgegenzusetzen, die ihn vor den Lebensverdünnungen sowohl der romantischen als auch des idealistisch-humanistischen Geistes bewahrten; und zwar sind es dieselben Eigenschaften, die ihn seinerzeit in die Kant-Krise gestürzt hatten. Auch da war ja ein Mangel am Werk gewesen, der sich bald als produktiv erweisen sollte, nämlich der Mangel an Abstraktionsvermögen, das Un- und Antispirituelle seiner Natur. Kleist reagierte nicht als »Denker«, sondern als ein rundum lebendiges Wesen. Er reagierte »kleistisch-natürlich«, wie Nietzsche es genannt hat, der solche Art, Philosophie nicht nur beim Wort, sondern bei der Sache zu nehmen, billigte. »Verzweiflung an der Wahrheit«, so meinte Nietzsche, drohe jedem, der von Kant seinen Weg nehme, und es sei verwunderlich, daß die Kantische Philosophie nur bei wenigen derart »lebendig eingegriffen und Blut und Säfte umgestaltet habe«. Was allerdings voraussetze, daß der Leser »ein ganzer kräftiger Mensch in Leiden und Begehren sei und nicht nur eine klappernde Denk- und Rechenmaschine« (in »Schopenhauer als Erzieher«).

Seine Eigenart, jedes Ding so aufzunehmen, daß es, tief ins Innere eingreifend, »Blut und Säfte umgestaltet«, läßt den Dichter des »Homburg« und des »Michael Kohlhaas« noch da glaubwürdig und überzeugend sein, wo die deutsche Romantik und die deutsche Klassik es nicht mehr sind, wo sie Gefahr laufen, entweder in die genialische Exaltation oder in bare Feiertagsrhetorik auszuarten. Das Existentielle ist immer realistisch; es ist die einzige Form von Realismus, die gilt. Es läßt ebensowenig den Ausweg ins Sentiment wie den in die Bildung zu. Es bewegt sich auf dem Grunde des Wirklichen, orientiert sich an dem tragischen Gesetz des Seins, das Schmerz und Vernichtung heißt, aber auch Bestehenmüssen im Angesicht der Wahrheit und damit Bejahung der Welt in ihrer Totalität. Für einen Mann, der sich in jeder seiner Regungen mit innerer Notwendigkeit auf das Urfaktum der Existenz verwiesen sieht, muß Gefühl etwas anderes bedeuten als das Wohlgefallen an »schaukelnden Träumen« oder gar, wie Eichendorff im Hinblick auf die beiden Brentanos sagte, der »Veitstanz des freiheitstrunkenen Subjekts«.

Kleists Gefühl ist auch nicht das Vehikel des »Indiensuchenden Träumers«, als den Ricarda Huch den romantischen Menschen definierte. Es ist die bewegte menschliche Mitte, eine bebende

Stimme der Wahrheit, deren Unsicherheit niemals geleugnet wird und die dennoch das einzige bleibt, was dem Menschen eine Chance gibt, der schwankenden Welt mit einiger Festigkeit zu begegnen. »Folge Deinem Gefühl. Was Dir schön dünkt, das gib uns, auf gut Glück. Es ist ein Wurf wie mit dem Würfel; aber es gibt nichts anderes«, schreibt Kleist im August 1806 an Rühle von Lilienstern. Zwar haben diese Sätze einen speziellen Bezug, aber wir dürfen sie verallgemeinern. Sich den Ergießungen des Herzens überlassen; seinen Glauben vom Herzen zugesichert erhalten; das Herz als »wirkendes und schaffendes« Element, zu dem er ein unerschütterliches Vertrauen gefaßt habe; oder das schöne Wort von der »Sittlichkeit im Herzen« – das sind Wendungen, wie sie in den Briefen immer wiederkehren. Auf der einen Seite das »ewig bewegte Herz«, das uns »nichts als Schmerzen gewährt« (an Wilhelmine, 9. April 1801); auf der anderen das Herz als Sprachrohr Gottes, das uns »heimlich anvertraut, was recht ist«. »Was Ihnen Ihr Herz sagt, ist Goldklang«, schreibt er im Sommer 1801 an Karoline von Schlieben.

Manches davon ist noch anti-aufklärerische Konvention im Sinne der Werther-Nachfolge. Auch für Werther war das Herz »Quelle von allem, aller Kraft, aller Seligkeit und alles Elendes«. Bei Kleist wird dieser Zwiespalt schöpferisch. Das Organ, das die Verwirrung schafft, kann sie auch heilen. Aber nicht in der Weise, daß der Schmerz sich die Flügel der Begeisterung anschnallt und – romantisch – sich selbst entflieht. Kleists Vorstellung vom Gefühl meint etwas anderes als Ausschüttung, subjektive Erleichterung und ein Hinaussingen der Seele. Vielmehr wird Fühlen – und das ist die spezifisch Kleistsche Wendung – zu einem Mittel der Wahrnehmung. Der Zeiger des Gefühls schlägt so lange aus, bis er auf den einen Punkt der Wahrheit deutet. Unter Kleists drängendem, pressendem Griff tritt das Gefühl aus der Sphäre bloßer Empfindsamkeit in die einer emotionalen Geistigkeit über. Aus dem Organ der Schmerzen und schwelgerischen Entzückungen wird ein Instrument der Erkenntnis.

Damit befinden wir uns auf einem Felde, das dann von den Dichtern unseres Jahrhunderts auf das hingebungsvollste bestellt worden ist: die Durchsetzung des Emotionalen mit Bewußtseinselementen, seine stufenweise Annäherung an das Intellektuelle, die planvolle Verringerung der Abstände zwischen den Gefühls- und den Denkakten. Im Gegensatz zu manchen Späteren bleibt das bei Kleist kein Werkstattphänomen, das sich auf den poetischen Prozeß als solchen beschränkt. Vielmehr wird es in den Gestalten selbst aktuell; und das nicht allein in den großen Experimentatoren des Gefühls (dem Kurfürsten, Jupiter, in gewissem Sinne auch Hermann), sondern gerade in denen, die selber ganz im Gefühl aufzugehen scheinen. Der Mathematiker Kleist scheut sich nicht, dem Emotionalen mathematische Qualität zuzuerkennen. Es ist bezeichnend für ihn, daß er – schon Heine hat darauf hingewiesen – im Menschengeist »Gesetze der Natur, Magnetismus, Elektrizität, anziehende und abstoßende Pole« wiedererkennt. Das wird nicht nur an seiner Metaphorik deutlich (wir haben in anderem Zusammenhang Beispiele gegeben), es wird auch direkt ausgesprochen. So in dem fingierten Brief über den »Allerneuesten Erziehungsplan« (in den »Berliner Abendblättern«), wo das Polaritätsgesetz der Elektrizität dazu dienen muß, eine auf das Prinzip von Vorbild und Nachahmung gegründete idealistische Pädagogik ad absurdum zu führen. Ausdrücklich vermerkt der Verfasser, jenes Gesetz gelte ganz allgemein »auch von Gefühlen, Affekten, Eigenschaften und Charakteren«. Schon in dem Aufsatz »Über die allmähliche Verfertigung der Gedanken beim Reden« (1805) hatte Kleist von einer »merkwürdigen Übereinstimmung zwischen den Erscheinungen der physischen und moralischen Welt« gesprochen; und gerade dieser Essay ist ja nichts anderes als die Verherrlichung eines Denkens aus den »Erregungen des Gemüts«.

Alkmene

Die erste dichterische Figur, in der Kleists Gefühlsbegriff spezifische Form annimmt – in seiner Doppelbedeutung als Quelle der Qual wie der Erhellung –, ist Alkmene. Auch Agnes in der »Familie Schroffenstein« und Eve im »Zerbrochenen Krug« leben aus der Empfindung, auch sie sind Protagonistinnen des Gefühls, aber ihre Gefühlskraft ist unkompliziert, ist schlichte Standhaftigkeit des Herzens. Beide behaupten ihre Liebe inmitten einer feindseligen und ränkevollen Umgebung, Eve sogar gegen die Verdächtigungen des eigenen, mit männlicher Gefühlsblindheit geschlagenen Verlobten. Alkmene wird in eine weiter gespannte, differenziertere Problematik gestellt. Äußerlich betrachtet, ist sie die Frau, die zwischen Mann und Gott steht. Aber diese Entscheidung wird ihr niemals eindeutig abverlangt. Selbst in der Schlußszene, als Jupiter und Amphitryon rivalisierend vor sie hintreten, bleibt die Alternative verhüllt. Da der Gott in der Gestalt des Gatten erscheint, hat Alkmene nicht zwischen Jupiter und Amphitryon zu wählen, sondern zwischen Amphitryon und Amphitryon. Sie muß sich zwischen zwei nur von dem hellsichtigen Gefühl zu trennenden Manifestationen des geliebten Wesens entscheiden, zwischen zwei Inkarnationen des Mannes, den sie anbetet, zwischen zwei verschiedenen Rangstufen ein und desselben.

Damit befindet sie sich in der Situation, die Goethe in seinem Tagebuch (Juli 1807) und viele andere nach ihm als »Verwirrung des Gefühls« gedeutet und verkannt haben. Verkannt insofern, als in solcher Auslegung etwas als Zweck genommen wird, was in Wahrheit nur Durchgang, nur Prüfung und Erprobung ist. Völlige Eindeutigkeit und Unangefochtenheit des Gefühls gibt es allein im Bereiche des Märchens. Das Käthchen von Heilbronn steht außerhalb jeder Problematik – das ist ihr Zauber, aber auch ihre Grenze. So sicher ist sie im Zentrum des Gefühls beheimatet, daß kein Windhauch des Zweifels sie erreicht.

Ihr Glaub ist, wie ein Turm, so fest gegründet!

seufzt in komischer Ergebung der Graf vom Strahl, dem dieser Glaube gilt (IV, 2). »Amphitryon« ist keine szenische Romanze wie das »Käthchen von Heilbronn«, sondern ein Denk- und Bewußtseinsspiel, das den Molière fast schon in die Bezirke Paul Valérys vortreibt; und Alkmene ist keine lieblich entrückte Heilige, sondern ein irritabler Mensch, der auf die göttlichen Anfechtungen sensitiv und präzis reagiert, sowenig er sie auch begreift. Alkmene leuchtet wie Käthchen, aber nicht still und unberührt wie diese, sondern flackernd und in ständiger Gefährdung. Aber es ist keine Gefährdung aus Schwäche, sondern die Gespanntheit einer reinen Natur, die ihr Inneres gegen eine ungeheuerliche Unordnung verteidigt. Nicht die Verwirrung des Gefühls, seine Bewahrung ist das Thema des Stückes und der Ruhmeskranz seiner Heldin.

Die Liebe zu ihrem Mann ist das, was Alkmenes Existenz ausmacht und wovon sie so ausschließlich beherrscht wird, daß nur der Erhabenste der Gatte sein kann: Jupiter in der Gestalt Amphitryons. Noch nie hat sie eine Nacht so genossen wie die mit Jupiter, denn noch nie war Amphitryon so sehr Amphitryon.

Er stand, ich weiß nicht vor mir, wie im Traum,
Und ein unsägliches Gefühl ergriff
Mich meines Glücks, wie ich es nie empfunden,

Als er mir strahlend, wie in Glorie, gestern,
Der hohe Sieger von Pharissa, nahte.
Er wars, Amphitryon, der Göttersohn!
Nur schien er selber einer schon mir der
Verherrlichten, ich hätt ihn fragen mögen,
Ob er mir aus den Sternen niederstiege.
(II, 4)

Ihr »unsägliches Gefühl« sagt Alkmene genau das Richtige. Zeus
hat den fehlerhaften Menschen Amphitryon in die Vollkommenheit erhoben, indem er sich seines Körpers bediente und ihn mit
allen Attributen des Göttlichen ausstattete. Der Gott schmeichelt
Alkmene nicht, er spricht die schlichte Wahrheit, wenn er ihr
»unfehlbares Gefühl« preist und sich selbst – nicht sie – als den
hintergangenen Teil bezeichnet. Denn in der Tat hat Alkmene, als
sie bei dem Himmlischen lag, keinen anderen geliebt als den zu
göttlicher Vollendung gebrachten Amphitryon. Der gewaltige Augenblick des letzten Aufzuges, als sie sich von dem irdischen
Amphitryon abwendet und sich für den göttlichen entscheidet, ist
in Wahrheit ein Akt äußerster Treue, ist die letzte Konsequenz ihres
Herzens. Der Gott in der Gestalt des Gatten hat ihr den Gatten recht
eigentlich erst geschenkt, hat ihr zur tiefsten, ungeahnten Übereinstimmung mit ihm verholfen. In Jupiter erkennt ihr untrügliches
Gefühl den wahren Amphitryon.
Der Weg dahin wäre geradlinig, wenn Jupiter aus uneigennützigen
Motiven handelte. Da ihm aber gar nichts daran liegt, Alkmenes
Hingabe an Amphitryon die göttliche Tiefe zu verleihen, da er im
Gegenteil die Rolle des Thebanerfürsten widerwillig spielt, nur weil
ihm anders der Eintritt in den inneren Kreis des Alkmeneschen
Gefühls nicht gelingen würde, da er also durchaus als Jupiter und
nicht als Amphitryon geliebt sein will, ist ihm jedes Mittel recht,
Alkmene in ihrem unbedingten Einssein mit Amphitryon wankend
zu machen. Jeder Versuch, ihr die »Goldwaage der Empfindung« zu
stören, kann – meint er – nur zu seinem eigenen Vorteil ausschla-
gen. So setzt er Amphitryon mit Schmähreden herab, die, da sie der
eigenen Person zu gelten scheinen, Alkmene unverständlich und
befremdlich sein müssen. Hahnenstolz besteht er darauf, sie möge
einen Unterschied machen zwischen dem Partner dieser einen
Götternacht und dem »Laffen« und »öffentlichen Gecken«, der
»kalt ein Recht« auf sie zu haben wähne. Verächtlich spricht er von
ihrer »weitern Ehe gemeinem Tageslauf« und ergeht sich in An-

spielungen, mit denen er seine göttliche Existenz halb enthüllt. Doch Alkmene ist nicht zu beirren. Jede seiner provozierenden Reden deutet sie aus der einen Mitte ihres Lebens, die Amphitryon heißt, und nimmt ihnen die Widerhaken. Selber ganz Gefühl, hält sie ihn für einen vom Gefühl Berauschten, der verliebten Unsinn schwatzt.

Das Diadem des Labdakus

Sogar als Amphitryon unerwartet zurückkehrt und bestreitet, schon vorher bei ihr gewesen zu sein, zweifelt Alkmene nicht an sich. Sie hält seine Behauptung, ein anderer müsse sich bei ihr eingeschlichen haben, zunächst für einen rüden Männerscherz, dann für einen abscheulichen Kunstgriff, mit dem er sie zur Ehebrecherin stempeln wolle, um sich seinerseits einer anderen zuwenden zu können. Die Gefühlsnot, aber auch der eigentliche Triumph des Gefühls beginnt erst in dem Moment, als sachhaltige Beweise in den Bereich des reinen Fühlens eindringen.

Diese Rolle übernimmt ein Requisit, das es auch schon bei Molière gibt, das aber erst von Kleist so pointiert gehandhabt wird, daß sich an ihm Alkmenes Dilemma zu voller Sinnfälligkeit entfaltet. Es handelt sich um das Diadem, das Amphitryon dem in der Schlacht besiegten Labdakus abgenommen hat und das er seiner Frau zu schenken beabsichtigt. Auch da greift Jupiter vor. Doch nicht nur, daß er seinerseits Alkmene das Diadem überreicht: in Übermut und maßloser göttlicher Eitelkeit verwandelt er – und dieser Einfall ist ganz Kleists Eigentum – das A, mit dem Amphitryon den Schmuck hatte versehen lassen, in ein J. Hier ist der kritische Punkt, wo das absolute Gefühl sich dem Objektiven gegenübersieht und sich seiner Beweiskraft entweder beugen oder aber die essentielle Nichtigkeit äußerer Sachbeweise dartun muß. Es ist die gleiche Situation, in der sich die Marquise von O. befindet, als ihre Schwangerschaft unwiderleglich festgestellt worden ist. Das J des Diadems steht für den medizinischen Befund. Die Tatsachen sind nicht wegzudiskutieren. Es fragt sich nur, was sie für die innere Wahrheit des Menschen besagen.

Alkmene verhält sich auf sehr bezeichnende Weise. Was Eve im »Zerbrochenen Krug« von Ruprecht fordert, nämlich das Gefühl über die handgreiflichen Beweise zu stellen und unbeirrt auch da noch zu glauben, wo der Augenschein das Gefühl Lügen straft – das versucht sie zu tun. Sie ist geneigt, ihrem Herzen mehr zu trauen als ihrem Auge. Aber das Objektive erweist sich als stärker, und als auch Charis, die Dienerin, ihr versichert, daß dem Diadem ein J und kein A eingegraben ist, kann sie nur noch hoffen, daß Amphitryon ihr den Schmuck vielleicht mit einem fremden Namenszug überreicht hat. Als auch diese Hoffnung sinkt, richtet sie sich nicht etwa mit dem Unabänderlichen ein, arrangiert sie sich nicht mit der »Wirklichkeit«, sondern ist – wahrhaft kleistisch – entschlossen, die letzte Konsequenz zu ziehen. Während Littegarde, die gefühlsunsichere Heldin in der Erzählung »Der Zweikampf«, sich kleinmütig dem falschen Gottesurteil beugt, will Alkmene nicht länger leben, wenn der Gott in ihrer Brust sie betrogen hat. Noch kurz zuvor war sie bereit, eher an der eigenen Person zu zweifeln, sich selbst für einen »Parther oder Perser« zu halten, ja lieber ihrem Spiegelbild nicht mehr zu trauen, als das Heiligste in Frage gestellt zu sehen, die Unfehlbarkeit des ihr immer und in allen Lagen den geliebten Mann anzeigenden Herzens:

> Nimm mir
> Das Aug, so hör ich ihn; das Ohr, ich fühl ihn;
> Mir das Gefühl hinweg, ich atm ihn noch;
> Nimm Aug und Ohr, Gefühl mir und Geruch,
> Mir alle Sinn und gönne mir das Herz:
> So läßt du mir die Glocke, die ich brauche,
> Aus einer Welt noch find ich ihn heraus.
> (II, 4)

Da das nun nicht länger gelten soll, mag Alkmene nicht mehr sein. Die vermeintliche Unsicherheit des Herzens ist für sie gleichbedeutend mit dem Verlust des Ichs, mit Existenz-Auslösung. Es bedarf der großen hochkomplizierten, fintenreichen Auseinandersetzung mit Jupiter (II, 5), um ihr die Ruhe zurückzugeben. Nur ein Wunder kann rechtfertigen, was Alkmene als Irrung des Gefühls ansieht, was in Wahrheit aber seine höchste Genialität ist, nämlich in dem Gott die reinste Verkörperung des geliebten Mannes zu erleben. Da solche Genialität aber dem Reich des Unbewußten angehört, sich selber also nicht erkennen kann, muß Zeus das Wunder offenbar werden lassen – er lüftet die Vermummung und gibt der ungläubig Staunenden zu verstehen:

> Es war kein Sterblicher, der dir erschienen,
> Zeus selbst, der Donnergott, hat dich besucht.

Auch dieses Geständnis wird freilich in der Maske Amphitryons abgelegt, und so verwandelt es sich flugs – wir sind im Lustspiel! – in eine Liebestat des Gatten, der seiner Frau den einzigen Trost spendet, der hier helfen kann. Wenn Jupiter gehofft haben mochte, mit seiner Eröffnung das Gefühl Alkmenes von jenem »einen Sterblichen« abzulenken und auf seine, des Gottes, Seite zu ziehen, so sieht er sich enttäuscht. Die göttliche Auszeichnung, ihre Aufnahme in den erlauchten Kreis der »Auserwählten Jupiters«, ist für Alkmene nichts als ein Schmerz, den sie in der Zuversicht erträgt, daß er sich nicht wiederholen möge. Weder die große pantheistische Beschwörung des allgegenwärtigen Gottes noch das lockende Tremolo, mit dem Jupiter-Amphitryon für den aus Wolkeneinsamkeit liebend herabgestiegenen Olympier wirbt, kann sie zu mehr bewegen als zu pflichtschuldigem Respekt:

> Er, der mich schuf, er walte über mich!

Jupiter läßt nicht ab, er wird unvorsichtig, er tritt so weit aus der Verkleidung heraus, daß jede andere die Täuschung durchschauen müßte. Doch für Alkmene ist es keine. So wahr und richtig erscheint ihr Zeus als Amphitryon, daß seine hartnäckigen Verhöre sie wohl quälen, nicht aber stutzig machen können. Jede halsbrecherische Hypothese, jede noch so verschlungene Fragestellung wird von Alkmene nach den Weisungen der einzigen Wahrheit gelöst und beantwortet, die sie kennt. Wie verzwickt die Denkfiguren auch aussehen mögen, die Jupiter ihr vorlegt, unter dem Blick der liebenden Gattin ordnen sie sich blitzschnell zu dem einen Namen Amphitryon. Die Unfehlbarkeit, mit der das geschieht, hat etwas Taschenspielerisches und dabei tief Bewegendes. Der Gott muß verzweifeln angesichts solcher Gottesunmittelbarkeit des menschlichen Gefühls, dieses Gesetzes über dem Gesetz der Welt. Es bleibt ihm nichts als jenes brutale Schlußarrangement der doppelten Gegenüberstellung; und hier endlich entscheidet sich Alkmene für *ihn*. Doch auch das bleibt Täuschung, denn auch damit bekennt sie sich zu keinem anderen als zu dem vergöttlichten Amphitryon.

Trotzdem ist dies der Augenblick der schwersten Prüfung für Alkmene. Sie muß wählen zwischen der flehenden Stimme des bis zum Wahnsinn gefolterten Gatten und der erhabenen Gelassenheit des göttlichen Geliebten. Das Menschliche in ihr steht im Widerstreit mit dem urmächtigen Verlangen nach dem Vollkommenen. Als nach qualvollem Schwanken die Entscheidung gefallen ist, gerät Alkmene in eine Art hymnischer Verzweiflung. Aus dem Verhal-

ten des abgewiesenen Amphitryon, der wie ein zu Tode Getroffener
aufschreit, muß sie schließen, daß er sie nicht ohne Grund mit so
süßen, schmelzenden Tönen »Alkmene! Meine Braut!« genannt,
daß sie ihm vielmehr, wenn auch – wie sie meint – irrtümlich, ein
Recht dazu gegeben hatte. Und so wendet sie sich mit vernichtenden
Worten gegen sich selbst:

> Verflucht die Sinne, die so gröblichem
> Betrug erliegen! O verflucht der Busen,
> Der solche falschen Töne gibt!
> Verflucht die Seele, die nicht soviel taugt,
> Um ihren eigenen Geliebten sich zu merken!
> (III, 11)

Das ist eine Paradoxie, die man lustspielhaft nennen möchte, wenn
sie in so grausamer Schärfung und Zuspitzung nicht zugleich das
Lustspiel sprengte. Wir haben diesen Ausbruch als Nachklang einer
übermenschlichen Seelenspannung zu verstehen. In Wahrheit hat
sich das Gegenteil zugetragen. Nicht die Hinfälligkeit des menschlichen Gefühls wurde durch das göttliche Experiment bewiesen,
sondern seine Beharrlichkeit, die Unbeirrbarkeit seiner weltver-
wandelnden Kraft.

> Auch selbst der Glückliche, den du empfängst,
> Entläßt dich schuldlos noch und rein, und alles,
> Was sich dir nahet, ist Amphitryon

– in diesen Worten Jupiters (II, 5) liegen Alkmenes Geheimnis und
die Erklärung ihres Sieges. Ihr zu traumhafter Sicherheit geläutertes Gefühl ist selber von himmlischer Art, es ist eine Offenbarung
des göttlichen Willens, und so handelte Jupiter gegen sich selbst,
verurteilte er sich selber zum Scheitern, als er Alkmene von dem
Gegenstand zu trennen suchte, der ihrem Fühlen in der Ordnung
der Welt zugewiesen ist. Der unsichtbare Gott trägt für die Betende
die Züge Amphitryons, der sichtbare kann sich ihr nicht als Stier,
Schwan oder goldener Regen nähern, nur als Amphitryon. Der
Bach murmelt seinen Namen, in den Baumwipfeln rauscht es:
Amphitryon, die Sonnenuntergänge erstrahlen zu seinem Lobe.
Das Gefühl der liebenden Frau umfaßt und überwölbt die Schöpfung; und ein armseliges J auf einem Diadem verliert jede Beweiskraft, wenn der Name, den es anzeigt, sich seine Wirklichkeit von
einem anderen, eben von Amphitryon, borgen muß.

Alkmene ist eine Dame mit den Zügen eines genialen Kindes, die Marquise von O. ist eine Frau. Was sich in »Amphitryon« auf der Höhe eines schwindelerregenden Gedankenspiels zuträgt, das ist in der Novelle in die kleine Realität übersetzt. Wo sich Alkmene zum Äußersten getrieben fühlt, da setzt die Marquise sich hin und strickt Mützchen und Kinderstrümpfe. Diese Erzählung ist ein vollkommen in sich gerundetes Geniewerk, das den Kosmos des Gefühls auf bescheidenstem Raum zu unüberbietbarer Entfaltung bringt. Das Thema ist verbürgerlicht, aber nur in den Maßen und Requisiten, nicht in seiner Menschlichkeit.

Wie bei Alkmene, so steht auch bei Julietta (der Marquise von O.) Gefühl gegen Gefühl. Das Bewußtsein ihrer Unschuld hat sich irritierender Gegenströmungen zu erwehren. Eine leise Stimme sagt Alkmene, daß der, den sie für Amphitryon hält, in jener einen Nacht anders war als sonst, schöner, strahlender, zum verklärten Bilde seiner selbst erhöht. Bei der Marquise sind es, der prosaischen Konzeption der Erzählung gemäß, die derben Regungen des Leibes, die der Unschuld der Seele zu widersprechen scheinen. Ihr Bewußtsein sei rein wie das ihrer Kinder, versichert sie feierlich, zu ihrer eigenen Beruhigung; und in gleichem Atemzug: »Wie kann ich mich beruhigen? Hab ich nicht mein eignes, innerliches, mir nur allzu wohlbekanntes Gefühl gegen mich?« Hier wird deutlich, daß Kleist das Wort Gefühl in vielerlei Schattierungen gebraucht. Wie er kaum je etwas definiert hat, so auch seinen Gefühlsbegriff nicht. Das von ihm gefeierte Prinzip der »allmählichen Verfertigung der Gedanken beim Reden« gilt auch im größeren Maßstabe des Werkes. Gefühl bei Heinrich von Kleist – das ist nicht die Geschichte eines angewandten Begriffes, sondern die eines sich langsam und in Widersprüchen aufbauenden Sinngefüges, ein Vorgang des Denkens durch Darstellen.

Auch darin ist Kleist ein moderner Typus, ein Dichter der Möglichkeitsfülle von der Art, wie Robert Musil ihn hundert Jahre später beschrieben hat. Ein Erkennender, für den es keinen »festen Punkt *a*« gibt, für den die Ausnahme mehr bedeutet als die Regel, für den Gesetze Siebe und Geschehnisse »unbeschränkt variabel und individuell« sind. Dieses Gebiet – Musil nennt es mit einem eigenen Wortversuch das »nicht-ratioïde« – sei die Domäne des Dichters, das »Herrschaftsgebiet seiner Vernunft«. »Während sein Widerpart das Feste sucht und zufrieden ist, wenn er zu seiner Berechnung so viel Gleichungen aufstellen kann, als er Unbekannte vorfindet, ist hier von vornherein der Unbekannten, der Gleichungen und der Lösungsmöglichkeiten kein Ende«, heißt es in Musils »Skizze der Erkenntnis des Dichters« (1918). Bei Musil erstarrt der Abscheu vor jeglicher Verfestigung seinerseits zu einem Dogma, das das Werk gefährdet; bei Kleist formt sich jede Lösungsvariante plastisch aus, ohne die Möglichkeit neuer und immer neuer Konstellationen zu leugnen. Das gilt von der einzelnen Figur – wir sahen es am Beispiel des Großen Kurfürsten, der als Charakter unberechenbar und unendlich bleibt –, es gilt vom einzelnen Werk und schließlich von der Gesamtheit der Werke. Die Bewegung von Dichtung zu Dichtung nimmt Variationencharakter an. Penthesilea und Käthchen werden, wie wir wissen, vom Dichter ausdrücklich als »ein und dasselbe Wesen« in Anspruch genommen, »nur unter entgegengesetzten Bedingungen gedacht«. Wobei er sich wiederum der Sprache der Mathematik bedient: »Die gehören ja wie das + und – der Algebra zusammen« (an Joseph von Collin, 8. Dezember 1808) oder der des Physikers: »Jetzt bin ich nur neugierig, was Sie zu dem Käthchen von Heilbronn sagen werden, denn das ist die Kehrseite der Penthesilea, ihr anderer Pol, ein Wesen, das ebenso mächtig ist durch gänzliche Hingebung, als jene durch Handeln« (an Marie von Kleist, Winter 1807).

Aber auch Alkmene und die Marquise von O. sind *eine* Person, in verschiedener Versuchsanordnung. Dasselbe läßt sich von Hermann, Michael Kohlhaas und dem Prinzen von Homburg sagen. Was sie, die Erneuerer des Gesetzes aus dem Ungesetzlichen, voneinander unterscheidet, ist nicht so sehr ihr »Charakter«, vielmehr sehen wir eine verwandte seelische Substanz der Einwirkung wechselnder Bedingungen und Anforderungen ausgesetzt. Selbstverständlich ist hier *auch* Psychologie im Spiele – jedes eingleisige Verfahren mit Kleist führt, wie die Kleist-Literatur oft genug gezeigt hat, unweigerlich in eine Sackgasse –, doch es ist nicht *nur* Psychologie. Die Unterschiede sind, um noch einmal mit Musil zu reden, »okkasionell bestimmt«. Eine Idee, ein Charakter, eine Handlung erlöschen in ihrer Eigenheit, sobald man sie aus ihren Bedingungen löst. Bei Kleist trifft das ebenso auf den Begriff zu. Begriffe sind für ihn etwas Flexibles, er macht sie zu Ausdrucksträgern, verwendet sie als Kunstmaterial. Bei Alkmene ist Gefühl die unverrückbar auf den Gatten gerichtete Liebeskraft, Hermanns Gefühl bedeutet bedingungslose Liebe zum Vaterland, für Agnes ist Gefühl die Überzeugung von der »Seelengüte andrer«, Homburg gründet seinen Glauben an die Milde des Kurfürsten auf sein »Gefühl von ihm« (bezeichnenderweise haben die Franzosen die Kleistsche Kernvokabel an dieser Stelle mit »l'idée« übersetzt), der Kurfürst wiederum sieht in Homburgs Gefühl eine letzte Instanz sittlicher Entscheidung, der er vertrauensvoll das Gesetz unterstellt:

> Die höchste Achtung, wie dir wohl bekannt,
> Trag ich im Innersten für sein Gefühl.
> (IV, 1)

Penthesilea endlich bedient sich des Gefühls als einer Waffe der Selbstvernichtung. Jede dieser Bedeutungen ist eine andere Variation über das Grundthema der »alten, geheimnisvollen Kraft der Herzen«, die unser »Eigenstes und Innerstes« zur Anschauung bringt. Daneben aber wird der Begriff auch im Vulgärsinne gebraucht. In Alkmenes Sprache ist Gefühl nicht nur die lenkende und wahrnehmende Fähigkeit des Herzens, sondern auch ganz einfach der körperliche Tastsinn (»Nimm Aug und Ohr, Gefühl mir und Geruch . . .«); und die Marquise von O. meint, wenn sie in dem geschilderten Zusammenhang Gefühl sagt, ihr Körpergefühl, die physischen Signale der Mutterschaft (»Gefühle, immer wiederkehrend und von so wunderbarer Art«).

Wie alles andere ist auf dem realistischen Boden der Novelle auch das heilige Wort Gefühl verdinglicht; es gibt seine höheren Ausdruckskräfte an ein anderes ab: Bewußtsein. Das Gefühl sagt der Marquise mit aller Bestimmtheit, daß das Entsetzliche, sie Vernichtende, das körperliche Faktum der Schwangerschaft, wahr ist, aber ihr Bewußtsein spricht sie frei. »Mit großer Selbstzufriedenheit gedachte sie, welch ein Sieg sie durch die Kraft ihres schuldfreien Bewußtseins über ihren Bruder davongetragen hatte.« Und nicht nur über ihn, der ihr im Auftrage der Eltern die Kinder nehmen wollte, sondern auch über das unerhörte Schicksal selbst, das auf nichts Geringeres als auf eine »Umwälzung der Weltordnung« aus zu sein scheint. Im Augenblick der äußersten Verzweiflung, als Alkmene an Selbstmord denkt, wird Julietta zur Realistin. Sie sieht sich »mit sich selbst bekannt gemacht«, hebt sich »wie an ihrer eignen Hand, aus der ganzen Tiefe, in welche das Schicksal sie herabgestürzt hatte, empor« und gibt sich – herrliche Wendung – »ganz der großen, heiligen und unerklärlichen Einrichtung der Welt gefangen«. Unbeirrbarkeit des Gefühls, auch wenn es nicht ausdrücklich so benannt wird, bedeutet hier die Fähigkeit, in der härtesten Prüfung bis zur Anspannung der letzten seelischen Kräfte auszuharren, bedeutet Selbstgewißheit und Bewußtsein des inneren Wertes, ist die wunderbare Sicherheit des Seins, der der Mensch sich ohne Vorbehalt überläßt. Das Gefühl hat hier weltheiligende Kraft.

Auch Friedrich von Trota, der scheinbar von Gott Geschlagene in der Erzählung »Der Zweikampf«, hat solche Sicherheit. Doch um sich darin zu befestigen, bedarf es beinahe ekstatischer Beschwörungskräfte. »Bewahre deine Sinne vor Verzweiflung!« ruft er – selbstbeschwörerisch – der verzagten Littegarde zu. »Türme das Gefühl, das in deiner Brust lebt, wie einen Felsen empor: halte dich daran und wanke nicht, und wenn Erd und Himmel unter dir und über dir zugrunde gingen!« Und einen Augenblick später, nun wirklich zu sich selbst: »Gott, Herr meines Lebens, bewahre meine Seele selbst vor Verwirrung!« Die Marquise von O. bleibt ganz Bürgerin dieser Welt. Zwar geht sie – um in der Sprache des Aufsatzes »Über das Marionettentheater« zu reden – durch »ein Unendliches«. Aber diesen ungeheuren Weg legt sie in Sekundenschnelle zurück. Ohne Aufwand, still, demütig und mit jener heiteren Nüchternheit, die das Zeichen frommer Größe ist, faßt sie den wahrhaft »unendlichen« Entschluß, von ihrer Person abzusehen und sich – seinsfromm – den Grundmächten anheimzugeben. Schicksal und Ich, bewegende Kraft und personaler Schwerpunkt fallen zusammen. Das Gottesmenschentum, das Kleist später auf so überraschende Art an der Symbolfigur der Marionette demonstriert – hier in dieser schlichten Frauengestalt ist es wahr geworden. Julietta fügt sich willig in die unerklärliche Einrichtung der Welt, ja ist bereit, sie groß und heilig zu nennen. Sie huldigt dem Unbegreiflichen, indem sie dem in Unschuld und Reinheit empfangenen Wesen in ihrem Schoß um seines geheimnisvollen Ursprungs willen einen höheren, mehr als irdischen Rang zuerkennt. Daß sie darüber das Irdische nicht vergißt, den Makel, der dem vaterlosen Geschöpf in der bürgerlichen Gesellschaft anhaften wird, und sich ohne Umstände aus ihrer inneren Höhe zu der drastischen Konsequenz herabläßt, den Erzeuger des Kindes mit Hilfe einer Zeitungsannonce ausfindig zu machen, entspricht dem Geist der Novelle, die ihren Secco-Charakter selbst noch in der extremsten Seelenlage bewahrt.

Graf F.

Die Geschichte von der »Marquise von O.« ist in all ihrer kostbaren Nüchternheit eine Beatifizierung des Gefühls. Sie ist es auch in ihrer Eigenschaft als ein jede Konvention niedermähendes, verdecktes erotisches Drama. Dem russischen Hauptmann, Graf F., wird nicht nur um der »gebrechlichen Einrichtung der Welt«, ihm wird auch um des unbezwinglichen Gefühls willen vergeben, das ihn zu Fall brachte. Wie ein rächender Gott erscheint er zu Beginn unter der frauenschändenden Soldateska und wird – hingerissen – selber zum Unhold. Wie hätte das geschehen können ohne heimliche Zustimmung des chaosgeborenen Eros? Es ist einer der feinsten Züge des Werkes, daß sich Julietta, als der Graf sich als Täter zu erkennen gibt, vor ihm entsetzt wie vor dem Bösen selber: »Auf einen Lasterhaften war ich gefaßt, aber auf keinen – Teufel!« Nach dem opportunistischen Lebensverstande, wie ihn ihre Mutter vertritt, müßte die Marquise froh sein, in dieser heiklen Situation einem Mann zu begegnen, für den ihr eigenes Gefühl spricht. Eben das aber wird ihr zum Problem. Unvermutet sieht sie sich mit dem Dämonischen konfrontiert, mit jener dunklen Macht, die uns ebenso tief stürzen läßt, wie sie uns erhebt. Die Marquise blickt in das Doppelantlitz des Gefühls, und mit Erschrecken findet sie darin auch sich selbst. Der berühmte Schlußsatz, nach welchem ihr der Graf nicht »wie ein Teufel erschienen sein würde, wenn er ihr nicht bei seiner ersten Erscheinung wie ein Engel vorgekommen wäre«, gibt dem Ganzen nachträglich eine psychobiologische Tiefendimension. Vollständig aufgefaßt, kann er nur bedeuten, daß der Graf der Marquise wie ein Engel erschien, nicht allein weil er als Retter, sondern auch weil er auf eine jeden Einwand ausschließende Weise als Mann kam. Die Witwe, die sich geschworen hatte, nicht wieder zu heiraten, erwacht in diesem unfaßlichen Augenblick zu ihrer verleugneten Weiblichkeit. Gefühl stößt auf Gefühl. Sie sinkt in Ohnmacht. Ihr Unbewußtes gewährt, was ihr Bewußtsein verbieten würde. Kleists selbstironisches Epigramm:

Dieser Roman ist nicht für dich, meine Tochter. In Ohnmacht!
  Schamlose Posse! Sie hielt, weiß ich, die Augen bloß zu

– spricht im Kern eine, wenn auch derb trivialisierte Wahrheit aus. Vor Julietta tun sich, als sie endlich weiß, daß der Graf es war, der ihr damals »Gewalt« angetan hat, Bereiche der Natur auf (der eigenen Natur!), in denen sie ihrer Person nicht mehr sicher ist; und solche

Offenbarungen unseres Ichs pflegen wir – in wildem Protest gegen uns selbst – allerdings teuflisch zu nennen.

Es ist einer der größten künstlerischen Triumphe Kleists, wie es ihm gelungen ist, seinem mit der abscheulichsten Untat belasteten Helden eine moralische Hoheit zu verleihen, ihn mit einem Schimmer der Unschuld zu umgeben, der aus der doppelten Rechtfertigung durch das Gefühl – seines wie ihres – kommt, aus einer Schicht, in der das unbegreifliche Leben selbst seine stummen Entscheidungen fällt. Doch es bleibt nicht bei der Rechtfertigung aus der dämmernden Tiefe. Mit der gleichen Unbedingtheit, mit der der Graf gefehlt hat, will er auch sühnen. Ohne Abschied stürmt er in die Schlacht und wird schwer verwundet. Fiebernd kämpft er auf dem Krankenlager mit seinem Verbrechen: Julietta wird ihm zum Schwan, der auf feurigen Wassern schwimmt und sich in ihnen reinigt. Der Vogel des Lichts, Inbegriff hoheitsvoller Reinheit, spricht den Schuldigen frei – in einer total belebten Welt wie der Kleists wird alles zum Zeichen. Kaum wiederhergestellt, eilt der Graf zur Marquise, um in einem Gespräch von fünf Minuten das Jawort zu erzwingen. Der wunderbare Realismus der Novelle führt auch hier unfehlbar zu der richtigen Lösung: dieses Gefühl muß dienen lernen. Das wird in zart-humoristischer Weise in dem letzten Absatz ausgeführt. Wir erfahren, daß der Graf nach der Trauung monatelang in achtungsvoller Entfernung bleibt. Durch sein »zartes, würdiges und musterhaftes Betragen« erwirbt er sich Vertrauen und das Recht auf häufigere Besuche, die schließlich zur Versöhnung und zu einer zweiten, um nicht zu sagen: dritten Hochzeit führen. Das dämonische Gefühl wird behutsam in die Bereiche menschlicher Gesittung gelenkt.

Das vernichtende Gefühl

Bei Schiller ist Gefühl eine Angelegenheit der schönen Seelen, ein »moralischer Empfindungszustand«. Es hat seinen Platz in der Max-und-Thekla-Sphäre, wo denn auch viel vom Gebot des Herzens und vom glücklichen Gefühl die Rede ist. Bei Kleist ist es elementarer Bereich. Gefühl ist für ihn die Sphäre der existentiellen Entscheidungen, die uns zur höchsten Erleuchtung, aber auch zu Überschreitungen führen können, die das Maß der Welt verletzen. Da nämlich, wo sich in ihm nicht das wahre Sein lichtet, sondern wo es nichts als dumpfer Drang und blinder Trieb ist.

Kleist war sich dessen wohlbewußt. Nicht umsonst sah er in Käthchen und Penthesilea den Ausschlag des gleichen Pendels nach den entgegengesetzten Polen. Er selbst trug beide Möglichkeiten in sich und hat sie zuweilen auch wohl verwechselt, etwa wenn er den amoklaufenden Helden der »Hermannsschlacht« sich auf sein Gefühl berufen läßt. Wenn Hermann fordert, man möge ihm nicht das Gefühl verwirren (V, 14), dann schillert der Begriff in einer fragwürdigen Vielfalt von Nuancen. Was ist in diesem Augenblick Gefühl? Die Liebe zum Vaterland? Der Haß gegen Rom? Die den abtrünnigen Landsleuten gezeigte oder zu zeigende Milde? Doch auch diese ist nicht rein, sondern zielgerichtet – sie soll aus Verrätern Wölfe machen und so der »Römerrache« dienen. Gefühl und Gegengefühl, das Dämonenartige und das Sittliche stehen in Hermanns Brust nicht gegeneinander, sie verknäueln sich zu einem unguten Ganzen. Hier wird das Gefühl von einem Manne angerufen, der geneigt ist, es wie eine Keule zu handhaben.

Hermann gehört wie Penthesilea zu den Figuren, die zeigen, wie gewagt Kleists Position ist. Wie jede auf das Irrationale gegründete Weltansicht schließt seine Gefühlstheologie nicht nur Himmelspforten auf, sondern auch Abgründe. Sie bedarf der Gnade einer großen Natur, einer durch das Gefühl nicht betäubten, sondern geschärften Selbstprüfung, der heiligsten Aufmerksamkeit in der Selbstverwirklichung. Daß Kleist sich mit keiner seiner Gestalten so nachdrücklich identifiziert hat wie mit Penthesilea, zeigt, wie stark er die Bedrohung empfand. Sein »innerstes Wesen« liege in diesem Gedicht, schreibt er Ende 1807 an Marie von Kleist, der »ganze Schmutz zugleich und Glanz meiner Seele«*. Nirgends sonst hat er erhabenere Formulierungen für sein allverlangendes Gefühl gefunden als in »Penthesilea«, nirgends aber auch erschütterndere Wendungen für Ohnmacht und Versagen.

> Das Äußerste, das Menschenkräfte leisten,
> Hab ich getan – Unmögliches versucht –

---

* Die gebräuchlichere Lesart dieser Stelle: »Unbeschreiblich rührend ist mir alles, was Sie mir über die Penthesilea schreiben. Es ist wahr, mein innerstes Wesen liegt darin, und Sie haben es wie eine Seherin aufgefaßt: der ganze *Schmerz* zugleich und Glanz meiner Seele« läßt sich, wie Helmut Sembdner nachgewiesen hat, nicht aufrechterhalten. Sie beruht auf einer Abänderung durch Tieck, der auch sonst vor Retuschen nicht zurückschreckte. Etwa wenn er in Homburgs Todesfurchtszene an der Stelle

> Und der die Zukunft, auf des Lebens Gipfel,
> Heut, wie ein Feenreich, noch überschaut,
> Liegt in zwei engen Brettern duftend morgen

statt duftend *leblos* drucken ließ.

Mein Alles hab ich an den Wurf gesetzt;
Der Würfel, der entscheidet, liegt, er liegt:
Begreifen muß ichs – – und daß ich verlor.
(9. Auftritt)

Oder das noch schönere, über die Selbsterklärung zu reinem Ausdruck aufsteigende »Zu hoch, ich weiß, zu hoch –«, mit dem die
Heldin, sehnsüchtig in die Sonne blickend, für einen Augenblick
ihrer Hybris den Abschied gibt. »Penthesilea« ist die Tragödie eines
Gefühls, das nicht in sich hineinhorcht, um so vielleicht die Stimme
Gottes zu vernehmen, sondern das selber Gott zu sein meint. Es
setzt sich absolut, statt sich, wie das in den gefühlsverherrlichenden
Gestalten Kleists der Fall ist, instrumental zu nehmen. Die von
unersättlichem Verlangen Gepeitschte hat Augenblicke, in denen
sie vor sich selbst zurückschaudert, vor der Maßlosigkeit eines
Fühlens, das *nur* verwirrt, das *nur* fortreißt, das blind macht statt
sehend. Kleist selbst erlebt den Gefühlsantagonismus zuweilen so
stark, daß er in ein und demselben Brief sein »krankhaftes« Gefühl
beklagt und wenige Zeilen später emphatisch verlangt: »Nichts,
nichts gedacht, frage Dein *erstes* Gefühl, dem folge –« (an Heinrich
Lohse, 23. Dezember 1801). Genauso läßt Penthesilea auf eine
ausschweifende, furios gesteigerte Bekundung ihres Sieges- und
Liebeswillens in jähem Zusammensinken den überraschenden,
scheinbar unkleistischen Satz folgen:

Verflucht das Herz, das sich nicht mäßgen kann.
(5. Auftritt)

Das Amazonische – ohnehin ein Extrem – erfährt eine individuelle
Verschärfung und Potenzierung aus der auf völlige Besitzergrei-
fung und das heißt: Vernichtung gerichteten Triebhaftigkeit Penthesileas. Nicht das Amazonengesetz macht ihr Schicksal tragisch,
sondern die Überspannung eines groß gearteten Gefühls, der Über-
reichtum, das zerrütende Übermaß einer königlichen Natur.
Es geht nicht an, existentielle Prozesse in herkömmliche Konfliktsi-
tuationen umzudeuten. Penthesileas Geschichte ist eingleisig und
konfliktlos. Was wie innerer Widerstand erscheint, ist in Wahrheit
ein grandioses Nebeneinander, ist der changierende Ausdruck ein
und desselben. Schlachtruf und Liebesschrei, das »Hetzt alle Hund
auf ihn!« und das »An diese Brust will ich ihn niederziehn!« gehen
bruchlos ineinander über, sind der weitgespannte Bogen eines
einzigen Gefühls. Einen Konflikt zwischen Amazonenkönigin und
Frau, zwischen der Kriegerin und der Liebenden gibt es nur in den

Kommentaren, nicht in Kleists Text. Penthesileas Liebe will dasselbe wie ihr Amazonentum, nämlich Unterwerfung des Mannes als Vorbedingung der eigenen Preisgabe. In zwei mächtigen Bewegungsstößen eilt das Drama auf dieses Ziel zu. Der erste führt dank der Galanterie Achills fast zum Erfolg. Der zweite kann nur noch zerstören – in ihm rast sich die nun voll entfesselte Haßliebe aus und führt in die Katastrophe. Was in »Robert Guiskard« scheitern mußte, die radikale Einsätzigkeit, das Durch- und Herunterspielen des Themas in einem Zuge – in »Penthesilea« ist es die gleichsam naturgegebene Form.

Alles, was den vorbestimmten Lauf der Tragödie aufhält, wirkt als Fremdkörper: die Szenen des Rosenfestes ebenso wie im 15. Auftritt Penthesileas Referat über die Geschichte des Amazonenstaates, das die Exposition nachliefert und wohl mit Recht als interpoliert gilt. Daß Kleist sich – wahrscheinlich aus Furcht vor einem allzu ungestümen szenischen Gefälle – bewogen fühlte, künstliche dramaturgische Widerstände in den Geschehensablauf einzubauen, müssen wir eher bedauern. Diese Stellen bleiben leer, sie schwächen die überrennende Logik des inneren Geschehens, das keiner Detailmotivierungen von außen her bedarf. Es ist akausal. Frank Wedekind hat hierzu das entscheidende Wort gesprochen, wenn er bemerkt: »Die Penthesilea ist die künstlerische Ausgestaltung eines Sinnenrausches, einer sexuellen Zwangsvorstellung. In dieser Tatsache liegen die poetische Größe sowohl wie die technischen Mängel des Dramas begründet.« Die Wellenlinie der Handlung, dieses Auf und Ab des Kriegsglücks, dieser ständige Wechsel wilder und weicher Stimmungen, diese scheinbar widerspruchsvollen Entschlüsse Penthesileas wie Achills – sie sind Triebbewegung, die dramaturgisch nicht zu fassen, aber in sich konsequent ist.

Heute neigen wir eher zu der Ansicht, daß Nietzsche unrecht hatte, als er in den Entwürfen zur »Geburt der Tragödie« notierte, Kleist sei zwar »auf dem schönsten Wege (zur Tragödie) gewesen«, doch habe er »die Lyrik noch nicht überwunden«. Die Lyrik des entfesselten Gefühls, sein reißendes Gefälle, sein wütendes Strömen, das sich dann wieder in Wirbeln und Strudeln fängt, ist das Stärkste an der Penthesilea-Tragödie, das, was jeden Widerspruch verstummen läßt. »Penthesilea« ist mehr als ein psychologisches Drama, mehr als eine Individual-Tragödie. Für den modernen Betrachter, der erfahren hat, wie vollständig die individuelle Sphäre sich erschöpfen kann und wie leidenschaftlich die Dichter unserer Epoche bemüht sind, über sie hinauszugelangen in jene Bezirke, in denen das Individuelle zwar beheimatet ist, sich zugleich aber auch aufhebt und in seiner Unbeträchtlichkeit enthüllt, in den Wurzelbereich des Daseins also, wo die Sonderungen fallen und das Gemeinsame des menschlichen Stoffes sichtbar wird – für den modernen Betrachter ist es ein großartiges Schauspiel, zu sehen, wie es in »Penthesilea« schließlich gar nicht mehr um Charaktere geht, sondern um das freigesetzte Gefühl schlechthin, den aufgerührten Seinsstoff, in welchem der Mensch treibt und von dem er verschlungen wird. Auch Achill ist, obwohl er im Vergleich zu Penthesilea bereits domestiziert erscheint, ein archaischer Mensch, der sich bereitwillig von Urgefühlen überfluten und versengen läßt. Er ist nicht nur Penthesileas Opfer, er ist auch ihr Partner, ein Ebenbürtiger, wenn er sie »auf Kissen heiß von Erz« in die Arme zu nehmen wünscht und sich zu einer Liebeslyrik versteigt, die sich so anhört:

> Doch müßt ich auch durch ganze Monden noch,
> Und Jahre, um sie frein: den Wagen dort
> Nicht ehr zu meinen Freunden will ich lenken,
> Ich schwörs, und Pergamos nicht wiedersehn,
> Als bis ich sie zu meiner Braut gemacht,
> Und sie, die Stirn bekränzt mit Todeswunden,
> Kann durch die Straßen häuptlings mit mir schleifen.
> (4. Auftritt)

Der Eros ist hier militant geworden. Die sadistisch-masochistische Komponente läßt sich sowenig übersehen wie bei Hermann, Thusnelda und Ventidius, bei Käthchen und Wetter vom Strahl, bei dem Bastard Johann in den »Schroffensteinern« oder in der »Marquise von O.« und dem »Findling«. Liebe ist bei Kleist nicht nur dem Tode eng benachbart, sondern auch dem Töten und Getötetwerden. Oder wenn nicht da, so doch dem Schmerz-Bereiten und -Erleiden. »Denn damals«, heißt es in einem Brief an Heinrich Lohse (29. Dezember 1801), »denn damals schien es mir noch süß, Dir wehe zu tun.« Auch das ist eine Liebeserklärung. Sie kehrt, in ein anderes Gefühlsmaß gespannt, in »Penthesilea« wieder, wenn Achill vor der ohnmächtig vor ihm Liegenden erklärt, daß er mit ihr verfahren werde wie mit Hektor, und dann, nahezu übergangslos, hinzusetzt:

> Sag ihr, daß ich sie liebe.
> (13. Auftritt)

Ein ungeheuerlicher Augenblick. Lieben und Durch-den-Staub-Schleifen ist ein und dasselbe. Wir befinden uns im Reiche Baudelaires, wo die Liebe mit einer Folterung oder chirurgischen Operation verglichen wird. »Vernehmt ihr diesen Seufzer, diese Vorboten einer Tragödie der Entehrung, dieses Ächzen, diese Schreie, dieses Röcheln? Wer hat sie nicht ausgestoßen, wer hat sie nicht unwiderstehlich dem anderen entpreßt? Und was könnt ihr Schlimmeres in einem peinlichen Verhör der Folterknechte entdecken? Diese verdrehten Augen eines Somnambulen, diese Glieder, deren Muskeln herausspringen und sich straffen wie unter der Einwirkung einer galvanischen Säule – die Trunkenheit, der Wahnsinn, das Opium vermochten in ihren heftigsten Auswirkungen nicht so abstoßende und seltsame Beispiele zu bieten« (in den »Raketen«). »Penthesilea« ist das Drama der Liebe, das Baudelaire geschrieben haben könnte.

Die Ohnmachten

Es gibt ein sehr sinnfälliges, in seiner Häufigkeit fast schon ein wenig belustigendes Zeichen dafür, wie innig der Kontakt mit dem Unmittelbaren ist, den Kleists Menschen pflegen, nämlich die Promptheit und Regelmäßigkeit, mit der sie in Ohnmacht fallen. In diesem Phänomen drückt sich nicht nur ein Übermaß an seelischer Bewegung aus, wie wir es etwa an Penthesilea beobachten, wenn sie – im 9. Auftritt –, von Tagträumen überwältigt, »leblos, wie ein Gewand« in den Armen ihrer Gefährtinnen zusammensinkt, sondern auch ein Verlangen nach Heimkehr in das Unbewußte, nach Erneuerung aus den Elementarbeständen des Selbst. Alle Höhepunkte bei Kleist sind ein Versinken. Der Mensch sieht sich mit dem schlechthin Unfaßbaren konfrontiert: der noble Sylvester Schroffenstein muß sich einen Schurken und Mörder nennen lassen; die Marquise von O. erhält den definitiven Beweis ihrer Schwangerschaft; Elvire (im »Findling«) meint, den toten Colino zu erblicken; der sächsische Kurfürst wird Zeuge, wie Kohlhaas das sehnlich begehrte Dokument mit der Prophezeiung der Zigeunerin vor seinen Augen vernichtet; Käthchen empfängt aus Strahls eigenem Mund das Verbot, ihm weiterhin zu folgen; Amphitryon wird von seinen Offizieren für einen Betrüger gehalten; der Kämmerer Friedrich (im »Zweikampf«) hört die Selbstbeschuldigung der rasenden Littegarde – die Reaktion ist in jedem Fall Überwältigung,

Ohnmacht, Hinsinken in wohltätige Ich-Losigkeit. Aber auch in den Augenblicken feierlicher und gnadenreicher Erfüllung verläßt der Kleistsche Mensch die enge Behausung seines persönlichen Bewußtseins und tritt ins Grenzenlose zurück. Käthchens Antwort auf Strahls Werbung ist ein Stammeln und ein Hinschwinden der Sinne. Alkmene fällt, als Zeus sich ihr in der Herrlichkeit seiner wahren Gestalt offenbart, in tiefe Bewußtlosigkeit. Ihre Ohnmacht wird von dem Gotte selbst gewürdigt, wenn er auf Amphitryons bange Frage mit der erhabenen, wahrhaft göttlichen Wendung antwortet:

> Sie wird dir bleiben;
> Doch laß sie ruhn, wenn sie dir bleiben soll!
> (III, 11)

Ein Satz, der Trost und Warnung in einem ist, aber auch eine Heiligsprechung jenes Tiefenbereichs, den man, da weder Denken noch Fragen Zugang zu ihm haben, nur mit schonender Behutsamkeit respektieren kann.

Ein wenig zugespitzt darf man sagen: Kleists Werk beginnt und endet mit einer Ohnmacht, dem Ohnmächtigwerden Sylvester Schroffensteins im ersten Akt des Jugenddramas und der Ohnmacht, mit der Homburg in der Schlußszene des preußischen Weltgedichts aus seinem Todestraum in das Leben zurückstürzt. Ohnmachten sind in der Regel dramaturgische Verlegenheitslösungen, auch bei Kleist wirken sie zuweilen so. Wenn Sylvester Schroffenstein besinnungslos umfällt, weil man ihn zum Mörder stempeln will, dann scheint das zunächst nichts als ein etwas primitiver Aktschluß zu sein. Der Sinn der Kleistschen Ohnmachten enthüllt sich erst im Erwachen. So wird – im zweiten Auftritt des zweiten Aktes – Sylvesters Rückkehr ins Bewußtsein zu einer sehr betonten Szene ausgebaut, die ihre Rechtfertigung nicht so sehr im dramaturgischen Gefüge findet als in der offensichtlichen Neigung des Autors, bei dieser Ohnmacht und ihrer Ausdeutung zu verweilen. Das Hinabtauchen in die Seinstiefe wird nachdrücklich als eine Bewußtseinskräftigung interpretiert, als Heilmittel. Sylvester lehnt alle Stärkungen ab, die ihm die besorgte Gertrud anbietet:

> Dazu
> Brauchts nichts als mein Bewußtsein.

Das heißt: ein Bewußtsein, das sich vom Unbewußten unterstützt weiß, sich seines Zuspruchs versichert, sich aus ihm komplettiert.

Geist ist für Kleist etwas Totales, er umfaßt mehr als nur die Teilfunktion des Intellekts.

Was mich freut
Ist, daß der Geist doch mehr ist, als ich glaubte.
Denn flieht er gleich auf einen Augenblick,
An seinen Urquell geht er nur, zu Gott,
Und mit Heroenkraft kehrt er zurück.
(II, 2)

Die Fähigkeit, sich preiszugeben, sich zum Vorgeistigen zurückzu-tasten, Kontakt mit dem Ursprünglichen zu suchen und sich aus ihm zu erneuern, wird in Sylvester Schroffensteins Worten pro-grammatisch zu einer Eigenschaft des Geistes erklärt. Diese Stelle – die Konsequenz einer Ohnmacht – ist die erste große Feier des Unbewußten in Kleists Werk. Hier freilich eine Feier lediglich mit Worten. Später, bei reifenden künstlerischen Mitteln, bedarf es des Selbstkommentars nicht mehr. Schlaf und Ohnmacht werden zu Offenbarungsmächten nicht nur erklärt, sie übernehmen als solche nun auch dramaturgische Funktion. Wenn Wetter vom Strahl bei dem schlummernden Käthchen Aufschluß sucht, wird die Hand-lung auf einer neuen Ebene fortgeführt, in einer Dimension, wo das Schlafwissen regiert und sich dem des Tages überlegen zeigt; und wenn die Marquise von O. im Schrecken des Schloßbrandes und der drohenden Notzüchtigung die Besinnung verliert, dann wird die Ohnmacht selbst zum dramatischen Schauplatz, auf dem sich vorwegnehmend zuträgt, was Bewußtsein und Sitte erst nachträg-lich gutheißen können.

Natürlich gibt es bei Kleist auch die Ohnmacht im gewöhnlichen Sinne, als körperlichen oder seelischen Zusammenbruch. Jeronimo (im »Erdbeben in Chili«) wird ebenso wie Gustav von der Ried (in der »Verlobung in St. Domingo«) vor Erschöpfung ohnmächtig, Littegarde aus Seelenschwäche, die Kurfürstin aus Schmerz über den vermeintlichen Tod des Gatten, Thusnelda (nach der Bären-Szene) vor Entsetzen über sich selbst. Doch das bleiben Ausnahmen. Als sinnträchtiger Faktor im Kleistschen Weltbau erscheint die Ohn-macht überall da, wo sie Einkehr ist und nicht Flucht. Penthesilea ist, als sie im 14. Auftritt aus ihrer langen Ohnmacht aufwacht, »ruhig wie das Meer, das in der Bucht der Felsen liegt«.

Sylvester Schroffensteins Hinweis auf den in der Ohnmacht an seinen Urquell – »zu Gott« – gehenden Geist, der Satz »Denn nicht *wir* wissen, es ist allererst ein gewisser *Zustand* unsrer, welcher weiß« (in der Schrift »Über die allmähliche Verfertigung der Gedanken beim Reden«) und endlich die Briefstelle »Jede erste Bewegung, alles Unwillkürliche, ist schön; und schief und verschroben alles, sobald es sich selbst begreift. O der Verstand! Der unglückselige Verstand!« (an Rühle von Lilienstern, 31. August 1806) bilden eine thematische Linie, die zu dem Aufsatz »Über das Marionettentheater« führt. Es ist Kleists Apotheose des Unbewußten. Gott, Gliederpuppe und Tier stehen hier als Dreieinigkeit eines durch kein Bewußtsein gestörten Daseins aus der Unschuld. Das göttliche Bewußtsein ist allumfassend, es kennt keine Fesselung durch das Einzelne. Die Marionette ist Apparat, hat selber kein Bewußtsein, überläßt sich aber widerstandslos einem höheren Willen, der über sie verfügt. Die Unfehlbarkeit ihrer Bewegungen wird durch eine außerhalb ihrer waltende Kraft verbürgt, die sich gnadenvoll in den Schwerpunkt eben dieser Bewegungen versetzt. Der Spieler läßt die Puppe tanzen, indem er selber in ihr tanzt. Innen und Außen, Person und Schicksal, Ich und Gott sind im Gliederspiel der gehorsamen Kunstfigur eines.

Das Tier hat nur die Sicherheit seines Inneren. Der fechtende Bär des Aufsatzes reagiert unfehlbar, weil es ihm verwehrt ist, das Außen und seine Möglichkeiten zu bedenken. Er ist das in sich vollkommene Instinktwesen, das freilich von der Fähigkeit ausgeschlossen ist, das außer ihm Liegende durch Reflexion in Besitz zu nehmen. Beide – Marionette und Bär – stellen Teil-Vollkommenheiten dar: die Marionette dank ihrer unbegrenzten Willfährigkeit gegen das Außen, der Bär dank seiner absoluten, besinnungslosen Innerlichkeit. Kleist bewundert beide. Aber es ist nicht so, daß er den Menschen durch sie ersetzt wissen möchte. Für ihn sind sie lediglich Demonstrationsobjekte, mit deren Hilfe er das Dilemma des zum Bewußtsein erwachten Individuums zu erläutern und zu lösen sucht.

Der Mensch hat vom Baum der Erkenntnis gegessen, er ist der paradiesischen Unschuld, das heißt: der reflexionslosen Übereinstimmung mit dem Sein, verlustig gegangen. Für Kant und Schiller war das die »glücklichste und größte Begebenheit in der Menschengeschichte«. Denn durch den Abfall vom Instinkt wurde der

Mensch zu einem Wesen der bewußten Moralität. Im Paradiese wäre er – laut Schiller – bestenfalls »das glücklichste und geistreichste aller Tiere geworden«. Jetzt aber tritt er aus der »Vormundschaft des Naturtriebs«, wird aus einem Sklaven des Instinkts ein freies Wesen, das zu vernunftgemäßem Handeln fähig, wenn auch keineswegs immer bereit ist, und damit – Schiller verhehlt sich das nicht – aus »einem unschuldigen Geschöpf ein schuldiges, aus einem vollkommenen Zögling der Natur ein unvollkommenes moralisches Wesen, aus einem glücklichen Instrument ein unglücklicher Künstler« (»Etwas über die erste Menschengesellschaft nach dem Leitfaden der mosaischen Urkunde«, 1790).

Der Glaube an einen Weg, der – »wär' es auch nach späten Jahrtausenden« – zu einer vollkommenen Herrschaft des mündig gewordenen Geistes und damit in ein »Paradies der Erkenntnis« führen wird, trägt Schiller über die Tragik des zwischen Instinkt und Vernunft gestellten Menschen hinweg. Kleist, der an das Irdische gebunden bleibt, auch wo er darüber hinauszutreten scheint, beharrt auf dem Riß. Für ihn, den Nicht-Philosophen, den metaphysischen Realisten, wird mit dem, was Schiller einen »Riesenschritt der Menschheit« nennt, ein existentieller Notstand hergestellt: die Einheit von Seele und Welt zerbricht. Der Einzelne ruht nicht mehr im Ich, sondern steht seinem Ich urteilend gegenüber – ganz so wie jener junge Mann in Kleists Aufsatz, der vor dem Spiegel die Pose des Dornausziehers nachzuahmen versucht. Der Spiegel entreißt ihm die Unbefangenheit, stößt ihn aus seiner Unschuld. Das ist – in schlichtester Anschaulichkeit – die Situation des zum Selbstbewußtsein und damit auch zum Zweifel an sich selbst verurteilten Menschen. Indem das Ich seiner selbst innewird, tritt es auseinander. Das Doppelgängermotiv der Romantik wird von Kleist aller schummrigen Spukhaftigkeit entkleidet. Es ist kein Produkt der Gefühlsanarchie mehr, sondern erweist sich – auf seine Wurzeln zurückgeführt – als sinnfälliger Ausdruck der Bewußtseinsnot. Nicht nur in Amphitryon und Sosias, auch in Homburg, der sich »zerteilt«, und in Wetter vom Strahl, der sich »doppelt« nennt, ja sogar in Adam, der freilich mit seinen Identitäten – Sünder und Richter – behende zu jonglieren versteht.

Das Bewußtsein seiner selbst hindert den Menschen an der vorbehaltlosen Hingabe sowohl an das Außen als auch an das Innen. Vom Kosmos ist er ebenso getrennt wie von der natürlichen Kraft seiner eigenen unwillkürlichen Regungen. Der Zwiespalt kann nur überwunden werden, wenn wir lernen, uns aus den Bewußtseinsfesseln zu befreien. Was nicht heißt, daß der Mensch entweder zum Tier oder zur Maschine werden, sondern daß er ein zweites Mal erkennen und erkennend sich selbst überschreiten soll. Um bei dem simplen Beispiel des Fechters zu bleiben: Da der Fechter weder – wie die Marionette – nach den Weisungen einer außer ihm liegenden Macht agiert noch – wie der Bär – unbeeinträchtigt durch Überlegungen seinen Instinkten folgen kann, muß er sich die Kunst des Fechtens so zu eigen machen, daß sie völlig in ihn eingeht und er sie – auf der Stufe eines zweiten, sich selbst hinter sich lassenden Bewußtseins – mit schlafwandlerischer Sicherheit beherrscht. Wahre Souveränität kommt aus dem unbewußt gewordenen Wissen. Kleist erläutert das in dem um die gleiche Zeit entstandenen kleinen Prosastück »Von der Überlegung« noch einmal am Beispiel des Ringers. Die Überlegung, gibt er zu verstehen, finde ihren Zeitpunkt »weit schicklicher *nach*, als *vor* der Tat«. Die gemachte Erfahrung wird überdacht, unabhängig vom Zwang zur unmittelbaren Ausführung. Dann allerdings wird aus dem Nachher ein Vorher: das Gedachte geht in das Repertoire der unwillkürlichen Handlungen über, es wird Naturbesitz und reguliert als »Gefühl« unser künftiges Tun. Eben das ist es ja, was wir an jeder großen Leistung bewundern, daß sie alle Zeichen willentlicher Anstrengung überwunden hat und damit jede »Ziererei«. Das alle Räume des Bewußtseins durchmessende und so zur Freiheit unbewußter Lebenshoheit und Lebensanmut gelangende Individuum – in ihm sieht Kleist eine höchste Erfüllung. Das hat nichts mit brutaler Instinktvergötzung, nichts mit einem Wüten des Geistes gegen den Geist zu tun, nichts auch mit einer Verherrlichung der Automatenwelt, wie man sie dem Autor des »Marionettentheaters« in dem Bemühen unterstellt hat, ihm zu einer Art negativer Modernität in der Nachbarschaft des *homme machine* und der Roboter zu verhelfen. Nicht der entmenschlichte Mensch ist sein Ideal, nicht das »schicksalslose Gerüst« (Wladimir Weidlé), sondern im Gegenteil: der wieder in Einklang mit der Schöpfung und damit ganz zu sich selbst gebrachte, der vollkommen menschliche Mensch, wie er – und das ist eine Kleistsche Grundfigur – am Morgen der Menschheit gewesen sein mag.

Der Silberglanz der Frühe liegt über diesem Menschenbild. Das Anfängliche ist für Kleist voller Zauber und Versprechen. Es gebe Menschen wie die »ersten Arabesken«, bemerkt er auf einem Albumblatt (11. April 1801), und nur ein Raffael könne sich unterfangen, sie zu verstehen. Das bebende Verlangen nach einer neuen Unschuld, der Traum vom ersten Menschen, die Vision uranfänglicher Reinheit, geboren aus dem Leiden am Allzuirdischen der eigenen Person, sind bestimmende Impulse seines Schaffens. Wie später Kafka lebt Kleist in dem Schmerz über die verlorene Unschuld, und dieser Schmerz wird schöpferisch. Bei Kafka verwandelt sich das Gefühl des Verlustes in Schuldgefühl. Dieses wiederum äußert sich als pervertierte Heilserwartung: sie sucht Erlösung gerade bei den Mächten, die am weitesten von der ersehnten Unschuld entfernt sind. So gelingt Kafka nur das, was Hermann Broch einen »Gegenmythos« genannt hat, nämlich Chiffren und Bilder des wehrlosen Menschen, die etwas von der Kraft verzweifelter Beschwörungsformeln haben.

Penthesilea und Käthchen sind mehr als das, sie sind produktive Rückgriffe, echte Geschöpfe mythennaher Einbildungskraft: furchtbare Versuchung mit dem Blutgeruch des Vormenschlichen die eine, Erfüllung eines Menschheitstraums die andere. Nicht ohne Grund ist Käthchen die meistgeliebte Gestalt in Kleists gesamtem dichterischen Werk, die einzige auch, die schon zu seinen Lebzeiten eine bescheidene Volkstümlichkeit erlangte. Hier hat das lockende Bild des Menschen vor dem Sündenfall Gestalt und Leben angenommen. Es ist bezeichnend, daß Theobald Friedeborn vor dem Femegericht nichts Höheres zu Käthchens Lobe zu sagen weiß, als daß sie an Leib und Seele gesund sei »wie die ersten Menschen, die geboren worden sein mögen«. Käthchen ist die vollkommene, reflexionslose Naivität, eine in ihrer Fraglosigkeit und Ungeteiltheit durchaus unromantische Figur in einem romantischen Ritterschauspiel. Romantisch ist das ohnmächtige Verlangen nach der Naivität, ist die Sehnsucht nach der Unschuld und nach der Einheit mit dem Sein – Käthchen *ist* naiv, *ist* unschuldig, sie *hat* diese Einheit. Sie ist die Wissende, die der Vernunft des Unbewußten gehorcht. Im Schlafe, unter dem Holderbusch, plaudert aus ihr die Weisheit der Welt.

Doch Kleist kann bei Käthchens Märchenunschuld sowenig stehenbleiben wie bei der Unschuld des Bären oder der Vollkommenheit der Gliederpuppe. Er hat es mit einem Wesen zu tun, das wiederzuerlangen wünscht, was Käthchen nie verlor: mit dem Menschen, der die »Reise um die Welt« machen und sich ins Unendliche entfernen muß, um das Endliche ganz zu besitzen.

Der Aufsatz »Über das Marionettentheater« erschien, auf vier Nummern verteilt (12.–15. Dezember 1810), in den »Berliner Abendblättern«. Er ist kein Traktat, keine Thesenschrift, kein philosophisches Lehrstück, sondern ein journalistisches Erzeugnis – ein Feuilleton, wenn man so will. Aus dieser Form nimmt er seine Rechte: das Recht des graziösen Umrisses, der Anspielungen auf Aktuelles (das Hofopernballett!), der erzählerischen Ausschmükkung, der tiefsinnigen Andeutung und des Zurückweichens vor letzter denkerischer Konsequenz. Er ist eher ein Stück poetischer Prosa zwischen den Formen als eine wie auch immer geartete Programmschrift, ein Werk anmutiger Spontaneität, in welchem selbst etwas von der Freiheit herrscht, die es beschreibt. Man denkt an Valérys »Monsieur Teste« oder – auch vom Thema her – an die Gespräche »Über die Seele und den Tanz«, an »L'envers et l'endroit« von Albert Camus, an die Kurzprosa Robert Musils – Arbeiten, in denen gleichfalls poetisch-imaginative und essayistisch-analytische Elemente miteinander verschränkt sind. Kleist war ein poetischer Denker, einer, der in seinem, dem dichterischen Material dachte. Das macht den Zauber dieser unvergleichlichen Schrift aus, setzt ihrer Anwendbarkeit aber auch Grenzen. Es wäre unkleistisch, wollte man das Modell des »Marionettentheaters« systematisch in seine Dichtungen hineininterpretieren. Parallelen können nur bis zu dem Punkt gezogen werden, wo die Eigenständigkeit des Kunstwerkes beginnt. Kleist brachte Keime zum Treiben, jede seiner Dichtungen hat ihre eigene Entelechie. Es lag ebensowenig in seiner Natur, im Dichten eine Idee verwirklichen wie sich selber in ein System bringen zu wollen. Man kann lediglich sagen, daß Gliedermann, Bär und der durch das unendliche Bewußtsein gehende Mensch ständig im Hintergrund seines Geistes anwesend waren – nicht als starre Denkmodelle, sondern als Grundfiguren seiner Phantasie. Als solche wirkten sie in das Werk, und zwar in unablässigem Gestaltwandel. Alkmenes Begegnung mit dem Göttlichen, Homburgs Todeserfahrung, die Ausschweifung des Rechtssinns, der Michael Kohlhaas sich zum Besten der Welt hingibt – sie alle sind Formen des Durchgangs durch das Unendliche. Alkmene wird durch Jupiter über das Endliche hinausgeführt zu einer schmerzhaften Bewußtseinshöhe, auf der in der Tat die »beiden Enden der ringförmigen Welt« ineinandergreifen und das höchst Bewußte sich wohltätig in das Unbewußte zurückwendet. Dieser Punkt wird mit einer einzigen Silbe bezeichnet, mit einem geseufzten Laut, jenem ewigkeitsträchtigen »Ach«, mit dem das Stück schließt und das schon Kleists Zeitgenossen lebhaft beschäftigte. Michael Kohlhaas wird zum Engel des Gerichts, der gekommen ist, »die Arglist, in welche die ganze Welt versunken sei, zu bestrafen«. Er gerät in den Sog des Absoluten – aber am Ende steht kein Zerstörer, sondern ein Überlegener, der mit dem Lächeln der wiedergewonnenen Unschuld und in geduldiger Seinshinnahme dem Tod entgegensieht. Homburg endlich geht durch die kreatürliche Angst, er erfährt den Tod, als erlitte er ihn wirklich. Aber auch er zerbricht nicht daran. Auf den Absturz in die Todesfurcht folgen Resignation (der Derwisch-Monolog, IV, 3) und Erhebung. Die Briefszene (IV, 4) ist die Szene der Läuterung und Bewußtwerdung. In ihr vollendet sich der Durchgang durch das Unendliche: durch die tiefste Erschütterung gelangt der Prinz zur zweiten Erkenntnis und damit zu einer neuen Übereinstimmung mit dem Sein. Oder in der Sprache des »Marionettentheaters«: er mußte »wieder von dem Baum der Erkenntnis essen, um in den Stand der Unschuld zurückzufallen«, jener traumhaften Unschuld, in der wir ihn zu Beginn im mondbeschienenen Garten von Fehrbellin antreffen.

Auch in Homburg steckte noch – wie in Kleist selber – ein Stück Schroffensteinertum, sein Verhalten in der Schlacht war vom blinden Trieb bestimmt. Schein, Wahn und Versehen spielten ihre Rolle. Doch durch die bloßen Schauer des Todes, durch seinen »hereindunkelnden Schatten«, wird hier, wie Hebbel in seiner Rezension des Dramas bewundernd bemerkte, etwas vollbracht, was in allen übrigen Tragödien nur durch den Tod selbst erreicht werde. Der Held findet zurück zu der Ureinheit, von der er abgefallen war. Indem er den Tod, dessen Drohung ihn zunächst in den rohen Naturzustand zurückgeschleudert hatte, in sein Wissen aufnimmt, gelangt er zum Bewußtsein des Unendlichen und wird frei zum Leben – zu einem Leben freilich, das wir uns ebensowenig vorstellen können wie das Alkmenes nach dem »Ach«. Das ist die Grenze des Kunstwerks, über die hinaus es nicht befragt werden darf. Jenseits des Schlusses von »Amphitryon« und »Homburg« beginnt jenes »letzte Kapitel von der Geschichte der Welt«, von dem Kleist in seinem Aufsatz spricht: das Reich der wiedererlangten Unschuld. Es entzieht sich der Darstellung von Menschenhand, nicht weil es das Ende der Menschheit bedeutete, sondern ihre Vollendung. Kurioserweise fühlen sich neuerdings einige Ausleger durch diese Wendung zu Untergangsvisionen angeregt. Augenscheinlich verbinden sie damit die Vorstellung der Katastrophe, die sie der verrotteten Moderne ohnehin wünschen, und sind glücklich, in Kleist einen ihrer Urheber gefunden zu haben. In Wahrheit steht das »letzte Kapitel von der Geschichte der Welt« im Zeichen des souverän gewordenen Menschen. Das absolute Ich tritt seine Herrschaft an, unbeeinträchtigt vom Bewußtsein des Endlichen, sicher beheimatet in der Ewigkeit des Seins und ausgestattet mit der Anmut der Unschuld und der Unfehlbarkeit des Spontanen. Eine Utopie, gewiß; aber eine, die ihr Licht in das Hier und Jetzt sendet und so doch nicht nur Utopie ist. In jedem von uns ereignet sich die Geschichte der ganzen Menschheit. Ihr letztes und das heißt: ihr krönendes Kapitel ist auch das jedes einzelnen Menschenlebens.

Cherub und Traumgesicht

Die Formel von dem Durchgang durch das Unendliche ist kaum weniger vieldeutig als das »Ach« der Alkmene, von dem Jean Paul meinte, daß es zu *viel* bedeuten würde, wenn es nicht auch zu *vielerlei* bedeutete. Trotzdem hat sie sich als eine der zukunftshaltigen Stellen in Kleists Werk erwiesen. In ihr vollzieht sich – für das heutige Auge – der Brückenschlag zur Moderne. Dichter wie Interpreten fühlen sich in wachsendem Maße von der Chiffre der »gleichsam durch ein Unendliches gegangenen Erkenntnis« bezaubert, sie spielt die Rolle eines geheimen Losungswortes. Die moderne Literatur steht im Zeichen der Bewußtseinserweiterung. Das Ich ist ihr zu eng geworden, sie dehnt es nach allen Seiten, sucht es hinauszutreiben ins Unendliche. Aber nicht, um sich darin aufzulösen und ins Überall und Nirgends der Romantik zu entweichen, sondern um aus den Ekstasen des Grenzenlosen, befreit und gereinigt, zu sich selbst zurückzukehren. Proust, Joyce, Virginia Woolf, Hermann Broch – was taten sie anderes, als daß sie den Durchgang durch das Unendliche wagten? D. H. Lawrence, Faulkner, Jean Giono, Robinson Jeffers – worauf ist ihr innerstes Verlangen gerichtet, wenn nicht auf die Wiedererlangung ursprünglicher Reinheit? Schillers Überzeugung, daß der Mensch kraft der Sicherheit und Überlegenheit seiner Vernunft für das Paradies »schon zu edel sei«, würde ihnen als Unbescheidenheit gelten. Sie alle schreiben – jeder auf seine Weise – an dem »letzten Kapitel von der Geschichte der Welt«.
Das Liebesverhältnis mit dem Unendlichen schafft einen neuen Wirklichkeitsbegriff. Bei Kleist wird das Gefühl zum Toröffner. Zugleich aber – und das vertreibt die romantischen Nebel – bleibt sein Blick mit preußischer Nüchternheit auf das Endliche gerichtet. In seiner Weltleidenschaft ist er bis zuletzt ein Kind der Aufklärung. Eine Herrlichkeit, die das Auge nicht mehr wahrnehmen kann, wird abgewiesen. Homburgs Satz

> Zwar, eine Sonne, sagt man, scheint dort auch,
> Und über buntre Felder noch, als hier:

> Ich glaubs; nur schade, daß das Auge modert,
> Das diese Herrlichkeit erblicken soll
> (IV, 3)

ist der eines skeptischen Träumers, der das Unendliche im Irdischen erfahren will. Das

> Nun, o Unsterblichkeit, bist du ganz mein!
> (V, 10)

wird in voller Gegenwärtigkeit gesprochen. Homburg kostet die Unsterblichkeit, schmeckt sie wie etwas Sinnliches, spürt ihren Sonnenglanz durch die »Binde seiner Augen«. In allen Ausschweifungen des spekulativen Gefühls bleibt das Endliche der eigentliche Zweck. Es soll nicht »überwunden«, sondern reicher gemacht, es soll in den großen Seinszusammenhang aufgenommen und in solchem Zusammenhang empfunden werden.

Wir haben bei anderer Gelegenheit von Kleists Mißverhältnis zur Wirklichkeit gesprochen. Das bedeutet nicht, daß er das Empirische im Schillerschen Sinne als gemein, roh oder niedrig angesehen hätte. Den Dualismus zwischen Idee und Wirklichkeit gibt es bei Kleist nicht, nur den zwischen Wirklichkeit und Wirklichkeit. Auf der einen Seite die Konventionen des Wirklichen, auf der anderen die aus ihren Zwecken und Bezügen gelöste, die absolut genommene Wirklichkeit. Dieser absolute Wirklichkeitssinn tritt notwendigerweise in Gegensatz zu einem Wirklichkeitsbegriff, der jedes Ding in seiner gesellschaftlichen Gebundenheit zu sehen und sich danach zu verhalten gewohnt ist. Der Realist landläufiger Prägung hat es von vornherein mit einer modifizierten, reduzierten Wirklichkeit zu tun, ja sein »Realismus« besteht darin, daß er sich mit dieser abfindet. Der Realist vom Schlage Kleists operiert mit einer unbedingten Wirklichkeit. Wo eine solche Haltung ihrerseits einmal ins Pragmatische umschlägt, da kann es zu so sonderbaren Konsequenzen kommen wie der, daß der Napoleon-Hasser Kleist sich in Dresden ernstlich mit dem Gedanken trägt, den Code Napoléon zu verlegen. Hier tritt das Unbedingte im Gewande eines scheinbaren Opportunismus auf. Kleists Wirklichkeitssinn ist mit einer jede andere Erwägung ausschließenden Naivität auf die Realität dieses einen Augenblicks gerichtet, in welchem sich der Code Napoléon in der Tat als günstiges Verlagsobjekt empfiehlt. Solch ein Entschluß – er kam dann nicht zur Ausführung – ist wie eine Insel; die Verbindungen zum Festland der übrigen Existenz sind weggebrochen.

In diesem Zusammenhang hat man wohl auch – nun in positiver Gestalt – die journalistischen Talente zu sehen, die Kleist im Herbst 1810 als Herausgeber der »Berliner Abendblätter« unvermutet entfaltet. Kleist ist gewiß kein guter Redakteur, aber ein glänzender Journalist. Er ist zu selbstherrlich, zu ungeduldig, zu wenig biegsam, um als *primus inter pares* Mitarbeiter um sich versammeln und dauerhaft für das Unternehmen interessieren zu können. Nichtsdestoweniger gelingt es seinem absoluten, um Rücksichten und Konventionen unbekümmerten Tatsachensinn, einen neuen, attraktiven Zeitungstyp zu schaffen. Die »Berliner Abendblätter« bieten *facts*: Polizeiberichte (damals etwas Neues!), lokale Aktualitäten, volkstümliche Sensationen, Stadt- und Auslandsnachrichten, Popularwissenschaftliches, Polemik, Kulturberichte, Theaterkritik – und alles das so prompt, so pointiert, so schmackhaft, daß das Blatt begreiflicherweise Furore macht. Seine Tugenden aber, geboren aus einem Mangel an ängstlicher Lebensrücksicht, mußten mit der gleichen Zwangsläufigkeit, wie sie den Erfolg beim Publikum brachten, zu Konflikten mit den Mächten des öffentlichen Lebens führen. Diese stellen der florierenden Neugründung denn auch bald ein Bein und bewirken ihren raschen Ruin. Es verdient aber als ein erstaunliches Faktum festgehalten zu werden, daß der Schöpfer des modernen Dramas auch der eines modernen, uns heute sehr geläufigen Zeitungstypus ist. Wo das absolute Ich sich manifestiert, da entsteht – auf welchem Gebiet auch immer – neues Leben. Als ein tollkühner journalistischer Alleingang werden die »Berliner Abendblätter« denkwürdig bleiben.

Wie Kleists Phantasie in den Seinsgrund hinabsteigt und aus ihm die Wirklichkeit seiner Bilder und Figuren heraufholt, ihnen zu substantiellem Leuchtvermögen, zu Duft, Menschenlaut und sinnlicher Realität verhilft, so ist es ihm ein zwanghaftes Bedürfnis, sich alles, was nicht Gegenstand der Einbildung ist, mit einer Art von körper-seelischem Tastsinn zu eigen zu machen. In dem bedeutsamen Brief an Marie von Kleist vom August 1811 umschreibt er das mit den Worten: »Mit meinen Sinnen in der wahrhaftigen lebendigen Gegenwart möchte ich ihn [den Gegenstand] durchdringen und begreifen.« Schiller dachte *für* die Wirklichkeit, indem er sie mit einem ideellen Überbau versah; Goethe dachte *mit* der Wirklichkeit, indem er auf sie zuging und zu einer Übereinkunft mit ihr kam; Kleist denkt *aus* der Wirklichkeit. Er tritt in sie ein, durchfühlt sie, verweilt in ihr, bis die Materie aus sich zu leuchten beginnt. Das erklärt – zu einem Teil – die unvergleichliche Strahlungskraft, die das realistische Detail bei ihm hat. Hier begegnen sich Vorstellungs- und Erfahrungsfähigkeit und schaffen sinnliche Gegenwärtigkeit bis ins einzelne. Es gibt nichts, was für Kleist unwichtig wäre. »Die Welt, der liebliche Schauplatz des Lebens« wird vollständig durchmessen, ehe die Gestalten der Phantasie ihn bevölkern.

Besonders an den Erzählungen wird das deutlich und von ihnen besonders am »Michael Kohlhaas«. Hier feiert die lebenspendende Kraft des Details Triumphe: wie der Burgvogt sich eine Weste über dem »weitläufigen Leib« zuknöpft und »schief gegen die Witterung gestellt« nach dem Passierschein fragt; wie der Abdecker aus Döbbeln inmitten des allgemeinen Aufruhrs breitbeinig auf dem Marktplatz steht, seelenruhig sein Wasser abschlägt und sich die Haare kämmt; wie nicht zu erwähnen vergessen wird, daß die Quelle, die der arme, zerschlagene Herse zu seiner Heilung aufsucht, mit »Dach und Einfassung« versehen sei (wieviel zierliche Akkuratesse in einer aus den Fugen geratenen Welt und wieviel dankbare Aufmerksamkeit für das intakte Einzelne!); oder die – man möchte sagen – innige Genauigkeit, mit der der Erzähler das fürstliche Begräbnis der so kläglich umgekommenen Elisabeth Kohlhaas beschreibt: »Ein eichener Sarg, stark mit Metall beschlagen, Kissen von Seide, mit goldnen und silbernen Troddeln, und ein Grab von acht Ellen Tiefe, mit Feldsteinen gefüttert und Kalk.«

Solche Frische des realistischen Details gelingt keinem schulmäßigen Realisten. Hierzu bedarf es des übergreifenden Bewußtseins eines Geistes, für den das Endliche der winzige, uns zugewiesene und daher zärtlich zu hütende Ausschnitt aus einer weiteren, ausgedehnten Wirklichkeit ist. Erst in der unendlichkeitsbewußten Erfahrung erwacht das Wirkliche zum Leben, strahlt aus dem Einzelding das Ganze der Schöpfung. Damit steht Kleist einem D. H. Lawrence, ja einem Hemingway näher als Kafka, bei dem die dringliche Realität – trotz aller Detail-Genauigkeit – doch immer etwas Emblemhaftes behält. Man muß in jedem Augenblick des Daseins auf das Leben blicken, als hätte man es schon einmal ganz durchmessen. Nur so gelangt man – auch als Leser – zu einem Total-Realismus, der das Über- und das Unter-Wirkliche als wesentliche Mächte in die Empire einbezieht; und nur so löst sich auch das für viele Betrachter peinlichste Problem: die Rolle des Übersinnlichen bei Kleist.

Hegel hat in seinen »Vorlesungen über die Ästhetik« den Prinzen von Homburg als den »erbärmlichsten General« getadelt. »Beim Austeilen der Disposition zerstreut, schreibt er die Ordre schlecht auf, treibt in der Nacht vorher krankhaftes Zeug, und am Tage in der Schlacht ungeschickte Dinge.« Für Hegel ist Homburg der Inbegriff romantischer Subjektivität und Verkehrtheit – wobei er unter romantisch alles versteht, was den »Anthropomorphismus der griechischen Anschauung« abgestreift habe, also praktisch alle Kunst seit der Antike. Die »absolute Innerlichkeit«, die »subjektive Unendlichkeit des Menschen in sich« sind nach Hegels Definition der wahre Inhalt der Romantik. Auf die Romantik im engeren Sinne trifft das gewiß zu, kaum aber auf den Kleistschen Menschen, der eben nicht in der »unaufgeschlossenen Tiefe des Gemüts« zu verharren, eben nicht die äußere Realität als etwas Inadäquates von sich zu weisen wünscht, sondern in seiner Innerlichkeit Organe zu entwickeln hofft, die ihm die vollständige Durchdringung des Weltganzen überhaupt erst möglich machen sollen.

Geläutertes Gefühl, die Vermählung des Geistigen mit dem Elementaren, aber auch die aufschließenden Mächte des Traums und des ahnungsvollen Erkennens sind solche Organe. Hebbels Notiz »Die menschliche Seele ist doch ein wunderbares Wesen, und der Zentralpunkt aller ihrer Geheimnisse ist der Traum«, Jean Pauls Bemerkung »Wahrlich, mancher Kopf würde uns mehr mit seinen Träumen als mit seinem Denken belehren« und die Nietzsche-Stelle »In allem wollt ihr verantwortlich sein! Nur nicht für eure Träume! Welche elende Schwächlichkeit, welcher Mangel an folgerichtigem Mute! Nichts ist mehr euer Eigen als eure Träume! Nichts mehr euer Werk! Stoff, Form, Dauer Schauspieler, Zuschauer – in diesen Komödien seid ihr alles ihr selber!« (aus der »Morgenröte«) enthalten Einsichten, die wir bei Kleist nirgends ausgesprochen, wohl aber mit größter Selbstverständlichkeit angewendet finden. Gerade dies jedoch verfällt Hegels Ablehnung. Mißbilligend spricht er von einer Poesie, die, statt klar und durchsichtig zu sein, »in das Nebulose, Eitle und Leere hinüberspielt, wovon Hoffmann und Heinrich von Kleist und sein Prinz von Homburg Beispiele liefern«. Etwas »gespenstig-Abgeschmacktes« liege in der Verwicklung eines Generals in solch »willkürlichen Mystizismus«.

Hegels Urteil über Kleist gehört zu denen, die immer wieder gefällt werden. Wie das Goethes sucht es ein Unbehagen zu rationalisieren. Den Wahrtraum Käthchens nimmt man hin – denn wir sind im Märchen. Den Homburg nicht – denn er widerspricht dem Milieu. Vollends bei »Michael Kohlhaas« redet man von Mißgriff und Fehler, von irrationaler Aufquellung – so sehr scheint der Schlußteil mit dem Auftreten der Zigeunerin dem realistischen Grundzug der Erzählung zu widerstreben.

Träume

Daß der Traum das Innere des Menschen öffnet, ist uns eine geläufige Wahrheit. Seine divinatorische Qualität liegt darin, daß er die seelischen Prämissen zukünftiger Handlungen aufzudecken vermag. Auch hier gilt ein Wort Hebbels: »Die Alten wollten aus dem Traum weissagen, was dem Menschen geschehen würde. Das war verkehrt! Weit eher läßt sich aus dem Traum weissagen, was er tun wird.« Jedoch: bei Kleist geht es nicht um Psychologie, sondern um Einbettung des Menschlichen in einen breiteren Lebenszusammenhang. Wohl leuchtet auch bei ihm der Traum in die Wunschtiefe. Zugleich aber stellt er die Verbindung her zu einer Wahrheit, die außerhalb des Menschen liegt. Nicht daß Käthchen von einem glänzenden Ritter träumt, ist das Entscheidende – das könnte ein gefügiges Wunschbild sein, das sich nachträglich seine Züge von der Wirklichkeit borgt –, sondern daß zur gleichen Stunde auch Wetter vom Strahl von Käthchen träumt. Der Unterschied ist freilich, daß Käthchen ihren Helden, als sie ihn zum erstenmal leibhaftig vor sich sieht, sofort und mit überwältigender Sicherheit erkennt, während umgekehrt der Graf blind bleibt. Ihm kann kein Traum helfen. Er ist »doppelt«, und das nicht nur in dem Sinne, daß er gleichzeitig in der »wirklichen« Welt lebt und in der »unwirklichen« als Traumerscheinung umgeht (»Ein Geist bin ich und wandele zur Nacht!«), sondern daß er als bewußter Mensch ein Leben führt, das seinem unbewußten Dasein widerspricht. Er ist ein vom Willen Verführter, der gegen seine Natur lebt. Kleist hat das auf das pointierteste dargestellt: der für Käthchen Bestimmte meint Kunigunde zu lieben, das künstliche Geschöpf an Stelle des reinen Naturwesens. So gesehen, ist es kein Verlust, daß aus der Nixe, die Kunigunde in der nicht erhaltenen Urfassung gewesen sein soll, ein Kunstprodukt geworden ist, eine »mosaische Arbeit, aus allen drei Reichen der Natur zusammengesetzt«.

Selbst als Wetter vom Strahl die Identität der beiden Träume –
seines und Käthchens – erkannt hat, versteht er ihren Sinn nicht:

> Denn wie begreif ich die Verkündigung,
> Die mir noch silbern wiederklingt im Ohr,
> Daß sie die Tochter meines Kaisers sei?
> (IV, 2)

Er hält sich für einen vom »Wunderlicht« Geblendeten und ist doch
nur ein vom hellen Tagverstand Düpierter – ein strahlend-törichter
Held, der klug zu sein meint, weil er nicht glauben kann. Der
Cherub, der ihn zur Nachtzeit in Käthchens Kammer führt, ist ihm
ein Blendwerk, nichts Wirkliches. Erst ganz am Schluß gibt er sein
Sträuben auf und sieht, worum es geht, nämlich um »Wissenschaft,
entschöpft dem Himmelsbronnen«:

> Ein Cherubim, der mir, in Glanz gerüstet,
> Zu Nacht erschien, als ich im Tode lag,
> Hat mir, was leugn ichs länger, Wissenschaft,
> Entschöpft dem Himmelsbronnen, anvertraut.
> (V, 1)

Käthchen hat an solchem Trug der Klugheit keinen Anteil. Ihre
glitzernde Überlegenheit in der Holunderbusch-Szene kommt aus
der Sicherheit des Schlafbewußtseins, aus dem tieferen Wissen der
Natur. Zu diesem Zustand gehört auch, daß bei dem Partner das
gleiche Wissen vorausgesetzt wird. Käthchen nimmt Strahls Be-
griffsstutzigkeit nicht ernst. Was sie im wachen Zustand nur
zögernd und zerstreut ausspricht: »Ei, gestrenger Herr! Ihr wißts
ja!«, das wird hier zur durchgehenden Melodie. Es gibt der Szene
den neckenden Unterton eines Liebesspiels, das verschweigt und
dumm tut (»Ach, so geh!«, »Das weißt du nicht mehr?«), um so das
unausgesprochene Einverständnis noch inniger zu genießen.
Nichts Bezaubernderes als das lächelnde, tief befriedigte »Nun!
Siehst du wohl?«, mit dem Käthchen antwortet, als der Graf endlich
den Faden des zwiefachen Traumes aufgreift und ihn seinerseits
fortspinnt. Der Traum mit seinen Winken und Verheißungen ist
der Goldgrund, auf dem geschrieben steht, was ihnen bestimmt ist.
Nicht jeder kann die Schrift entziffern, wohl aber kann er ihre
Zeichen aufleuchten sehen und ihnen geschlossenen Auges zu
folgen suchen. Der Cherub ist mehr als ein romantisches Requisit:
er ist das Unsichtbare, das bei Kleist sichtbar werden muß, ebenso
wie das Unsagbare sagbar. So zerklüftet Kleists Universum ist, auf

seinem Grunde liegt die Vorstellung einer paradiesischen Ordnung, die der Mensch nur wiederherzustellen braucht.

Homburg träumt vom Ruhm. Hier bleibt der Traum in der Individualsphäre. Aber was er offenbart, ist nicht brutaler Egoismus, es ist das heroische Wunschbild einer edlen Jugend. Der Prinz ist in dem nächtlichen Garten von Fehrbellin mehr und reiner er selbst als später auf dem Schlachtfeld, wo der Willenskrampf sich einmischt und das Trügerische der Erscheinungswelt. Es wird leicht übersehen, daß Homburg nicht nur aus Ruhmsucht, Leichtsinn, Unaufmerksamkeit und Traumbefangenheit in der Schlacht das Falsche tut, sondern auch deshalb, weil er unter dem irrigen Eindruck steht, der Kurfürst sei gefallen (die Froben-Episode!). Um ihn zu rächen, stürzt er sich ein zweites Mal – gegen die Order – auf den Feind. Er läßt sich von seinem Schmerz über den vermeintlichen Tod eben des Mannes hinreißen, der ihn dann deswegen – das ist die Kleistsche Paradoxie – zur Rechenschaft ziehen muß. Homburgs Verhalten in der Schlacht steht ganz im Zeichen des Versehens und der Wirklichkeitsverwirrung. Das Gefühl tritt besitzergreifend in die Welt und wird schuldig. Franz Hafner hat auf den feinen Zug aufmerksam gemacht, daß der Prinz kurz vor der Schlacht mit dem Pferd stürzt und den linken Arm in einer schwarzen Binde trägt: »Der Unendlichkeitsträumer ist schon jetzt auffällig von der Endlichkeit gezeichnet.«

Die Mondnacht im Schloßgarten von Fehrbellin hat paradiesischen Charakter, und eben daraus ergibt sich die künstlerische Notwendigkeit, sie zu wiederholen, sie am Ende in der Realität des Bewußtseins zu bekräftigen: die wunderbare Konkordanz von Eingangs- und Schlußszene. Hier laufen zwei Entwicklungslinien zusammen: die Homburgs, der in der Erschütterung der Todesfurcht zur zweiten Erkenntnis reift und nun mit Bewußtsein ist, was er am Anfang bloß träumend war; und die seiner Umgebung, die sich jetzt bereit zeigt, dem Träumer am selben Ort zu huldigen, an dem sie ihn verspottete. Die preußische Welt, in Gestalt des Kurfürsten und der Generalität, beugt sich vor der Hoheit des Traums. Sie macht ihn wahr; ebenso wie der Kaiser im »Käthchen von Heilbronn« den Doppeltraum wahr macht, indem er Käthchen als seine Tochter erkennt und anerkennt.

Hebbels Einwand gegen diese Auflösung, sein Unmut darüber, daß Strahl die »echtgeborene Tochter der Poesie« erst zu heiraten wage, als sie Kaisertochter sei, daß also, wie er meint, eine »Pergamentrolle« (der kaiserliche Brief, der Käthchen zur Prinzessin von Schwaben macht) vollbringe, was die Liebe nicht vermag, arbeitet mit sachfremden Kategorien. Soziale Ressentiments sind nicht am Platze, wo es darum geht, ein Wesen nach Märchenart zu erhöhen. Im Märchen muß alles sinnfällig sein: wer aus dem feinsten Stoff ist, trägt die Krone. Über allem aber steht die Prophezeiung des Cherubs, die erfüllt werden muß, das Wissen aus dem Schicksalsstoff, dem es zu gehorchen gilt. Ganz so, wie Penthesilea – freilich zu einem vernichtenden Ende – dem Spruch der Otrere folgt:

> Du wirst den Peleïden dir bekränzen!

Oder wie der Dorfrichter Adam im Grunde nichts anderes tut, als daß er seinen nächtlichen Alptraum exekutiert:

> Mir träumt, es hätt ein Kläger mich ergriffen,
> Und schleppte vor den Richtstuhl mich; und ich,
> Ich säße gleichwohl auf dem Richtstuhl dort,
> Und schält und hunzt und schlingelte mich herunter
> Und judiziert den Hals in Eisen mir.
> (3. Auftritt)

Und wie Homburg schließlich der Held ist, als den er sich im Traume sah. Das ist das Fatum, und es bedeutet bei Kleist nicht Schickung von außen, sondern das vorweggenommene, das vorformulierte Gebot der eigenen Natur.

Die irdische Verwirklichung

Homburg ist am Ende noch sehr viel mehr als der vom Genius des Ruhms Gekrönte, als den er sich träumte; er ist ein vom Genius des Lebens Gezeichneter und Erhobener. Was er im Rausch der Schlacht verlor, hat er am offenen Grabe zurückgewonnen. Von allen Figuren Kleists kommt er der irdischen Utopie des »Marionettentheaters« am nächsten. In den Schlußszenen, im Angesicht des als notwendig erkannten Todes, hat er wirklich etwas von der schwebenden Leichtigkeit, der Vollkommenheit des »antigraven« Menschen. Nicht zuletzt deshalb konnte der Franzose Gérard Philipe einen sehr viel kleistischeren Homburg spielen, als er den jugendlichen Helden der deutschen Bühne gemeinhin gelingt. Wie immer bei Kleist soll das Grab Wiege sein. Wie immer bei ihm spricht aus der feierlichen Bejahung des Endes nicht bloß Lust am Untergang, nicht eine Sympathie mit dem Tode, die auf Kosten des

Lebens geht, sondern der Wunsch, die Schranken zwischen Sein und Dasein niederzulegen. Das Ewige strömt in das Endliche ein, im Bewußtsein des Unendlichen erblühen wir ganz zu uns selbst. So kann der Kurfürst es wagen, das erhabene Spiel noch einen Schritt weiterzutreiben – bis zum Hinausführen des schon Begnadigten zur vermeintlichen Exekution, mit verbundenen Augen und unter den Klängen des Totenmarsches. Die scheinbare Grausamkeit stößt die Pforte zu einer letzten Freiheit auf, zu einem Endzustand, der dem paradiesischen Anfang des Stückes entspricht.

Auch Kohlhaas sehen wir in solcher Erhöhung. Während er jedoch sterben, und das heißt hier: in der Vollendung verharren darf, soll Homburg leben. Hier beginnt eine neue Dimension: die irdische Dauer jenes äußersten Zustandes, von dem die Schlußsätze des Aufsatzes »Über das Marionettentheater« sprechen. Es wurde bereits gesagt, daß dies nicht darstellbar, daß es allenfalls suggerierbar ist. Die jähe Wendung zum Leben, zum Lebenmüssen im Bewußtsein einer übermenschlichen Erfahrung und eingeweiht in ein ungeheures Wissen, zum Weiterexistieren im Mysterium, trifft den Prinzen denn auch wie ein Schlag. Er wird ohnmächtig, fällt zu Boden wie in jener früheren Szene, in der Hohenzollern den Traumverzückten mit seinem Namen anrief. Die gutherzige Natalie deutet das auf ihre Weise:

Himmel! Die Freude tötet ihn!

Aber das Leben besteht auf seinem Recht. Der Kurfürst – und auch er scheint damit zu seiner ersten Gestalt zurückzukehren, in die derbe Spiellaune des Anfangs – befiehlt:

Laßt den Kanonendonner ihn erwecken!
(Kanonenschüsse. Ein Marsch. Das Schloß erleuchtet sich.)

Dem Sieger von Fehrbellin wird lärmend gehuldigt. Und nun folgt eine Wendung, die im patriotischen Getöse meist unterzugehen droht, obwohl Kleist mit Bedacht ein »augenblickliches Stillschweigen« für sie fordert. In die Stille hinein fragt Homburg, noch ganz benommen:

Nein, sagt! Ist es ein Traum?

Und Kottwitz – der biedere Haudegen Kottwitz – antwortet mit der zauberischen Gegenfrage:

Ein Traum, was sonst?

Er greift das Wort auf, das Homburg ihm reicht, und gibt es ihm zurück. Wie weit ist dieser märkische Oberst mit den drei Silberlocken auf dem kahlen Schädel vom preußischen Klischee entfernt – wieviel Zartheit, wieviel Takt, wieviel preußische Grazie nach all dem Donnern der Kanonen! Das ist der Mann, der vor der Schlacht die wahrhaft gotterfüllten Worte spricht:

> Ein schöner Tag, so wahr ich Leben atme!
> Ein Tag, von Gott, dem hohen Herrn der Welt,
> Gemacht zu süßerm Ding, als sich zu schlagen!
> Die Sonne schimmert rötlich durch die Wolken,
> Und die Gefühle flattern, mit der Lerche,
> Zum heitern Duft des Himmels jubelnd auf!
> (II, 1)

Sätze von solcher Morgenfrische, so blinkend und so durchpulst von frommer Daseinsfreude, daß ich, vor die Wahl gestellt, manches hochgeehrte Gesamtwerk dafür hingeben würde.

Weiß Kottwitz, was er sagt, wenn er Homburgs Rückkehr in die Welt einen Traum nennt? Weiß der Zuschauer, wenn er sich am Schluß den Zudringlichkeiten einer patriotischen Kundgebung ausgesetzt sieht, daß dies die Aufhebung der getrennten Sphären ist und ihre Vereinigung in einem neuen Daseinsstand? Daß es den Beginn eines Lebens bedeutet, nicht minder groß und geheimnisvoll als dasjenige, das auf Alkmenes Seufzer folgt? Die meisten Interpreten geben sich damit zufrieden, daß der Prinz zur Pflicht zurückgefunden hat, künftig bei der Ausgabe der Schlachtorder besser aufpassen und sich an seine Befehle halten wird. Wird er das wirklich? Für Kleist existiert nur eine *jeweilige* Wirklichkeit, die ihr Gesetz im Andrang des wechselnden Lebens immer neu entwickeln muß. Beruhigung bei einem Entweder-Oder gibt es nicht.

Französische Betrachter, die den Dichter des »Prince de Hombourg« – vielleicht zu ausschließlich – von der Tradition der großen *poètes maudits* her zu fassen suchen, haben eine besondere Hellhörigkeit und Empfindlichkeit für die untergründige Dialektik dieses allzuoft der vaterländischen Versimpelung ausgesetzten Dramas gezeigt. In einer geistvollen Studie spricht Alfred Schlagdenhauffen von der stillen Tragik des »Homburg«-Schlusses. Allein durch seinen Tod – »Fiancé à jamais!« – hätte der Prinz zum Genius der Armee werden können. Nach der Auffassung dieses Autors durchkreuzt der Akt der Gnade Homburgs Weg in die Unsterblichkeit und schleudert ihn zurück in eine absurde Welt, deren Gesetze und Institutionen er anerkennt, ohne mit ihnen leben zu können (»Un monde incoherent et absurde, sur lequel glisse, en de rares instants, le halo bienfaisant et de l'illusion et du rêve«). Anzunehmen, daß Homburg aus den Ekstasen des Todes diszipliniert in die Realität zurückkehrt und wieder seinen Platz im normalen Leben einnimmt, nennt Schlagdenhauffen eine Beleidigung des Dichters. Nachdem Homburg den Tod gewählt habe und ihn mit solcher Intensität erlebt, daß er daraus die vollkommene Freiheit gewinnt, sei die Integration in die Welt und die Unterwerfung unter ihre Gesetze nicht mehr möglich: »Auf die Erde niedersteigen, sich einfügen in eine tägliche Aufgabe, einen Herd gründen, ein Regiment kommandieren . . . diese Wiederanpassung an das Leben, die Freunde unterstellen sie blindlings. Aber eine solche Kehrtwendung, die eher in das komische Genre paßte, entspricht weder der Natur des Dramas noch dem Charakter Kleists.«

Auch dies ist eine einseitige Auslegung. Aber sie ist nicht einseitiger als diejenige, die in dem Drama einen Triumph der Staatsräson und in der Person des Helden einen gezähmten Widerspenstigen sehen möchte. Jedenfalls erklärt sie die besondere Art des Interesses, das man in Frankreich seit Beginn der fünfziger Jahre für Kleist zeigt. Während wir mehr und mehr bestrebt sind, die Erlösungskräfte in seinem Werk freizulegen, sieht man es dort vornehmlich unter dem Aspekt der existentiellen Dissonanz und des absurden Daseins. Auch Marthe Roberts bedeutende Kleist-Studie steht ganz im Zeichen der Begriffe »la faute«, »la chute«, »la perte«, der »monde paradoxal« und der »états nocturnes de l'âme«. So wird auch klar, weshalb das berüchtigte »In Staub mit allen Feinden Brandenburgs!«, das man früher weder in Wien noch in München duldete, in Jean Vilars exzellenter Pariser Inszenierung nicht gestrichen oder abgeändert wurde. Es war nicht notwendig, das zu tun. Denn in all ihrer frenetischen Diesseitigkeit ist diese Stelle – aus der französischen Perspektive gesehen – nichts als eine phantomhafte, ja karikaturistische Geste, die anzeigt, wie tief der Held von seiner Umgebung getrennt ist: der Welt entrückte unter Vivat-Rufen, die ihn nicht erreichen, weil sie ihm nichts bedeuten. Neigt die deutsche Interpretation dazu, die Harmonie des Schlusses zu hoch zu bewerten, so verfällt die französische augenscheinlich in das Gegenteil. Der »Traum«, in den der Prinz sich mit seinen letzten Worten zurückzuziehen scheint, umschließt in Wahrheit eine Aufgabe: die Versöhnung von Gefühl und Wirklichkeit über das Drama von Fehrbellin hinaus auf einer breiteren Lebensbasis.

Kleists Preußen ist vom Irrationalen durchwirkt, kein dumpfes Männerreich, wo auch wohl Spuk und Poltergeist umgehen, sondern eine transparente Welt, ein irdischer Bezirk, der durchlässig ist für das Außerirdische. Auch das ist ein Grund für die Leichtigkeit und schwerelose Anmut, die uns an dem Preußendrama überrascht und entzückt. Im Falle »Kohlhaas« finden wir das irrationale Element bereits in der Überlieferung vorgebildet. Von dem historischen Hans Kohlhase, den Kleist mit Bedacht zu einem Michael Kohlhaas erhöhte, heißt es, er sei unüberwindlich, und zwar durch »Magia«. Das ist er bei Kleist sowenig, wie er es in Wirklichkeit war. Wohl aber hat er bei ihm die Fähigkeit, Botschaften aus dem Außerweltlichen zu empfangen – ein hochbedeutsamer Zug, der alles andere ist als eine romantische Schrulle, nämlich die Rechtfertigung seines Tuns durch eine höhere Macht.

Kleist sichert seinem Helden durch einen formalen Kunstgriff eine doppelte Beurteilung. Indem er die Geschichte im Stile einer alten Chronik erzählt, hat er Gelegenheit, sie mit Vulgärkritik zu versetzen und so dem Genüge zu tun, was man den gesunden Menschenverstand nennt. Der »Chronist« salviert sich. Weltklug trägt er dem zu erwartenden Befremden des Lesers Rechnung, wenn er mit steifen Wendungen auf das frevelhafte Treiben des Roßhändlers hinweist, verdrossen von seinen »jämmerlichen Geschäften« spricht und von der »Schwärmerei krankhafter und mißgeschaffener Art«, die ihn befallen habe. Unabhängig aber von solchen moralischen Notierungen, die wirken, als seien sie dem Leib der Dichtung aufgeklebt, läuft ein Goldfaden der Verklärung. Immer breiter, immer leuchtkräftiger werdend, führt er hin zu dem gleichermaßen von weltlichem Glanz und himmlischer Erwartung durchfluteten Finale auf dem Richtplatz zu Berlin. Kohlhaas' Sterben gleicht einer Himmelfahrt, die Szene auf der Richtstätte einem Auferstehungszeremoniell; und wie von einer Himmelfahrt bleibt ein Lichtschein zurück: nach der Vollstreckung des Urteils werden die Söhne des Abgeschiedenen (mit welcher Zartheit hier ein den blutigen Tatbestand deutlicher benennendes Wort vermieden ist!) zu Rittern geschlagen.

Dazu muß man sich vergegenwärtigen, daß ein Unterschied besteht zwischen dem Kohlhaas in Kleists Novelle und der Figur des verbissenen Querulanten, den wir im täglichen Sprachgebrauch einen Kohlhaas zu nennen pflegen. Solche Erhebungen ins Sprichwörtliche gehen nie ohne derbe Vergröberung ab. Popularität gedeiht in der Regel auf der Grundlage eines Mißverständnisses – es ist kein Zufall, daß die meisten gängigen Zitate ungenau sind. Michael Kohlhaas ist der Mann, der, wie es in der Präambel der Erzählung heißt, »in einer Tugend ausschweift«, ein Räuber und Mörder aus beleidigter Rechtlichkeit. Weder ein Desperado noch ein kleinlicher Zänker, sondern ein guter Untertan und musterhafter Staatsbürger, den der Staat selbst aus der Bahn des Rechts in die Gesetzlosigkeit »schnöder Selbstrache« drängt und – nach einem Wort des Juristen Rudolf von Ihering – zum »Märtyrer seines Rechtsgefühls« macht. Wir tun gut, das ganz ohne verschreckte Untertanengefühle zu sehen. Auch seine Gegner müssen einräumen, daß man Kohlhaas zur Selbstjustiz förmlich gezwungen hat. Er selber betrachtet seine Situation als existentielle Zwangslage: nachdem er alle Mittel der Legalität nicht nur ausgeschöpft hat, sondern nachdem sich die Organe des Rechts bösartig *gegen* ihn, den Rechtsuchenden, gewandt und damit als Unrechts-Organe erwiesen haben, fühlt er sich aus der Gemeinschaft des Staates verstoßen und in den Naturzustand zurückversetzt. »Verstoßen«, sagt Kohlhaas zu Luther, »nenne ich den, dem der Schutz der Gesetze versagt ist! Denn dieses Schutzes, zum Gedeihen meines friedlichen Gewerbes, bedarf ich; ja, er ist es, dessenthalb ich mich mit dem Kreis dessen, was ich erworben, in diese Gemeinschaft flüchte; und wer mir ihn versagt, der stößt mich zu den Wilden der Einöde hinaus; er gibt mir, wie wollt Ihr das leugnen, die Keule, die mich selbst schützt, in die Hand.« Das sind die Worte eines streitbar gewordenen Rousseau, der sich nicht mit dem Rückzug in die Idylle begnügen will.

Der Dichter hat alles getan, Kohlhaas nicht als einen störrischen, engstirnigen Mann erscheinen zu lassen. Er hat seinen Helden mit großem Zartgefühl ausgestattet, ihn als einen eher stillen, maßvoll abwägenden Menschen Zug um Zug aufgebaut. Als der Roßhändler auf seiner Reise ins Sächsische zu dem neu errichteten Schlagbaum kommt, wundert er sich, macht auch ein paar gutmütige Bemerkungen, zahlt aber den widerrechtlichen Wegzoll ohne Protest, ist auch bereit, den Passierschein, den man überraschend von ihm verlangt, beizubringen, ja er fügt sich mit großer Friedfertigkeit dem ungerechten Verlangen, seine beiden Rappen als Pfand für den Paß auf der Tronkenburg zurückzulassen. Selbst als er in Dresden erfährt, daß die Sache mit dem Paß reine Schikane ist, kehrt er »ohne irgend weiter ein bitteres Gefühl als das der allgemeinen Not der Welt« zur Tronkenburg zurück. Sein Rechtsgefühl ist stark genug, kleine Verletzungen ohne Murren hinzunehmen und zu ertragen. Sogar als er – beim Anblick der mißhandelten Pferde – zum erstenmal aufbraust, ist er noch geneigt, den Fehler auf der eigenen Seite zu suchen. Ein »mit der gebrechlichen Einrichtung der Welt schon bekanntes Gefühl« oder, wie es später heißt, seine »von der Welt wohlerzogene Seele« macht ihn jederzeit zum Einlenken bereit. So verhält sich kein Fanatiker, sondern ein besonnener, realistisch denkender Mann.

Um diesen Meister der Geduld zum Würgengel werden zu lassen, zum Amokläufer des Rechts, zu einem ins Furchtbare aufwachsenden Rächer, bedarf es nicht nur einer dichten Folge von Kränkungen und Reizungen, auf deren Anordnung der Erzähler viel Sorgfalt verwendet, es bedarf vor allem jener offenbaren Perversion des Rechtsbegriffs, die den Schwachen, der sein Recht sucht, zum Unruhestifter und Störer des Rechts zu stempeln bemüht ist. Kohlhaas beschreitet den ordentlichen Rechtsweg – wobei es nicht nur um die Rappen, sondern auch um den schwer mißhandelten, in seiner Gesundheit auf Lebenszeit beeinträchtigten Knecht Herse geht –, aber das korrupte Tribunal in Dresden gibt ihm zu verstehen, er sei ein »unnützer Querulant« und möge die Obrigkeit mit »solchen Plackereien und Stänkereien verschonen«.

Nun erst, angesichts einer so ungeheuren Unordnung«, keimen in Kohlhaas Entschlüsse auf, die über das Wohlverhalten eines normalen Staatsbürgers hinausgehen. Aber auch jetzt noch ist er vernünftigen Vorstellungen zugänglich. Als seine Frau sich in eigener Person mit einer Bittschrift an den brandenburgischen Kurfürsten wenden will, dessen Untertan Kohlhaas ist, nimmt er den Vorschlag dankbar an (»Der Herr selbst, weiß ich, ist gerecht«); und erst, als auch dieser Versuch nicht allein mißglückt, sondern durch eine unselige Verkettung von Umständen mit dem Tod der geliebten Frau endet, nimmt das Ungeheure seinen Lauf. So großartig Kohlhaas in seiner Selbstbeherrschung war, so schrecklich bricht er nun aus – kein Wüterich oder zanksüchtiger Grillenfänger, der nur darauf wartet, sich mit der Welt anzulegen, sondern ein Friedlicher, der auf das schwerste gereizt wurde, ein Aufrechter, dessen Rechtssinn noch nicht abgestumpft ist und gerade deswegen vernichtend nach der anderen Seite ausschlägt. Eustaches großes Wort aus den »Schroffensteinern«

Denn über alles siegt das Rechtsgefühl

wird samt seiner Ergänzung

Auch über jede Furcht und jede Liebe

zu einer schreckensvollen Tatsache. Die getretene Rechtlichkeit erhält einen Verbündeten in dem Schmerz über den Verlust der schmählich zu Tode gekommenen Ehefrau. Was nun folgt, ist ein schlimmer Rausch. Kohlhaas wird zum Mordheiligen, sein Raubschloß zum Sitz der »provisorischen Weltregierung«, sein Schwert zum »Cherubsschwert«, das er auf einem »rotledernen Kissen, mit Quasten von Gold verziert« vor sich hertragen läßt. Auch dies sind, bei aller Überspanntheit und Wirklichkeitsverzerrung, sichtbare Zeichen dafür, wie entschlossen Kleist den Fall ins Universale ausweitet; nicht anders als später – in positivem Sinne – durch die Erscheinung der Zigeunerin.

Doch der Rausch ist kurz, und nichts ist aufschlußreicher, als daß es nur eines einzigen Wortes bedarf, um Kohlhaas daraus zu wecken. Nämlich des Wortes »Ungerechtigkeit«, das Luther in seinem offenen Brief gegen ihn schleudert. Daß er, der das Schwert der Gerechtigkeit zu führen meint, von dem verehrten Manne der Ungerechtigkeit geziehen wird (»Du, den Ungerechtigkeit selbst, vom Wirbel bis zur Sohle, erfüllt«), treibt ihm eine »dunkle Röte« ins Gesicht. Und ausdrücklich heißt es: Mehr als dieser wenigen Worte bedurfte es nicht, um ihn in der ganzen Verderblichkeit, in der er dastand, plötzlich zu entwaffnen.« Das ist durchaus buchstäblich zu verstehen. Denn von nun an ist Kohlhaas tatsächlich ein Wehrloser. Der »heillose und entsetzliche Mann«, wie Luther ihn nennt, zeigt sich kindlich-fügsam, er legt bereitwillig die Waffen nieder, entläßt seinen Heerhaufen und begibt sich trotz des zweideutigen Wortlauts der von Luther erwirkten Amnestie nach Dresden, wo man ihm sein Recht verspricht. Nur die Überzeugung, einen gerechten Kampf zu führen, einen »Krieg mit der Gemeinheit der Menschen«, machte ihn furchtbar. Sobald ihn diese Überzeugung verläßt oder, positiv ausgedrückt: sobald sich auch nur das kleinste Anzeichen dafür findet, daß es ein Recht innerhalb der menschlichen Ordnung gibt, kehrt er bereitwillig in sie zurück.

Das Rechtsdilemma

Hier ist ein eigentümlicher, für das Verständnis der Geschichte entscheidender Punkt ins Auge zu fassen. Eigenmächtiges Handeln, solange der Einzelne des Schutzes der Gesetze sicher sein kann, ist, wie Kohlhaas Luther nachdrücklich versichert, ein Verbrechen. Im anderen Falle aber, wo der Mensch sich als ein vom Gesetz Verlassener betrachten muß, zählen die Untaten, die er selber in Ausübung seines Naturrechts verübt, nicht als solche. Sie können nicht verfolgt werden, denn ein geschriebenes Recht, das sich in einer Sache aufhebt, kann auch in einer anderen keinen Anspruch geltend machen. Zwar spricht Kohlhaas das nicht aus, aber daß es seine Überzeugung ist, muß aus der Selbstverständlichkeit geschlossen werden, mit der er über das blutige Zwischenspiel der Illegalität hinweggeht. Er handelt, als sei diese Zeit nicht gewesen, und meint sein Leben dort fortsetzen zu können, wo jenes Zwischenspiel begann.

Doch nicht nur Kohlhaas, auch der Staat, verkörpert durch den sächsischen Kurfürsten, macht sich – aus innerer Schwäche – diese Auffassung zu eigen. In dem ängstlichen Bemühen, dem Treiben des Roßhändlers ein Ende zu bereiten, sagt er ihm eine Amnestie zu, die den Keim zu weiteren Übeln in sich trägt, weil sie ihrerseits gegen ein höheres Recht verstößt. Ausschreitungen, wie Kohlhaas sie begangen hat, ja, wie er sie – und das ist abermals eine Kleistsche Paradoxie – begehen mußte, um sein Recht zu erlangen, verletzen das Recht in seiner letzten, seiner metaphysischen Wirklichkeit. Der Kurfürst von Sachsen gerät mit seinem Amnestieversprechen in ein unlösbares Rechtsdilemma. Gnade kann es nur da geben, wo sie das Recht krönt, nicht aber, wo sie es außer Kraft setzt. Deshalb *muß* der Kurfürst die ungerechte Amnestie brechen. Damit aber lädt er neue Schuld auf sich, denn ein Gnadenerweis – wie ungerechtfertigt er immer sein mag – kann nicht zurückgenommen werden, ohne die irdische Majestät, die ihn erteilte, in ihrer symbolischen Daseinskraft auf das empfindlichste zu schädigen. Der Kurfürst und seine Ratgeber wissen das, aber dieses Wissen macht die Situation noch komplizierter. Denn nun wird nach Finten und Auswegen gesucht, um den Schein der Amnestie und damit eines Rechts zu wahren, das von Anfang an ein Unrecht war. Man muß Kohlhaas verurteilen, aber man kann es nur unter einem konstruierten Vorwand tun und nicht in der Sache, in der er wirklich schuldig ist.

Daß ein solcher Vorwand sich ergibt, ist die Folge einer weiteren Unrechtskette. Während Kohlhaas friedlich in freiwilligem Gewahrsam sitzt, pflanzt draußen das Böse sich fort. Für eine kurze Weile sieht es so aus, als hätte er sich aus dem Teufelskreis einer zu immer neuen Rechtsverletzungen führenden Rechtssuche gerettet. Aber das Verhängnis holt ihn ein. Das Unrecht, das er bekämpfte, ist ebenso tätig wie das andere, das er selbst in die Welt getragen hat. Auf der einen Seite spinnt nach wie vor die Tronka-Sippe ihre Ränke, auf der anderen sammelt sich der Pöbel, der seine Stunde gekommen sieht, und ein Bandit, ein gewisser Johann Nagelschmidt, fährt im Namen des Roßhändlers fort zu morden und zu plündern – das Zerrbild eines Kohlhaas, ein Kohlhaas ohne Rechtsgrund. In dieser Stimmung drohenden Aufruhrs und allgemeiner Unsicherheit wird Kohlhaas unter Zwangsarrest gestellt – womit die Amnestie praktisch gebrochen ist. Wiederum sieht er sich zur Selbsthilfe aufgerufen. Um sich aus der Haft zu befreien, beantwortet er einen Brief des ihm im übrigen verhaßten Nagelschmidt, einen Brief überdies, den ihm die sächsischen Behörden in böser Absicht in die Hände spielen, und liefert so selbst den fadenscheinigen Grund zu seiner Aburteilung. Man macht ihm den Prozeß und verurteilt ihn zu einem schimpflichen Tod.

Im irdischen Sinne könnte der Fall Kohlhaas damit abgeschlossen sein, nicht aber nach den Geboten unvertilgbarer Vernunft, die oberhalb der Tageswelt gelten und mit denen es die Kunst zu tun hat. Sie kann sich mit der bloßen Abbildung einer Weltverwirrung nicht begnügen. Zudem hat sich die Geschichte längst von der Person des Helden gelöst. Es ist das eingetreten, was Ernst Jünger als einen spezifisch modernen Zug besonders im Hinblick auf die Kleistschen Anekdoten festgestellt hat, was aber auch für das übrige Werk gilt. In unserer Zeit verliert die Erzählung, wie Jünger bemerkt, das »Charakterologische und nimmt Bewegungszüge an. Statt der Personen treten Situationen auf. Das Schicksal nimmt die Form von Kurven an, von exakten Prüfungen und Aufgaben. In sie kann jeder versetzt werden, sie meisternd oder an ihnen scheiternd, wie das schon in den Anekdoten von Kleist sich andeutet« (in »Jahre der Okkupation«).

Weltverwirrung und Klärung – in beidem spielt der Mensch nur eine instrumentale Rolle. Einmal in Gang gebracht, läuft die Geschichte aus eigener Schwungkraft weiter, nach dem Gesetz der ihr innewohnenden Mechanik. Nicht um das Individuum Kohlhaas geht es, sondern darum, wie sich in ihm eine gestellte Aufgabe erfüllt – in ihm und gegen ihn. Deshalb konnte der Anlaß – die Rappen! – gar nicht geringfügig genug sein. Wo es um Gerechtigkeit geht, da wird ein Kiesel zur Lawine. Unter Hohngelächter stellt das Volk auf den Straßen fest, daß wegen zweier Gäule, die noch dazu reif für den Abdecker sind, der Staat wanke. In Wahrheit steht sehr viel mehr auf dem Spiel als zwei Pferde, sehr viel mehr auch als der sächsische Staat, nämlich ein Gut, ohne das wir fürchten müssen, jeden Augenblick ins Chaos zu stürzen. Kohlhaas ist der Mann, dem auferlegt ist, dieses Gut mit schwachen Menschenhänden zu retten. Daß er dabei selber tief ins Chaos gerät, ist kein persönliches Verschulden, sondern das Gattungszeichen menschlicher Existenz. Hier ist der Punkt, wo die scheinbar so realistische Geschichte – längst vor dem Auftreten der Zigeunerin – ins Irrationale weist.

Die Zigeunerin

In Kohlhaas soll die Idee des Rechts wiederhergestellt werden. Das kann nur geschehen, indem ihm selber auf doppelte Weise Recht wird. Sein Anspruch in Sachen Tronka muß befriedigt, und er selbst muß wegen des Unrechts, das er im Verfolg des Rechts tat, bestraft werden. Der sächsische Staat hat sich so zweideutig verhalten, ist seinerseits zu sehr in Schuld verstrickt, als daß er diese Instanz sein könnte. Sein unter fragwürdigen Umständen gefälltes Todesurteil kann nicht anerkannt werden. Für den Autor bedeutet das, daß er den Fall in immer höhere Ränge hinaufschrauben muß. Immer vielköpfiger wird das Personal, das sich mit dem Akt Kohlhaas befaßt, immer vertrackter werden die Instanzenzüge. Brandenburg fordert und erreicht die Auslieferung seines Untertans und erhebt Klage gegen den sächsischen Junker von Tronka, mit dem das Unheil begann. Sachsen wiederum klagt wegen des von dem brandschatzenden Roßhändler verübten Landfriedensbruches beim Kaiser in Wien – die Kohlhaaseschen Rappen werden zu einer Angelegenheit des Heiligen Römischen Reichs. Er selbst, seine Person, verschwindet hinter der Sache, für die er in der Welt ist. Persönliches Verdienst und persönliche Schuld treten zurück hinter dem, was sich daraus entrollt: das große, vielverzweigte, allseitige Bemühen, die Zerrüttung zu heilen. Der Mann, der dazu Anlaß gab, und der vor kurzem noch mit Feuer und Schwert durch das sächsische Land zog, nimmt die Züge milder Verklärung an. Die außerordentliche Sorgfalt, die man ihm jetzt angedeihen läßt, gilt nicht seiner Person, sie gilt der höchst verletzlichen Sache, die sich in seiner Person darstellt. Kohlhaas schlägt sich nicht mit einem falschen Weltbegriff herum; er geht nicht an jenem »Verlust der Wirklichkeit« zugrunde, den schon Tieck an Kleist feststellen zu müssen meinte; er ist nicht – wie Günther Anders in seinem Buch »Die Antiquiertheit des Menschen« zu zeigen sucht – der Ahnherr der weltlosen Helden, die bei Samuel Beckett auf Godot warten. Vielmehr hat er einen so starken, so vollständigen, so unabdingbaren Weltbegriff, daß er der Welt damit eine Verpflichtung auferlegt, der sie mit heiligem Eifer nachzukommen bestrebt ist. Deshalb wird der Roßhändler im Gefängnis wie ein Ritter gehalten; deshalb richtet – ein grandioser Augenblick – der brandenburgische Landesherr am Schluß, ehe Kohlhaas sich anschickt, die Welt seinerseits durch Hingabe seines Lebens zu versöhnen, die demütig-stolze Frage an ihn, den Untertan: »Bist du mit mir zufrieden?«; und deshalb auch, weil das Ziel der Geschichte so hochgesteckt ist, muß sie sich im Außerirdischen vollenden.

In Herman Melvilles »Billy Budd«, dieser einzigen kleistnahen Erzählung der Weltliteratur, genügt ein Sonnenstrahl, der bei der Hinrichtung des Helden durch die Wolken bricht, um solche Vollendung anzudeuten. Kleist kann sich mit einem symbolischen Zeichen nicht zufriedengeben, er muß das Irreale mit Händen greifen können und es mit festem Griff in die Handlung selbst verknoten. Kohlhaas soll über das irdische Maß hinaus geehrt werden. Doch für den diesseitigen Metaphysiker Kleist kann solche Ehrung nur im Medium des Irdischen geschehen, ja auf die allerirdischste Art. Es ist ein höchst bemerkenswerter Zug, daß durch das Eingreifen des Irrealen die fast schon zur Allegorie erstarrte Szene – Kohlhaas als Held und Opfer der Gerechtigkeit – mit einer kräftigen Wendung ins blutvoll Menschliche zurückgeführt wird: dem Roßkamm wird nicht nur sein Recht, ihm wird auch seine Rache.

Kohlhaas ist kein christlicher Held. Er will nicht verzeihen. In der Luther-Szene verzichtet er lieber auf das Abendmahl als auf das elementare Recht der Rache. Der wilde Gedanke, der ihn am Sterbebett seiner Frau erfüllt: »So möge mir Gott nie vergeben, wie ich dem Junker vergebe« – das heißt also: gar nicht! –, wird in keinem Stadium der Erzählung zurückgenommen; und es zeigt sich nun, daß die lenkenden Mächte ihm das nicht verargen, ja daß sie selber ihm zur Rache an dem Mann verhelfen, der zu hoch steht, als daß irdisches Recht ihn erreichen könnte. Die Antwort auf den schmählichen Verrat, den der Kurfürst von Sachsen an der Person des Roßhändlers und am eigenen Amt begangen hat, kann nur von oben kommen. Doch die wunderbar ausbalancierte Gerechtigkeit der Erzählung tut noch ein übriges: sie schickt keinen Donnerkeil, keinen Wetterstrahl, um den Kurfürsten zu vernichten, sondern weiß es so einzurichten, daß das Schicksal seinen Spruch durch Kohlhaas selbst vollstrecken läßt.

Hier setzt die Funktion der Zigeunerin ein. Genau einen Tag nach dem Begräbnis seiner Frau tritt sie in Kohlhaas' Leben und stattet ihn mit Macht aus, nämlich mit dem Wissen, wonach der Kurfürst am sehnlichsten verlangt: Kenntnis von der Zukunft seines Hauses. Kohlhaas ist sich zunächst der Bedeutung des verschlossenen Zettelchens, das er von der Zigeunerin empfängt, nicht bewußt; und der Kurfürst weiß nicht, daß Kohlhaas der Mann ist, der den Zettel besitzt. Ohne es zu ahnen, bringt er sich durch seinen Mangel an Rechtlichkeit und fürstlichem Edelmut um die Vergünstigung, Antwort auf die Schicksalsfrage zu erhalten. Als er den Zusammenhang erkennt, ist es zu spät. Denn nun hat Kohlhaas begriffen, daß sich mit dem Besitz dieses Zettels sein eigenes Dasein vollendet. Er weist alle Anträge zurück, auch den der gewaltsamen Befreiung aus der brandenburgischen Haft, und verschlingt – in flammendem Triumph – wenige Sekunden vor seinem Tode das Schicksalsblatt vor den Augen des ohnmächtig niedersinkenden Kurfürsten. Am Schluß der Geschichte heißt es, daß dieser »zerrissen an Leib und Seele« nach Dresden zurückgekehrt sei.

Individualpsychologisch gesehen, ist das Rache; in der höheren Konzeption der Erzählung macht es den Sieg der Gerechtigkeit vollkommen. Es geschieht nach den Winken jener Mächte, die sich der geheimnisvollen Person der Zigeunerin bedienen. Als diese zum zweiten Male in das Schicksal des Roßhändlers eingreift – halb Versucherin, indem sie ihm zu bedenken gibt, daß er sich mit dem Zettel Freiheit und Leben erkaufen könne, halb Gefährtin seiner Vollendung –, trägt sie auf wunderbare Art die Züge der verstorbenen Elisabeth Kohlhaas. Das schuldloseste Opfer all dieser Verwirrung kehrt zurück, verhilft dem geliebten Manne zur völligen Genugtuung und gibt damit zu verstehen, daß das Opfer nicht ohne Sinn war.

Aller Ähnlichkeitszauber bei Kleist – die Ähnlichkeit zwischen Toni und Mariane in der »Verlobung in St. Domingo«, die Nicolos mit Colino im »Findling« – deutet auf metaphysische Gemeinsamkeit, auf Zusammenhänge des Seinsstoffes. Toni ist die wiederverkörperte Mariane, Nicolo ist das Negativ des hochsinnigen Colino. Hier im »Kohlhaas« ist die Ähnlichkeit Zeichen und Verheißung, ist sie die Besiegelung einer höheren Gewißheit. Das Außerweltliche betritt in vertrauter Maske die menschliche Szene und ordnet sie nach seinem Gesetz. Wie in diesem Schlußteil die Erzählung sich

vergeistigt, das Dingliche sich spiritualisiert, ohne seine Dinglich-
keit preiszugeben, das ist von einer Überlegenheit, wie sie nur
jemand haben kann, für den es eine Zweiteilung der Wirklichkeit
effektiv nicht gibt und der Übergang von einem Aggregatzustand
des Seins in den anderen ein Schritt ist, den man mit Leichtigkeit
und Anmut tut. Das Irreale des kühnen Finales ist völlig unver-
schwärmt. Die Zigeunerin hat weder spukhafte noch seraphische
Züge, sie ist in all ihrer Überwirklichkeit von einer herzhaften
Diesseitigkeit. Ein nüchterner Gast aus dem Jenseits, der Schick-
salsdienst verrichtet. Die Alte mit den schönen Händen und den
sprechenden Bewegungen der toten Lisbeth spielt ihre Botenrolle
ohne mystische Attitüde, sie herzt die Kinder, krault den Hund und
spricht von einem Wiedersehen in der anderen Welt wie von einem
Rendezvous. Mit Kohlhaas verkehrt sie auf der Basis beiläufiger,
selbstverständlicher Intimität – die aus der irdischen Gebundenheit
zu völliger Souveränität gelöste Wissende und Vertraute, deren
letzte Botschaft eine zweckdienliche Information ist: die Mitteilung, daß der sächsische Kurfürst sich auf dem Richtplatz befindet.
Das Billett ist mit »Deine Elisabeth« unterzeichnet.
Der Dichter (oder ist es nur der Chronist?) gesteht seinen Lesern das
Recht des Zweifels zu. Er meinte die Rolle der Zigeunerin und ihre
Durchführung mit dem Satz entschuldigen zu müssen, daß die
»Wahrscheinlichkeit nicht immer auf seiten der Wahrheit ist« –
eine Kleist teure Formulierung, die sich auch in der kleinen Prosa
findet (in der Skizze »Unwahrscheinliche Wahrhaftigkeiten«). Tatsächlich bedarf diese Episode keiner Rechtfertigung. Sie krönt die
Erzählung. In ihr wird – wie in Homburgs Unsterblichkeitsmonolog – noch einmal deutlich, worauf es Kleist immer und in allem
ankam. Nämlich auf das, was der mathematikbeflissene Student
rund ein Jahrzehnt vorher an seinen Lehrer Martini geschrieben
hatte: irrationale Verhältnisse wie rationale anzusehen.
Man muß sich darüber klar sein, daß dies etwas anderes ist als
romantische Vermischung der Sphären. Bei Kleist löst die Verschränkung des irdischen Elements mit dem überirdischen, ja ihre
Vertauschung und Gleichsetzung nicht die Gestalt auf – weder die
menschliche noch die des Kunstwerks –, sondern bereichert sie,
verleiht ihr eine größere Schwingungsbreite innerhalb der scharf
gezogenen individuellen Kontur. Wäre es anders, Kleist hätte nicht
der Dramatiker sein können, der er ist; ein romantisches Drama
kann es, strenggenommen, nicht geben. Nicht mit romantischer
Selbstverflüchtigung haben wir es hier zu tun, sondern mit jenem

Total-Realismus, von dem wir zu Beginn des Kapitels sprachen. Wie der menschliche Charakter in seinen letzten Gründen unerkennbar bleibt und bleiben muß, will der Künstler sich nicht grober Verfälschungen schuldig machen, so öffnet sich der echte, vollständige Wirklichkeitsbegriff nach dem Irrealen hin.

Jenseits der Sprache

Nicht nur Gefühl, nicht nur Wirklichkeit – auch Sprache bedeutet bei Heinrich von Kleist etwas anderes als sonst. Gerade hier wird das Widerspruchsvolle und mit gewöhnlichem Maß nicht zu Fassende des Phänomens Kleist deutlich. Der Dichter des »Homburg« und des »Robert Guiskard« gilt als groß nicht zum wenigsten um seiner Sprache willen, und doch sind ihre Mängel zahlreich und offenkundig. Der preußische Junker, der in seiner Umgebung aufwächst, in der man sich besser französisch als deutsch verständigt, steht zeit seines Lebens mit der deutschen Grammatik auf gespanntem Fuß. Seine Konstruktionen und seine Interpunktion verraten den französischen Einfluß. Manches ist märkische Eigenart, manches sprachlicher Wildwuchs, anderes ist schlechthin falsch. Kleists Prosa leidet nicht selten an syntaktischer Verstopfung – verdickte Galle, wie man sie später im Leibe des Toten finden wird. Die Perioden kämpfen mit Atemnot, den Versen fehlt es an Ruhe und edlem Fluß – verglichen mit denen des »Tasso« und der »Iphigenie«, wirken sie roh und ungeschliffen. Viele der Kleistschen Jamben müssen trochäisch gelesen werden, andere sind ganz unskandierbar. Füllsel, gekünstelte Wortstellungen und häßliche Auslassungen (blüh'nd, Temp'l, g'nug, ew'g', auf dem kürz'sten Weg, bewill'g' ich, öffn' mir, 's ist) müssen das Metrum retten, sofern es überhaupt der Rettung für wer befunden wird.

Man könnte meinen, die Gleichgültigkeit gegen alles Metrische sei ein Zeichen der Jugend, doch sie nimmt im Laufe der Jahre eher zu. In den verschiedenen Fassungen der »Familie Schroffenstein« wird noch fleißig am Versmaß gebosselt. Später erklärt der Dreiunddreißigjährige mit provokantem Nachdruck: »Was liegt an Jamben, Reimen, Assonanzen und dergleichen Vorzügen . . .« (»Brief eines Dichters an einen anderen«, 1811) und entwickelt eine Theorie, die darauf zielt, nicht nur das Metrum, sondern – wir werden noch davon zu reden haben – die Sprache selber schlechtweg zum Verschwinden zu bringen. Insbesondere die schnell heruntergeschriebene »Hermannsschlacht« muß als ein Äußerstes an metrischer Willkür und Sorglosigkeit gelten. Nach einer tiefgründigen

Bemerkung Reinhold Schneiders hat hier der Haß die künstlerische Form verdorben: »Das Urteil der Kunstform ist unbeirrbar, aber es wird in seiner Strenge um so weniger verstanden und angenommen, je weniger es erwünscht ist.« Kleist schaltet in der »Hermannsschlacht« so selbstherrlich mit dem Blankvers, daß Georg Minde-Pouet allein im ersten Akt 59 sechsfüßige und 106 vierfüßige Jamben gezählt hat.

Aber auch der Metaphoriker Kleist kann, so hinreißend seine Bilder oftmals sind, nicht uneingeschränkt akzeptiert werden. Wenn Wetter vom Strahl den grauen Scheitel Meister Theobalds flach »wie einen Schweizerkäse« schmettern will; wenn Merkur klagt, er habe sich für seinen Herrn die »geschäftgen alten Beine fast bis auf die Hüften tretend abgelaufen«; wenn Amphitryon sich durch den Verlust der Identität zu anatomischen Phantasien wie dieser angeregt fühlt:

> In Zimmern, die vom Kerzenlicht erhellt,
> Hat man bis heut mit fünf gesunden Sinnen
> In seinen Freunden nicht geirret; Augen,
> Aus ihren Höhlen auf den Tisch gelegt,
> Vom Leib getrennte Glieder, Ohren, Finger,
> Gepackt in Schachteln, hätten hingereicht,
> Um einen Gatten zu erkennen.
> (III, 1)

Oder wenn Hermann von dem gleichsam zum Handelsobjekt gewordenen Cheruska meint, es komme ihm »wie eingepackt in eine Kiste vor«, Ruprecht mit seinen Augen »Knippkügelchen« spielen lassen und der Bastard Johann seine Abneigung gegen Ottokar – ein durchaus sexualpathologisches Bild – wie eine Wunde offenhalten und mit Nadeln reizen will, damit es ihm »recht sinnlich bleibe«, so sind das Prägungen, die zeigen, daß dem Hyperboliker Kleist Anschaulichkeit und körpernaher Ausdruck über guten Geschmack ging.

Und dennoch eine Sprachwirkung nicht nur von getürmter Großartigkeit, nicht nur ein barockes Muskelspiel der Worte, von dem wir uns mehr oder minder brutal überwältigt finden, sondern ein Eindruck von Frische, Reinheit und Harmonie, von Süße und gefiltertem Menschenlaut, wie er in solcher Dichte und Fülle, mit einer so unmittelbar in die Saiten der Empfindung greifenden Macht keinem der großen Kanoniker gelungen ist. Auch hier waltet ein Rätsel. Es besagt, daß das, was uns bei Kleist als Sprache entgegentritt, uns als Sprache bezaubert und erschreckt, in Wahrheit etwas anderes ist, daß es mehr sein muß als Sprache.

Sprachverleugnung

Bei Hofmannsthal, im »Buch der Freunde«, findet sich das Wort: »Wahre Sprachliebe ist nicht möglich ohne Sprachverleugnung.« Ein Geheimnisvoller Satz, der – völlig isoliert dastehend – mancherlei Auslegungen zuläßt. Einmal weist er auf das Auseinanderklaffen von kodifizierter Sprache und poetischer Sprachoffenbarung hin, auf das, was Karl Kraus den »Abgrund zwischen grammatikalischem Bescheidwissen und Sprachfühlen« nennt; zum anderen erinnert er daran, daß alle Sprache aus einer Zone des Schweigens kommt und daß Sprache im dichterischen Sinne nur dann etwas sagt, wenn sie es vermag, von diesem Schweigen Kunde zu geben.

Damit sind wir am Kern der Kleistschen Sprachverleugnung wie seiner einzigartigen Sprachpotenz. Wie immer bei Kleist handelt es sich um eine absolute Forderung. Sprache als solche bedeutet ihm nichts. Selbst im Bereich der schlichten Verständigung bezweifelt er ihre Tauglichkeit. »Gern möchte ich Dir alles mitteilen, wenn es möglich wäre«, schreibt er zur Zeit der Kant-Krise an seine Schwester. »Aber es ist nicht möglich, und wenn es auch kein weiteres Hindernis gäbe als dieses, daß es uns an einem Mittel zur Mitteilung fehlt. Selbst das einzige, das wir besitzen, die Sprache taugt nicht dazu, sie kann die Seele nicht malen, und was sie uns gibt, sind nur zerrissene Bruchstücke. Daher habe ich jedesmal eine Empfindung wie ein Grauen, wenn ich jemandem mein Innerstes aufdecken soll; nicht eben, weil es sich vor der Blöße scheut, aber weil ich ihm nicht *alles* zeigen kann, nicht *kann*, und daher fürchten muß, aus den Bruchstücken falsch verstanden zu werden.« Auf dieses »alles« ist Kleists Mitteilungswille gerichtet – weniger als das darf es nicht sein; und dieses »alles« macht ihn zum Dichter. Dem Dichter, ihm allein, mag es gelingen, die Welt, wie es in der »Familie Schroffenstein« heißt, in der Göttersprache zu erklären. Wobei der Begriff »Göttersprache« den des »Erklärens« aufhebt und korrigiert – Götter liefern keine Erklärungen, sie offenbaren sich, sie erscheinen, sie geben unvergängliche Zeichen ihrer Existenz. Eben das ist es, was Kleist von der Sprache des Dichters erwartet. Sie soll Zeugnis ablegen vom Vor-Sprachlichen, vom Grund der Dinge, von den Bewegungen des Seins.

Man versteht nun auch die Geringschätzung, die Kleist in dem »Brief eines Dichters an einen anderen« den »Jamben, Reimen, Assonanzen und dergleichen Vorzügen« erweist, dem Metrum, dem Rhythmus und jeder Art von arrangiertem sprachlichem Wohlklang. Mehr noch: man versteht, wie es möglich ist, daß ein Mann der Sprache es auf nichts anderes abgesehen hat, als die Sprache zu überwinden. »Wenn ich«, heißt es in diesem fingierten Briefe, »beim Dichten in meinen Busen fassen, meinen Gedanken ergreifen und mit Händen, ohne weitere Zutat, in den deinigen legen könnte: so wäre, die Wahrheit zu gestehn, die ganze innere Forderung meiner Seele erfüllt.« Und nur, weil das nicht möglich ist, »weil der Gedanke, um zu erscheinen, wie jene flüchtigen, undarstellbaren, chemischen Stoffe, mit etwas Gröberem, Körperlichem, verbunden sein muß: nur darum bediene ich mich, wenn ich mich dir mitteilen will, und nur darum bedarfst du, um mich zu verstehen, der Rede.« Sprache ist ihm also nichts anderes – und dieses Wort fällt tatsächlich – als ein notwendiges Übel: »Ein wahrer, obschon natürlicher und notwendiger Übelstand; und die Kunst kann, in bezug auf sie, auf nichts gehen, als sie möglichst *verschwinden* zu machen.« Deutlicher kann man kaum werden.

Pantomime und sprachloses Sagen

Kleists »Brief eines Dichters an einen anderen« ist trotzdem kein »Brief des Lord Chandos«, kein Dokument der Sprachverzweiflung, sondern untergründige Bekundung eines andersgearteten, ursprünglicheren Sprachvertrauens. Der Griff der Sprache wird tiefer angesetzt, in den Bereichen des formfreien Sagens. Das Verstummen, die Gebärde, der Ausruf, das Stammeln, das gefühlsunmittelbare Nennen (»Käthchen, Mädchen, Käthchen!«, »Natalie! Mein Mädchen! Meine Braut!«), die entscheidungsträchtige Pause – sie alle sind wesentliche Träger der Kleistschen Sprachtotalität. Selbst der Kleistsche Monolog – oft kaum mehr als ein halbes Dutzend Zeilen umfassend – ist in seiner typischen Form nicht Gedankenausbreitung, nicht psychologische Reflexion oder Selbsterklärung, sondern Evokation: Anrufung des Glücks und der Unsterblichkeit bei Homburg, der sinkenden Weltmacht Rom bei Varus. Der Menschenlaut wird wieder in seine Urrechte eingesetzt, das Mimische nicht als schauspielerische Zutat behandelt, sondern als Teil der Partitur. Alles, was geeignet ist, seelische Wirklichkeit aus der Tiefe heraufzufördern, gehört zum Ausdrucksfeld der Dichtung. Sprache ist für Kleist zuallererst Ausdrucksträger, Gefährt des Unbewußten, Spontanakt.

In diesem Sinne ist auch die sprachlose Geste eine Art des Sagens. Robert Guiskard zwingt seinen Widersacher Abälard mit einem einzigen Blick nieder – eine lang ausgehaltene Fermate, die besagt, daß der eigentliche Bereich der Persönlichkeit dort beginnt, wo die Sprache endet. Der Dorfrichter Adam wird nicht durch Worte überführt, sondern dadurch, daß ihm die strittige Perücke über den Kopf gestülpt wird; die stumme Beweiskraft des Requisits triumphiert über die Finessen der Sprache, die dem Sünder nur immer neue Notausgänge und Fluchtwege eröffnet hatte. Penthesilea und Achill entbrennen wortlos füreinander. Die Tragödie einer tödlichen Anziehung geht über das Vermögen des artikulierten Wortes, sie beginnt und endet jenseits des Sagbaren in der Körpersprache: mit flammendem Erröten und trunkenen Blicken bei der ersten Begegnung, im unartikulierten Blutrausch in der letzten Phase des Dramas. Nur tastend, im Gefühl seiner Unzulänglichkeit, kommt das Wort dem Ungeheuren nahe, wenn Penthesilea sich in der Schlußszene an ihre Tat heranfragt (»Was! Ich? Ich hätt ihn –?«, »Ich zerriß ihn?«, »Küßt ihn tot?«). Auch Penthesileas Sterben ist Pantomime: die Eiche entwurzelt sich selbst in einem gewaltigen Willensakt, bei dem der Text lediglich assistiert. Das Wort ist hier nicht Motor, sondern Kommentar.

Kleists Menschen erschließen sich in der totalen Gebärde. Käthchen bietet das stumme Schauspiel völliger Überwältigung durch das Gefühl, wenn sie beim Anblick des Grafen das Geschirr fallen läßt, »leichenblaß, mit Händen, wie zur Anbetung verschränkt, den Boden mit Brust und Scheiteln küssend«, vor ihm niedersinkt, und sich schließlich in einem Akt rasender Hingabe aus dem Fenster stürzt. Der Kernvorgang der szenischen Ballade bedarf der Rede nicht, um sich verständlich zu machen; er entfaltet sich in stiller Anschaulichkeit: die Liebende, die dem ihr bestimmten Mann in blinder Ergebung folgt und – buchstäblich – die Feuerprobe für ihn besteht. Auch Homburg offenbart, was er verschweigt, in der Pantomime. Im Garten von Fehrbellin wird das Unterbewußte stummes Ereignis: Seelenchoreographie; und im Kerker (IV, 4) werden wir nicht, wie im alten Drama, durch einen Monolog mit der Sinneswandlung des Helden bekannt gemacht, sondern durch den visuellen Vorgang des Briefeschreibens und -zerreißens. Die Worte (»Ein dummer Anfang«, »Eines Schuftes Fassung, keines Prinzen«, »Gleich werd ich wissen, wie ich schreiben soll«) haben begleitende Funktion. *Was* Homburg schreibt, erfahren wir nicht, wir können es allein aus den Reaktionen schließen: Natalies, des Kurfürsten, des Prinzen selbst. Jedes Aussprechen ist eine Schwächung der vitalen Substanz, eine Halbierung der Wahrheit. Kleist bringt den inneren Bezirk zum Leuchten, aber er beraubt ihn nicht durch Formulierung seines Geheimnisses. Der große Dialog zwischen Homburg und dem Kurfürsten – in dem Drama jedes anderen Autors wäre er der Höhepunkt gewesen – bleibt ungesprochen. Über die räumliche Entfernung hinweg weben Sympathie und Gemeinsamkeit des Denkens. Die Auseinandersetzung findet statt, aber in der Tiefe. Das schweigende Sein wird in die Dichtung eingelassen und entwickelt eine Sprache jenseits der Worte.

Das sprachlose Sagen hat vielerlei Formen. Von der Beredsamkeit der Ohnmachten wurde – in dem Kapitel über das Gefühl – bereits gesprochen. Ist die Ohnmacht ein Zurücksinken zu den Gründen, so ist das Erröten das Umgekehrte: ihr Aufbrechen ins Sichtbare. Der Mensch wird – gegen seinen Willen – überflutet von dem, was er im Innersten ist. Es hat sich noch niemand gefunden, der gezählt hätte, wie oft Kleist in seinem Werk zu dem Mittel des Errötens greift, um seine Gestalten zu demaskieren und sie in ungeschminkter Wahrhaftigkeit vor uns hinzustellen – fast immer übrigens zu ihrer Erhöhung. Die bessere Natur scheint durch die Mienen des Alltags und löscht sie aus. Der Gleichgültige verrät innere Bewegung, der Ungerechte Scham, der Leichtsinnige verborgenes Gefühl. Allein in »Michael Kohlhaas« handhabt der Dichter dieses empfindliche Instrument mit der Unermüdlichkeit und Entschlossenheit eines Geistes, dem es noch bei der unscheinbarsten Figur auf den Bodensatz der Wahrheit ankommt. Die heimliche Wahrheit wird durch eine Welle zornigen oder beschämten Errötens emporgespült. Als Kohlhaas den Knecht Herse zu Unrecht tadelt, weist sich dieser in seiner wortkargen, empfindlichen Rechtschaffenheit durch eine fleckige Röte aus, die auf seinem blassen Gesicht erscheint. Kohlhaas selbst wird, als er Luthers offenen Brief liest, von einem elementaren Erröten aus seiner furchtbaren Erstarrung gelöst. Sogar dem sächsischen Kurfürsten wird die Gnade der Schamröte zuteil, sie läßt ihn als einen eher schwachen als schlechten Mann erscheinen. (Wie ja auch der Junker von Tronka kein eigentlicher Bösewicht ist, sondern ein kläglicher Fant von der Sorte, die

allerdings mehr Unheil auf dieser Welt anrichtet, als aktive Bosheit
es tun kann.)

Je ursprünglicher ein Mensch ist, desto vollständiger offenbart er
sich in seinen unwillkürlichen Regungen. Der Graf F. in der
»Marquise von O.«, dieser über alle Konventionen hinweg Lebende
und Liebende, gibt den noblen Kern seiner ungestümen Natur
immer wieder im Erröten preis. Als er wegen seines scheinbar so
edelmütigen Verhaltens während der Belagerung öffentlich gelobt
wird, steigt ihm eine Röte ins Gesicht, die anzeigt, wie wenig er sich
selber dieses Lobes für würdig hält. Das bewegte Farbenspiel der
Mienen korrigiert die trügerische Wirklichkeit. Während er die
ominöse Zeitungsannonce liest, schießt ihm das Blut ins Gesicht;
später gibt er sich der Marquise »hochglühend« zu erkennen. Die
Seele geht keine Umwege, sie schlägt wie eine Flamme hoch –
am schönsten in dem Augenblick, als er Julietta, noch während
seines ersten Besuchs und vor der gesamten Familie, mit echt
Kleistscher Plötzlichkeit »blutrot im Gesicht« versichert, wie sehr
er sie liebe.

Das Erröten ist ein Mittel epischer Charakterisierung. Welcher
Schauspieler – wenn es nicht gerade Bassermann ist – kann schon
auf ein Stichwort rot werden? Jedoch: Kleist sieht seine Personen so
unbedingt, so völlig unabhängig von den jeweiligen Beschränkungen der Kunstform, daß er auch im Drama auf dieses Werkzeug
unmittelbarer Selbsterschließung nicht verzichten mag. Penthesileas grandioses Erröten, als sie Achill zum erstenmal sieht:

> Gedankenvoll, auf einen Augenblick,
> Sieht sie in unsre Schar, von Ausdruck leer,
> Als ob in Stein gehaun wir vor ihr stünden:
> Hier diese flache Hand, versichr ich dich,
> Ist ausdrucksvoller als ihr Angesicht:
> Bis jetzt ihr Aug auf den Peliden trifft:
> Und Glut ihr plötzlich, bis zum Hals hinab,
> Das Antlitz färbt, als schlüge ringsum ihr
> Die Welt in helle Flammenlohe auf

– dieses grandiose Aufflammen des Gefühls wird zwar lediglich von
einem Augenzeugen geschildert (Odysseus, 1. Auftritt). Ebenso
Käthchens Erröten, wenn Wetter vom Strahl sie fragt, was sie allein
in Straßburg tue: ». . . und eine Röte, daß ich denke, ihre Schürze
wird angehen, flammt über ihr Antlitz empor« (I, 1). Doch dabei
bleibt es nicht. Kleists Ausdrucksverlangen macht vor dem Uner-

füllbaren nicht halt, wenn er – nun in der Bühnenanweisung – von seinen Helden und Heldinnen verlangt, daß sie »mit plötzlich aufflammendem Gesicht« (Penthesilea), »glutrot« (Wetter vom Strahl) oder »schamrot« (Käthchen) vor uns stehen sollen. Homburg errötet, wenn der Kurfürst ihm den Lorbeer aus der Hand nimmt oder wenn er während der Befehlsausgabe beim Träumen ertappt wird. Von Achill heißt es gar, als Odysseus ihn mit einer sarkastischen Bemerkung herausfordert: »Das Blut schießt ihm ins Gesicht.«

Die Kunst der Pause

In seinen äußersten Augenblicken verstummt der Mensch – ein psychologisches Faktum, das die Dichtung, insbesondere das Drama, in Verlegenheit setzt. Die Erschütterung macht uns sprachlos, das Entsetzen lähmt uns die Zunge, der Zorn verschlägt uns die Rede, der Schmerz entpreßt uns Tränen und unartikulierte Laute. Mitgefühl, Freude, Überraschung äußern sich spontan in der Gebärde und dann erst im Wort. Die großen Entscheidungen geschehen stumm in unserem Inneren. Kleist erweist sich auch hier als ein an die Wurzeln gehender Ausdruckskünstler: die elementaren Tatbestände werden weder geleugnet noch verfälscht, sie werden wie Bausteine gehandhabt und in das Kunstwerk eingesetzt, sie werden selber zum Kunstmittel. Freilich nicht im Sinne naturalistischer Abbildung. Die Wahrheit geht in die Komposition ein, sie wird geordnet, gefiltert, artikuliert, zum Ausdruck erhoben. Der Kleistsche Mensch ist vollkommen expressiv: er weint, träumt und gerät außer sich. Seine Wallungen werden in die Melodie der Dichtung aufgenommen, und sein Verstummen gliedert die Melodie. So wird die Dramatik dieses Dichters, recht verstanden – und zutreffend inszeniert! –, zu einer Partitur, in der das Psychologische Notenwert erhält und der Pause die gleiche Bedeutung zukommt wie dem Wort.

Wenn Marbod Hermanns Brief liest, der Kurfürst die Bittschrift des Heeres studiert oder Meister Theobald vor dem Femegericht in Tränen ausbricht, so sind das sachbedingte Spielpausen, erwähnenswert nur deshalb, weil der Autor sie so nachdrücklich fordert. Wenn sich dagegen der Kurfürst den Offizieren gegenübersieht, die ohne sein Wissen ihren Standort verlassen haben, dann enthält die szenische Anweisung »Nach einer augenblicklichen Pause« (V,5) eine Entscheidung. Der völlige Tonwechsel, vom Betroffensein zu heiterer Unbefangenheit:

> Vielmehr, ich heiße dich willkommen!

zeigt an, daß dies eine aktive psychologische Pause ist. Der Kurfürst hat sich in einem raschen inneren Vorgang entschlossen, das Beste aus der ungewöhnlichen Situation zu machen, sie zu seinen und der Sache Gunsten zu nutzen.

In der Regel sind die Pausen bei Kleist eine Fortsetzung des Sprechens mit anderen Mitteln. Die Sprache entwindet sich ihrer eigenen Tyrannei und überläßt den Menschen dem intuitiven Verstehen in einer Zone gefühlsgesättigten Schweigens. Das gilt besonders für die Liebesszenen. Dreimal verzeichnet die große Szene Agnes–Ottokar in der »Familie Schroffenstein« kurz hintereinander ein »Stillschweigen«. Die Argumente, mit denen die Partner Schuld und Unschuld ihrer Familien zu klären trachten, kommen zögernd, sie sind eingebettet in ein Verstummen, das wahrer und vertrauensvoller ist als das flatternde Wort. Auch die Pausen, mit denen das Fragespiel der Holunderbuschszene im »Käthchen von Heilbronn« (IV, 2) durchsetzt ist, beweisen nur die Ohnmacht dieses Fragens. Es sind Ansätze zu immer neuen Versuchen des Grafen, in ein Geheimnis einzudringen, das allein durch vorbehaltlose Bereitschaft des Gefühls zu lösen wäre. Jede Antwort Käthchens versenkt ihn aufs neue in staunendes Nachsinnen. Charakteristisch die auch sonst gern benutzte Wendung: »Er träumt vor sich nieder.« Das ist die introspektive Pause, die Kleist nicht scheut, sondern sucht, weil erst sie – jenseits von Rede und Aktion – das Seelengewebe einer Szene durchsichtig macht. Als dann der magische Dialog beendet ist und Käthchen erwacht, bezeichnet eine nachdrücklich eingezeichnete Pause den Umschwung in die Alltagsrealität. Ähnlich wie das Erscheinen des Cherubs zwischen zwei Fermaten gestellt ist, die das Wunder gleichsam gegen die rauhe Wirklichkeit abschirmen.

Die Pause läßt das gesprochene Wort nachwirken, vertieft es, indem sie ihm Zeit zum Ausschwingen gibt. Oder aber sie erhöht seine Bedeutung, indem sie es durch eine feierliche Stille vorbereitet – etwa wenn Kleist auf Natalies stummen Kniefall vor dem Kurfürsten ausdrücklich noch eine Pause und dann erst die eröffnenden Worte

> Mein edler Oheim, Friedrich von der Mark!

folgen läßt. Das ist stumme Musik, die ins Sichtbare gehoben wird –
ein großes Zeremoniell, wie es dem großen Anlaß entspricht. Hier
wird um das Höchste gespielt, was in menschliche Hand gelegt ist:
die Gnade. Das fast archaische Zeremoniell (Auftritt, Kniefall,
Schweigen) bringt das unübertrefflich zum Ausdruck; es setzt sich
in Natalies Worten, jener zugleich förmlichen und innigen Anrede,
nur fort. In anderen Fällen überrascht das Fehlen jeder Pausenbe-
zeichnung. So in der Szene der Todesfurcht, wo der Dichter erst
nach Natalies ermutigenden Worten eine Pause fordert, nicht aber
in Homburgs rasendem Sturz der Worte. Aus solchen verschwiege-
nen Vortragszeichen kann das Theater die kostbaren Hinweise für
die szenische Verwirklichung ziehen.

Am schwierigsten, aber auch am poetischsten sind jene durchaus
irrationalen Zäsuren, die weder psychologisch noch als musikalische Vortragszeichen noch von den sachlichen Bedingungen der
Szene her ganz zu erklären sind, obwohl sie von allem etwas
enthalten. Gerade der »Prinz von Homburg« ist ein durch solche
Pausen subtil rhythmisiertes Kunstwerk. Die erste Pause, die Kleist
hier notiert, gibt dem Hof Gelegenheit, den traumwandelnden
Prinzen bei Fackelschein näher zu betrachten. Eine Spielpause also
und doch mehr als das, nämlich Wiege der Empfindung, Vorbereitung für einen Gefühlslaut. In die Stille hinein fällt der Satz der
Kurfürstin:

>   Der junge Mann ist krank, so wahr ich lebe.

Natalie schließt sich an:

>   Er braucht des Arztes –!

Und wieder die Kurfürstin:

>   Man sollt ihm helfen, dünkt mich,
>   Nicht den Moment verbringen, sein zu spotten!

Es sind die ersten weiblichen Äußerungen in diesem Männerstück.
Die preußische Weise wird aufgelockert durch zärtlichere Töne, die
ihrerseits von Hohenzollern aufgenommen und in sonorer Stimmlage weitergeführt werden:

>   Er ist gesund, ihr mitleidsvollen Frauen,
>   Bei Gott, ich bins nicht mehr . . .

Mit diesen Worten reicht Hohenzollern die Fackel zurück, der Held taucht wieder in wohltätiges Dunkel – ein absolutes Meisterstück völliger Kongruenz des Visuellen und des Akustischen. Kleist komponiert aus dem Geiste eines Gesamtkunstwerks, das keiner programmatischen Aufblähung bedarf. Aus der sammelnden Kraft der Pause löst sich die mehrstimmige Melodie. Am Schluß der Szene, als die Tür »rasselnd« vor dem Träumer zuschlägt, heißt es abermals: »Pause«. Der Einbruch menschlicher Willkür in die Wunschwelt des Helden hat sein Ende gefunden, das Spiel seine Richtung erhalten – die Zäsur zeigt an, daß jetzt die Durchführung beginnt. In der nächsten Szene (Homburg–Hohenzollern) wird die Pantomime nachträglich mit Worten gedeutet, wird sie ausgelegt.

Noch diffiziler sind zwei Pausen, die kurz vor Beginn der Paroleszene liegen. Es ist sehr früh am Morgen, noch vor Sonnenaufgang. In der Ferne hört man schießen; die Offiziere versammeln sich in einem Saal des Fehrbelliner Schlosses zum Befehlsempfang; die Kurfürstin und Natalie sitzen und warten auf den Wagen, der sie, in gehörigem Abstand von der Schlacht, nach Schloß Kalkhuhn bringen soll; der Kurfürst läßt sich nach einigen knappen Worten an das Offizierskorps auf einem Stuhl hinter seinen Damen nieder. Eine kurze Konversation zwischen ihm und der Kurfürstin, dann tritt eine Pause ein. Sie ist nicht nur in der Szenenanmerkung verzeichnet, sondern wird durch eine Bemerkung des Kurfürsten noch unterstrichen:

> Natalie ist so still, mein süßes Mädchen?
> – Was fehlt dem Kind?

Der Gedankenstrich und die Formulierung der zweiten Zeile lassen vermuten, daß sich der Kurfürst, nachdem er von Natalie keine Antwort erhalten hat, mit der zusätzlichen Frage an die Kurfürstin wendet. Statt ihrer antwortet aber nun doch Natalie mit einem

> Mich schauert, lieber Onkel.

Kurfürst Friedrich spricht einige von herzlicher Zuversicht getragene Worte der Beruhigung, und abermals stockt das Gespräch. Dann wächst aus dieser zweiten Pause tastend die Frage der Kurfürstin:

> Wann, denkst du, werden wir uns wiedersehen?

Die Zartheit und das Zögernde des Satzes liegen in dem abgeteilten »denkst du«. Abermals antwortet der Kurfürst zuversichtlich. Dann belebt sich die Szene. Frühstück wird serviert, und die

Befehlsausgabe beginnt. Der Kontrast ist vollkommen: In den beiden Pausen hatte sich die graue Schwermut des Morgens gesammelt, die spannungsvolle Erwartung vor der Schlacht, das weibliche Schaudern angesichts des blutigen Männergeschäfts, die Beklommenheit eines vielleicht kurzen und dennoch ungewissen Abschieds. Die tröstlichen Worte des Fürsten stehen wie aufrechte Zeichen in diesem Schweigen, aber das Schweigen ist stärker.

Neben solchen Pausen, in denen mit der Stille gedichtet wird und das Schweigen zur szenischen Lyrik aufblüht, gibt es auch die unbedenkliche, mit kräftiger Hand gesetzte Wirkungspause. Die beiden Fermaten, die in »Penthesilea« auf Meroes Greuelerzählung folgen (23. Auftritt), sind stumme Paukenschläge; und die effektvolle Pause nach dem Bardengesang im fünften Akt der »Hermannsschlacht« (»Hermann hat sich, mit vorgestützter Hand, an dem Stamm einer Eiche gelehnt. – Feierliche Pause. –«) hat etwas von Großer Oper. Kleists Texte sind Ausdruckspartituren, in denen neben den leisen auch die starken Wirkungen nicht verschmäht werden und selbst die Interpunktion noch eine vielsagende Gebärdensprache führt. Es dürfte in der gesamten Weltliteratur kaum ein zweites Satzzeichen geben, das so viel an Geschehen und Schicksal umschließt wie jener Gedankenstrich in der »Marquise von O.«, der uns einen stummen, wenn auch erst nachträglich zu entziffernden Bericht von dem liefert, was während des Schloßbrandes *wirklich* geschah: »Er [der Graf] stieß noch dem letzten viehischen Mordknecht, der ihren schlanken Leib umfaßt hielt, mit dem Griff des Degens ins Gesicht, daß er mit aus dem Mund vorquellendem Blut zurücktaumelte, bot dann der Dame unter einer verbindlichen französischen Anrede den Arm und führte sie, die von allen solchen Auftritten sprachlos war, in den anderen, von der Flamme noch nicht ergriffenen Flügel des Palastes, wo sie auch völlig bewußtlos niedersank. Hier – traf er, da bald darauf ihre erschrockenen Frauen erschienen, Anstalten, einen Arzt zu rufen, versicherte, indem er sich den Hut aufsetzte, daß sie sich bald erholen würde, und kehrte in den Kampf zurück.« Der grammatikalisch ganz unmotivierte Gedankenstrich nach dem »Hier« enthält – kryptographisch – die vollständige Geschichte.

Zwischen sinnerfülltem Schweigen und gestalteter Rede dehnt sich das weite Reich des halbsprachlichen Sagens. Da seufzt Alkmene ihr zwiefaches »Ach«: das Final-Ach und jenes andere, worin die Seligkeit der mit dem Gott verbrachten Liebesnacht nachschwingt (I, 4). Käthchen lispelt ihr »Je, nun«, »Je, freilich«, »O geh« – eine Perlenschrift der Seele, schüchterne Signale eines Gefühls, das sich durch Aussprechen um sein Eigentlichstes bringen würde. Homburg bedient sich des schwebenden »Gleichviel«, dieser Kleistschen Lieblingswendung, mit der sich die Sprache selber beurlaubt und allem Lebendigen das Recht auf Vieldeutigkeit zugesteht. Der menschliche Name erhält in einer Fülle von Anrufen und beschwörenden Anreden (»Friedrich! Mein Fürst! Mein Vater!«, »Alkmene! Meine Braut!«) seine alte totemistische Zauberkraft zurück: er ist das »Zeichen« der Person, die – wie es in den »Schroffensteinern« unübertrefflich heißt – »freundliche Erfindung«, mit einer Silbe das Unendliche zu fassen«. Der Menschenlaut in seiner Bedeutungsfülle siegt über die logische Rede. Ein in den Vers eingelassenes »Nun, nun, nun, nun«, mit dem die Mutter des Grafen vom Strahl, skeptisch und begütigend zugleich, auf die lichterloh flammende Begeisterung ihres Sohnes für Kunigunde reagiert, enthält mehr, als Worte in so wenigen Silben sagen könnten. Wetter vom Strahl antwortet darauf in halbartikulierten, vom Affekt gestoßenen Sätzen:

> Was! Nicht?
> Du willst, daß ich mir eine wählen soll;
> Doch die nicht? Diese nicht? Die nicht?
> (II, 13)

Das ist Kleistsche Diktion. Wenn dann die Gräfin im weiteren Verlauf des Dialogs die Vermutung ausspricht:

> Und der Silvesternachttraum spricht für sie?
> Nicht? Meinst du nicht?

– so haben wir in diesem »Nicht? Meinst du nicht?« das gleiche sprachmimische Ausdrucksprinzip, jedoch nun vom Heftigen auf den Ton sanfter Eindringlichkeit gestimmt.

Die fragmentarische Rede – das Sprechen in Interjektionen, halben Wendungen, unvollendeten Sätzen – ist eine Verlautbarung des Unmittelbaren, ist Seelenmaterial, das der Dichter zur Melodie ordnet. Kleist ist niemals naturalistisch. Er bildet die Lebensvorgänge nicht nach, er vertont sie – selbst da noch, wo er die wilde Jagd der Amazonen und ihren Massensturz in einer Sprachlawine, einem wahren Satzgepolter einfängt:

> Hui!
> Wie sie, die Unaufhaltsame, vorbei
> Schießt an dem Fuhrwerk –
> Prellt, im Sattel fliegt,
> Und stolpert –
> Stürzt!
> Was? Stürzt, die Königin!
> Und eine Jungfrau blindhin über sie –
> Und eine noch –
> Und wieder –
> Und noch eine –
> Ha! Stürzen, Freunde?
> Stürzen –
> Stürzen, Hauptmann,
> Wie in der Feueresse eingeschmelzt,
> Zum Haufen, Roß und Reutrinnen, zusammen!
> (Penthesilea, 3. Auftritt)

Das ist entschieden mehr als Lautmalerei, mehr auch als das, was Hermann Broch als das bloß »Weltimitierende« aller Sprache beklagt hat, nämlich der Vorgang »an sich«, essentiell geworden, gelöst vom Allzustofflichen, in den Bereich des reinen Ausdrucks gerückt und zudem auf den federnden emotionalen Untergrund gestellt, den der kriegerische Jubel der Berichterstatter liefert.

Aus Satzfetzen und einzelnen Wörtern, die wie in den Raum geschleudert wirken, komponiert Kleist Dialoge und mehrstimmige Sprechsätze. Ein Meisterstück dieser Art ist der zweite Auftritt des »Zerbrochenen Krugs«, wo Adams Verwirrung über das Eintreffen des Gerichtsrats Walter in ein bewegtes Sprachmosaik von virtuoser Drastik übersetzt ist. Kleist baut solche Szenen gleichsam aus dem Grundmaterial menschlicher Äußerungsfähigkeit. Eine Szene wie die folgende – Penthesileas Entrücktheit und die sorgenden Bemühungen ihrer Gefährtinnen – mutet wie ein Knüpfwerk aus hastigen Fragen und dunkel schwingendem Seelenlaut an. Wendungen wie das schmerzlich erhabene »Zu hoch, ich weiß, zu hoch« oder das lösende »Gut, gut« sind der Rationalität der Sprache entzogen.

PENTHESILEA	Daß ich mit Flügeln, weit gespreizt und
	rauschend,
	Die Luft zerteilte –!
PROTHOE	Wie?
MEROE	– Was sagte sie?
PROTHOE	Was siehst du, Fürstin –?
MEROE	Worauf heftet sich –?
·PROTHOE	Geliebte, sprich!
PENTHESILEA	Zu hoch, ich weiß, zu hoch –
	Er spielt in ewig fernen Flammenkreisen
	Mir um den sehnsuchtsvollen Busen hin.
PROTHOE	Wer, meine beste Königin?
PENTHESILEA	Gut, gut.
	– Wo geht der Weg?
	(9. Auftritt)

Vollends in »Robert Guiskard« ist der eigentliche Höhepunkt der
Tragödie – das kaum merkliche Schwanken des Riesen und damit
die Gewißheit, daß die Pest auch vor dem Übermenschen nicht
haltmacht – eine Pantomime, die von unterdrückten Schreckens-
lauten und abgerissenen Fragen begleitet und umrankt wird. Bezeichnend für Kleists Formwillen, daß diese Ausrufe zu zwei
fünffüßigen Jamben geordnet sind, die allerdings mehr oder weniger auf dem Papier stehen. Dem Ohr sind sie kaum wahrnehmbar zu
machen – Musik für das Auge.

Sprache als Aktion

Die Grenze zwischen dem, was wir das halbsprachliche Sagen
nannten, und der gestalteten Rede ist unscharf. Auch das Halbarti-
kulierte ist bei Kleist Gestaltung, bewußte Formung nicht mit den
Mitteln der Grammatik, sondern mit denen des gegliederten Menschenlauts. Der hörbar gemachten seelischen Gebärde wird mehr
Vertrauen geschenkt als der Syntax. Das gilt auch, wo nun die
Sprache – trotz aller Zweifel an sich selbst – zu breiter Entfaltung
antritt. Das Wort Entfaltung ist im Hinblick auf diesen Dichter
mehr als eine ästhetische Metapher, es hat noch etwas von seinem
biologischen Ursinn. Kleist konfrontiert uns niemals mit fertigen
Sprachbildern und Satzfiguren – er läßt sie vor uns entstehen. Nicht
zur Betrachtung geschlossener sprachlicher Architekturen werden

wir angehalten, sondern zum Mitvollzug von Entwicklungsreihen. Die Vorgänge des inneren wie des äußeren Menschen werden auf das Sprachmaterial projiziert, seelische Bewegung und körperliche Aktion teilen sich uns als Sprachbewegung mit. Im Medium der Sprache nehmen wir an Werdeprozessen teil. Kleists Dichten, seine Erzählungen ebenso wie seine Szenenabläufe, steht im Zeichen von Werden und Geburt. Seine Formen sind offen und unüberschaubar, der Satz ist – nach einer Bemerkung Fritz Strichs – nicht vor seinen Teilen da. Nicht Resultate werden vorgeführt, sondern Schöpfungsakte.

Es bedarf keines Beweises, daß Kleists Diktion diesem Verfahren ihre staunenswerte Lebendigkeit verdankt. Das Dramatische bei ihm liegt nicht zum wenigsten in der Sprache, ja man darf sagen, daß es recht eigentlich der immanente Spannungsreichtum seines Spracherlebnisses ist, der ihn zum Dramatiker macht, ihn naturnotwendig auf das Drama verweist, und nicht etwa ein ästhetisches Interesse an der dramatischen Form. Von der Formkonzeption her gibt es keine Brücke zwischen »Penthesilea« und »Homburg«, »Amphitryon« und »Käthchen«; ebensowenig wie es auf der anderen Seite eine unüberbrückbare Kluft zwischen seinen Dramen und seinen Erzählungen gibt. Kleists Novellen sind auf die gleiche Art dramatisch – sprachdramatisch – wie seine Bühnenstücke. Nur ausnahmsweise nimmt er als Erzähler den Standort des neutralen Beobachters und Berichterstatters ein. In der Regel bezieht Kleist die Impulse seines Erzählens aus der jeweiligen Situation und setzt sie in Sprachstöße um. Die Welt erscheint nicht so sehr in der Sicht des Erzählers als vielmehr durchflutet und belebt vom Ich des jeweiligen Akteurs. Das drückt sich keineswegs nur in der auffallenden Häufigkeit der direkten und der indirekten Rede aus, sondern auch in vielen nur scheinbar objektiv-erzählerischen Partien.

Ein Bravourstück dieser Art ist die Werbeszene des Grafen F. in der »Marquise von O.«. Hier ergießt sich über mehr als vier Druckseiten absatzlos, pausenlos ein wahrer Sturzbach atemlosen Erzählens, ein stürmisches Gemenge aus direkter und – vorwiegend – indirekter Rede mit nur kurzen Einschaltungen des Erzählers. Die innere Verfassung des Helden, das Außergewöhnliche der Situation, die Verwirrung der anderen Teilnehmer – alles das ist über den bloßen Bericht hinaus expressive Sprachbewegung geworden. Namentlich die indirekte Rede weist Kleist als ein Instrument zu handhaben, das ihm die äußerste Nähe zur Person erlaubt, ihm die Möglichkeit gibt, jede ihrer Regungen aufzufangen und sie dabei doch erzählerisch zu komprimieren. »Der Graf . . .«, so heißt es in dieser Werbeszene, »sagte, daß er, durch die Umstände gezwungen, sich sehr kurz fassen müsse; daß er, tödlich durch die Brust geschossen, nach P. gebracht worden wäre; daß er mehrere Monate daselbst an seinem Leben verzweifelt hätte; daß währenddessen die Frau Marquise sein einziger Gedanke gewesen wäre; daß er die Lust und den Schmerz nicht beschreiben könnte, die sich in dieser Vorstellung umarmt hätten; daß er endlich . . .« Und so geht es galoppierend über nicht weniger als insgesamt fünfzehn daß-Sätze weiter bis zum verblüffenden Ende des überfallartigen Heiratsantrages.

Umgekehrt zeigen Kleists Bühnenstücke unverkennbare Ansätze zu jenen Episierungstendenzen, wie sie dann das moderne Drama in wachsendem Maße kennzeichnen. Die »Penthesilea«-Tragödie entfaltet sich nicht voll im Widerspiel der Dialoge, sondern wird in ihren entscheidenden Phasen berichtet. »Das Käthchen von Heilbronn« ist eine szenische Erzählung. Was wir in unmittelbarer Anschauung erleben, ist wenig mehr als Folge und Illustration dessen, was Friedeborn und Wetter vom Strahl in der ersten Szene berichtet haben. Besonders auffallend der explizierende Monolog des Kaisers – ein epischer Rückgriff auf längst Vergangenes und dramentechnisch ein fremdkörperartiges Gebilde auf halber Strecke zwischen Hans Sachs und Bert Brecht. Auch »Homburg«, der Inbegriff Kleistscher Dramatik, ist auf sehr betonte Art mehr »Schau«-spiel als Drama. Die Fülle und die Problematik der Welt lassen sich nicht mehr vollständig im Mit- und Gegeneinander sprechender Individuen einfangen – das ist bereits Kleists Situation. Es ist nicht mehr ausschließlich der Dialog, der, wie in der französischen und deutschen Klassik, die dramatische Form konstituiert. Die Verlagerung der großen Entscheidungen in den Raum hinter der Sprache und der stumme Hinweis darauf sind ein episches Moment. Noch tritt der Erzähler nicht auf – aber die Komposition erzählt.

Daß alles dies nicht als Negativum erscheint, daß wir vielmehr überzeugt sind, »echte« Dramen vor uns zu haben, hat seinen Grund darin, daß Kleists Sprache, wo sie sich dem Schweigen entringt, selber Drama ist. Die Gesetze der Aristotelischen Dramaturgie sind Kleist so gleichgültig wie die traditionellen Gesetze des Erzählens. Keine vorgefaßte Formvorstellung, das Werde- und Ausdrucksgesetz der Sprache bestimmt – hier wie dort – Kleists Dichten. Abermals haben wir es mit einem Mangel zu tun, der nicht überwunden, sondern zum schöpferischen Prinzip erhöht wird. Aus dem Zuwenig an Plan und Überblick ergibt sich das Ringende, Dynamische der Sprachform und im weiteren Sinne der Kleistschen Kunstform überhaupt. Der Dichter hat das in dem Aufsatz »Über die allmähliche Verfertigung der Gedanken beim Reden« freimütig enthüllt. Dieser Essay ist trotz seines anekdotischen Charakters eine Programmschrift, die einzige – außer allenfalls dem »Brief eines Dichters an einen anderen« –, die wir von Kleist besitzen. Wiederum erweist sich die Schöpferkraft des Unbewußten als der eigentliche Motor seines Schaffens. Am Anfang steht die Ahnung, »irgendeine dunkle Vorstellung«, die, wie es in dem Aufsatz heißt, »mit dem, was ich suche, von fern her in einiger Verbindung steht«. Der nächste Schritt ist ein Sprung ins Ungewisse: der suchende Geist setzt sich mehr oder weniger willkürlich einen Anfang, und nun beginnt ein halbbewußter Klärungs- und Fertigungsprozeß. Das Gemüt präge, so heißt es weiter, »während die Rede fortschreitet, in der Notwendigkeit, dem Anfang nun auch ein Ende zu finden, jene verworrene Vorstellung zur völligen Deutlichkeit aus, dergestalt, daß die Erkenntnis, zu meinem Erstaunen, mit der Periode fertig ist«.

Ein Blick auf Kleists Sprache belehrt uns, daß wir mit diesen Worten, wie scherzhaft sie auch klingen mögen, einen sehr ernst zu nehmenden Wink erhalten haben. Er macht uns eine der auffallendsten Eigentümlichkeiten der Kleistschen Diktion verständlich, nämlich ihre Neigung, eine Wendung plakativ an den Beginn einer Periode zu stellen und diese von dem gesetzten Anfang her gewissermaßen selbsttätig abrollen zu lassen. Dabei entspricht es Kleists Temperament und der drängenden Gewalt jener »dunklen Vorstellung«, die in ihm tätig ist, aber auch seinem immanenten Formsinn (der ja etwas anderes ist als rhetorischer Kalkül!), daß diese »auf gutes Glück hin« gewagten Anfänge niemals etwas von einem Verlegenheitsbeginn haben. Vielmehr enthalten sie, die logische Ordnung überspringend, sogleich das Allerwichtigste, das, was sein Gemüt am stärksten, wenn auch einstweilen noch auf unklare Weise beschäftigt. Es sind nicht selten wahre Beckenschläge, nach vorn gerissene Ausrufungszeichen. Das Gefühl katapultiert den Kern der Aussage an die Spitze des Satzes, der so mit einer großen Sprachgeste anhebt:

> Not führt uns, länger nicht erträgliche,
> Auf diesen Vorplatz her . . .

(Guiskard, 3. Auftritt)

Dies Mädchen, bestimmt, den herrlichsten Bürger von
Schwaben zu beglücken, wissen will ich, warum ich ver-
dammt bin, sie, einer Metze gleich, mit mir
herumzuführen . . .
(Käthchen, IV, 2)

Schuld ruht, bedeutende, mir auf der Brust,
Wie ich es wohl erkenne . . .
(Homburg, IV, 4)

Besonders eindrucksvoll, wenn, wie im »Prinzen von Homburg«,
der sich affektiv über die natürliche Wortfolge hinwegsetzende
Satzbeginn zugleich auch der Beginn des Stückes ist und mit den
ersten Worten das Thema angeschlagen wird:

Der Prinz von Homburg, unser tapfrer Vetter,
Der, an der Reuter Spitze, seit drei Tagen
Den flüchtgen Schweden munter nachgesetzt . . .

Oder wenn sich das Gefühl selbst – halbartikuliert – an die Spitze
eines Periodenbaus setzt:

Hoch auf, gleich einem Genius des Ruhms,
Hebt sie den Kranz, an dem die Kette schwankte . . .
(Homburg, I, 4)

Ausdruckswert geht auch hier über grammatische Richtigkeit. Da
Kleist nicht vom Ganzen eines abgeschlossenen Satzes ausgeht,
sondern von einem emotionellen Leitwort, der Satz sich also erst im
Entstehen seine Ordnung gibt, läuft er Gefahr, den Kontakt mit
dem Leitwort zu verlieren. Die syntaktische Konsequenz, die sich
aus dem Anfang ergibt, etwa aus dem Kasus, in welchem das
vorangesetzte Nomen steht, gerät zuweilen – das ist Glanz und
Elend der unkalkulierten Rede – in Vergessenheit. Das natürliche
Blühen der Sprache wird mit einem Herausfallen aus der Konstruktion bezahlt. So gleich in jenen Eingangsworten Hohenzollerns
(»*Der* Prinz von Homburg . . . Befehl ward *ihm* von dir«) oder in
Natalies Bitte für Homburg:

O *dieser* Fehltritt, blond mit blauen Augen . . .
Den wirst du nicht mit Füßen von dir weisen!
(IV, 1)

Nicht der syntaktisch durchgeformte Satz, der expressive, die innere Bewegung vorbehaltlos in sich aufnehmende, ist das Ideal dieser Sprachleidenschaft. Das ist das, was Kleist im weiteren Verlauf seines Aufsatzes als ein Sprechen feiert, das ein »wahrhaftes lautes Denken« sei, und was er, Denken und Formulieren mit dem Zusammenspiel zweier Räder vergleichend, wiederum mit einem physikalischen Bild anschaulich zu machen versteht. »Die Reihen der Vorstellungen und ihrer Bezeichnungen«, so heißt es da, »gehen nebeneinander fort, und die Gemütsakte für eins und das andere kongruieren. Die Sprache ist alsdann keine Fessel, etwa wie ein Hemmschuh an dem Rade des Geistes, sondern wie ein zweites, mit ihm parallel fortlaufendes Rad an seiner Achse.« Aus den Umständen, aus den Reaktionen des Partners, ja aus seinem bloßen Anblick – es liege, und das ist ein rechtes Dramatikerbekenntnis, ein »sonderbarer Quell der Begeisterung für denjenigen, der spricht, in einem menschlichen Antlitz, das ihm gegenübersteht« –, aus diesem Ensemble geburtshelferischer Kräfte kommt ihm die »nötige Gedankenfülle«. Nach dem kühn gesetzten Anfang beginnt nun der eigentliche Prozeß der »allmählichen Verfertigung der Gedanken beim Reden«. Kleist gebraucht sogar das in der modernen Ästhetik dann zu so hohen Ehren gelangte Wort »Fabrikation«.
Aber dieser Vorgang ist sehr viel mehr als bloße Gedankenfabrikation. Er führt die gesamte seelische Fracht der Situation mit sich, gibt nicht nur den Durchblick auf die Grundbewegungen frei, sondern macht sie sich zu eigen, arbeitet mit ihnen: Dichtung als unmittelbare Vergegenwärtigung der seelischen Prozesse in der Sprache. Penthesileas Jubel, als Achill sich ihr scheinbar ergibt, wird so zum Sprachtaumel. Das Gefühl sprengt das Satzgefüge und reißt die logische Wortfolge auseinander:

> Ihr Dienrinnen, ihr rüstigen, des Tempels,
> Das Blut, wo seid ihr? rasch, ihr Emsigen,
> Mit Perserölen, von der Kohle zischend,
> Von den Getäfels Plan hinweggewaschen!
> (14. Auftritt)

Was hier das Übermaß der Freude tut, bewirkt in Homburgs Todesfurchtszene (III, 5) die knochenschüttelnde Angst. Die Sprache keucht.

> O meine Mutter, also sprächst du nicht,
> Wenn dich der Tod umschauerte, wie mich!
> Du scheinst mit Himmelskräften, rettenden,
> Du mir, das Fräulein, deine Fraun, begabt,
> Mir alles rings umher; dem Troßknecht könnt ich,
> Dem schlechtesten, der deiner Pferde pflegt,
> Gehängt am Halse flehen: rette mich!
> Nur ich allein, auf Gottes weiter Erde,
> Bin hülflos, ein Verlaßner, und kann nichts!

Besonders ausdrucksvoll, wie die letzte Zeile auf drei Atemstöße gestellt ist. In abfallender Kurve wird das schrittweise Zusammensinken des Helden sprachlich verifiziert.

Vieles, was an Kleists Sprachbehandlung wie Gleichgültigkeit oder Willkür erscheint und es zuweilen wohl auch ist, erweist sich so als negative Formabsicht: Erhöhung des Ausdrucks durch Formzerrüttung. Wenn der Kurfürst in dem Dialog mit Hohenzollern (Schluß von V, 5) rüde aus dem Versmaß fällt:

> Tor, der du bist, Blödsinniger!

dann empfinden wir das nicht als ästhetisches Ärgernis. Es ist eher wie ein Erröten der Sprache, das die Flutwelle jäher Empfindung unübertrefflich charakterisiert. Ebenso, wenn im »Zerbrochenen Krug« Ruprecht sein nächtliches Abenteuer schildert:

>   Jetzt hebt, Herr Richter Adam,
> Jetzt hebt sichs, wie ein Blutsturz, mir. Luft!
> Da mir der Knopf am Brustlatz springt: Luft jetzt!
> Und reiße mir den Latz auf: Luft jetzt, sag ich!
> Und geh und drück und tret und donnere,
> Da ich der Dirne Tür verriegelt finde,
> Gestemmt, mit Macht, auf einen Tritt sie ein.
> (7. Auftritt)

Das Fehlen der fünften Senkung im zweiten Vers wirkt als notwendige Unregelmäßigkeit: es ist wie eine Durchbruchsstelle des Natürlichen. Den Erzähler überwältigt Empörung, sie würgt ihn, er kann nur noch atemlos das Wort »Luft« hervorstoßen. Solche Freiheiten bestätigen das Gesetz, das sie verletzen. Wäre das Formprinzip, gegen das sie verstoßen, nicht so streng und vor allem: würde es von dem Dichter, wie laut er auch das Gegenteil versichern mag, nicht so ernst genommen, könnte der Verstoß nicht gefühlt, geschweige denn als Pointe wahrgenommen werden.

Auch sonst sind gerade diese Verse Ruprechts von echt Kleistscher Expressivität. Die Wortwiederholung – das dreifach gesteigerte »Luft«, »Luft jetzt«, »Luft jetzt, sag ich« ebenso wie das »Jetzt hebt, Herr Richter Adam, jetzt hebt sichs . . .« – ist ein von Kleist immer wieder angewandtes Mittel, die Motorik innerer Vorgänge nach außen zu kehren. Ins Komische gewendet bei der mit Merkur schmälenden Charis:

> Das nenn ich Zärtlichkeit mir! Das mir Treue!
> Das mir ein artig Fest . . .
> (Amphitryon, I, 5)

Mit tragischem Akzent bei Alkmenes Selbstverfluchung (siehe Seite 171) oder bei Penthesileas Verfluchung des Rosenfestes (9. Auftritt). Schlicht prosaisch, wenn der Wirt in der »Anekdote aus dem letzten preußischen Kriege« berichtet, wie der einzelne preußische Reiter auf die drei Franzosen zureitet: ». . . und gibt seinem Pferde die Sporen und sprengt auf sie ein; sprengt, so wahr Gott lebt, auf sie ein . . .« Und schließlich in grandioser Verzahnung als dialogische Bewegung, wenn Alkmene Jupiters sonderbare Fragen grübelnd wiederholt oder umgekehrt Jupiter Alkmenes Worte begierig aufgreift, weil sie ihm den ersehnten Sieg über Amphitryon zu versprechen scheinen (II, 5). Am Gedankenfaden der Wiederholung tastet sich die Auseinandersetzung vorwärts.

Jedes dieser Beispiele steht für viele andere: wie auf dem Schlachtfeld von Fehrbellin der Name Truchß zwischen den Offizieren und dem unsicheren Homburg hin und her gereicht wird; wie die Amazonen Penthesileas vermessene Ankündigung, daß sie den Ida auf den Ossa wälzen wolle, staunend wiederholen; oder wie das Näherrücken der den Achill verfolgenden Amazonenkönigin durch die gedrängte vierfache Wiederholung des »Naht« zu unmittelbarer sprachlicher Gegenwärtigkeit gebracht wird:

> So naht sie ihm?
> Naht ihm!
> Naht ihm noch nicht!
> Naht ihm, ihr Danaer!
> (3. Auftritt)

Immer wieder stößt man auf den Dreierschlag: Aussage, zweifelndes Echo, Bekräftigung. Etwa so:

ADAM	Den Teufel auch! Der Richter Adam läßt sich Entschuldigen.
LICHT	Entschuldigen!
ADAM	Entschuldigen.

Oder:

WALTER	Der Brief ist falsch!
EVE	Falsch?
WALTER	Falsch, so wahr ich lebe!

Am großartigsten in seinem bösen Lakonismus der Dialog zwischen dem Abgesandten Ruperts und Sylvester Schroffenstein (I, 2):

ALDÖBERN	Mich schickt mein Herr, Graf Rupert Schroffenstein, Dir wegen des an seinem Sohne Peter Verübten Mords den Frieden aufzukünden. –
SYLVESTER	Mord?
ALDÖBERN	Mord.

Fast noch charakteristischer für Kleists Ausdrucksenergie als die Anapher ist das Polysyndeton, die kunstvolle Häufung von Bindewörtern. Es ist ein Mittel der Sprachaktivierung, das dem drittletzten Vers der zitierten Ruprecht-Stelle

> Und geh und drück und tret und donnere

zu besonders bedrohlicher Unmittelbarkeit verhilft. Jedes »und« zieht hier ein Tätigkeitswort nach sich, das stärker ist als das vorangehende. Aus dem schlichten Einlaßbegehren (»und geh und drück«) wird ein Furioso aus Fußtritten und Fäustehämmern (»und tret und donnere«), bis die Tür nicht nur der körperlichen Gewalt nachgibt, sondern – so will es fast scheinen – auch der Gewalt der ganz körperhaft gewordenen Sprache. Das grammatikalisch fragwürdige »gestemmt« (worauf bezieht es sich?)

> Und geh und drück und tret und donnere,
> Da ich der Dirne Tür verriegelt finde,
> Gestemmt, mit Macht, auf einen Tritt sie ein

wirkt wie ein Rammbock.
Wieder drängen sich die Beispiele. Die gloriose Steigerung des vierfach getürmten »und« in Jupiters Werbung

> . . . . und küßte dich, und weinte,

> Und höbe dich in Armen auf, und trüge
> Dich im Triumph zu meinem Bett zurück
> (Amphitryon, II, 5)

hat wahrhaft olympischen Zuschnitt. Penthesileas erste Begegnung mit Achill im Liebeskampf, von der Diomedes kopfschüttelnd
berichtet, erhält durch die Aneinanderreihung des scheinbar Unvereinbaren etwas Irreales, etwas von einer vorbegleitenden Gei-
stererscheinung: doch sie – Penthesilea –

> Weicht seinem Mordhieb aus, und schießt die Zügel,
> Und sieht sich um, und lächelt, und ist fort.
> (1. Auftritt)

Natalies Liebeserklärung an den zu seinem besseren Selbst erwachten Homburg:

> Nimm diesen Kuß! – Und bohrten gleich zwölf Kugeln
> Dich jetzt in Staub, nicht halten könnt ich mich,
> Und jauchzt und weint und spräche: du gefällst mir!
> (IV, 4)

Meister Theobalds gramvoller Bericht über Käthchen vor der Feme:

> Und prüft, da sie sich ein wenig erholt hat, den Schritt, und
> schnürt ihr Bündel, und tritt, beim Strahl der Morgenson-
> ne, in die Tür: »wohin?« fragt sie die Magd; »zum Grafen
> Wetter vom Strahl«, antwortet sie und verschwindet.
> (I, 1)

Vor allem aber der sich in hilfloser Erschütterung von einem »und«
zum anderen schleppende Bericht Meroes über den halb zu Tode
gejagten und schließlich furchtbar niedergemetzelten Achill (Penthesilea, 23. Auftritt) – alles dies sind emotionale Bewegungsket-
ten, bei denen das »und« nicht nur die Teile bindet, sondern auch die
Empfindung weiterleitet. Es stellt die Stufen dar, über die wir
geführt werden – in jubelndem Aufwärtsschreiten bei Natalie, in
zitternder Abwärtsbewegung bei Theobald Friedeborn, in halbge-
lähmter horizontaler Bewegung bei Meroe. Oder in kunterbuntem
humoristischem Nebeneinander des durchaus Unzusammengehö-
rigen bei Ruprecht:

> Und Kerl und Nacht und Welt und Fensterbrett . . .
> Das alles fällt in einen Sack zusammen.
> (7. Auftritt)

Bei jedem dieser Beispiele handelt es sich um starke innere Vorgänge, um ein Außersichsein aus sehr verschiedenen Gründen. Doch Kleist – »ungeduldiger und dunkler Kleist«, wie Rilke ihn in seinem winterlichen Huldigungsgedicht aus dem Jahre 1898 nennt – ist keineswegs nur, wie es scheinen könnte und wie gern gesagt wird, der Sprache der Extreme mächtig. Wenn das Einzigartige dieser Sprachkunst darin liegt, Seinsprozesse in syntaktische Bewegung zu übersetzen, dann gilt das auch im Bereiche des Unscheinbarsten.

> Ich glaub, 's ist innerlich

– ein stiller Satz wie dieser, mit dem sich Rupert (Familie Schroffenstein, IV, 4), von Zweifeln an der eigenen Redlichkeit ausgehöhlt, über Hitze und trockene Zunge beklagt, obwohl ein kühler Wind weht, stellt in all seiner vermeintlichen Schlichtheit ein Äußerstes an sprachlicher Expressivität dar. Seelischer Vorgang und Sprachduktus sind hier eines. Die Worte schwingen nicht, sie ziehen sich zusammen. Das dreifache »i« in der zweiten Satzhälfte – der engste, an Volumen ärmste Vokal – übt im Verein mit den scharfen Geräuschlauten eine adstringierende Wirkung. Selbst die häßliche Elision (»'s ist«) dient in diesem Falle nicht nur dem Versmaß, sondern verstärkt den Ausdruck: sie entfleischt den Satz, macht ihn noch klangloser; der Satz krümmt sich, wie der Körper des von Gewissensbissen Gefolterten sich krümmen mag, der ihn spricht.

Wo andererseits das Seelische völlig ausbalanciert ist – wie im Derwisch- oder im Unsterblichkeitsmonolog Homburgs –, da ist es auch die Sprache: ruhevoll strömt sie dahin, entspannt, einig mit dem Versmaß. Bedeutungsakzent und metrischer Akzent fallen zusammen. An den wenigen Stellen, wo es nicht der Fall ist, etwa bei dem eher daktylischen Anfang des evozierenden »Nun, o Unsterblichkeit« oder dem die Vision behutsam eintrübenden »Jetzt unterscheid ich Farben noch und Formen«, handelt es sich um Nuancen, um subtile Schwankungen der Binnenbewegung, die vom Metrum mit bewundernswerter Treue registriert werden.

Eigenheiten

Alles, was wir Stil nennen, bezeichnet nicht nur ein Vermögen, sondern auch eine Grenze. Jede Ausprägung einer persönlichen Eigenart bedeutet die Verabschiedung anderer, außerhalb dieser Eigenart liegender Möglichkeiten und damit die Verabsolutierung eines Mangels. Geschieht das mit hinreichendem Nachdruck oder gar mit Genie, so stehen wir vor dem Phänomen des unverwechselbaren Stils. Hierfür ist Kleist ein hervorragendes Beispiel. Bei keinem anderen Dichter sind Eigenwilligkeiten und Manierismen, Unschönheiten und offenbare Verstöße gegen den Sprachkomment so sieghaft in den Rang nicht nur des unabdingbaren individuellen Ausdrucks erhoben, sondern auch das tauglichste Instrument zur Erreichung eines bestimmten ästhetischen Ziels.

Eigentümlichkeiten der Wortbildung, des Satzbaus und der Metaphorik treten bei Kleist einhellig in den Dienst des Bemühens, die Sprache über sich hinauszuführen. Sie wird aufgeladen mit Bewegung und Gebärde, sie erhält Körperhaftigkeit nicht allein im Sinne der Anschaulichkeit, sondern auch der affektiven Schlagkraft. Es genügt Kleist nicht, zu sagen, daß die Marquise von O. »mit tötender Wildheit« auf den russischen Hauptmann blickt – vielmehr blickt sie mit tötender Wildheit auf ihn »ein«. Durch die Hinzufügung dieses »ein« unterstreicht und steigert er den Tätigkeitscharakter des Verbums: Blicke werden zu Züchtigungen. Die Pestkranken in »Robert Guiskard« sträuben sich in ohnmächtiger Qual »empor«. Juliettas Vater kommt reumütig »herangeschluchzt«. Die Musik, die bei Käthchens Empfängnis erklingt, säuselt »in den Duft der Linden nieder«. Kunigunde fragt den um Käthchen besorgten Grafen:

Welch ein besondrer Eifer glüht Euch an?

Und Kleist selbst meldet Wieland, er habe eine Tragödie (»Penthesilea«) »von der Brust heruntergehustet«.

Es versteht sich, daß Kleists zielende Sprachkraft eine Vorliebe für transitive Verben hat. So neigt er dazu, intransitive entweder in transitive umzuwandeln (durch Verbindung mit einer Vorsilbe oder, wie in der eben angeführten Briefstelle, mit einer Präposition) oder aber sie kurzerhand als transitive zu behandeln: »So wahr ich Leben atme« (Hohenzollern), »Du Schönere, als ich singen kann, ich will eine eigene Kunst erfinden, und dich weinen« (Strahl), »Doch künftig wirst du immer nur ihn . . . an seinem Altar denken, und nicht mich« (Jupiter), »Ich glaube Rettung – und ich danke dir« (Natalie). Vor allem in dem letzten Beispiel ist der Gewinn an Frische, Aktivität und Lebendigkeit unmittelbar überzeugend – es ist gleichsam ein neues Verb.

Wahrhaft monumentale Prägungen in dieser Richtung finden sich, dem radikalen Expressivcharakter dieser Dichtung gemäß, in »Penthesilea«. So wenn die zum Abscheu gewordene Heldin von der Oberpriesterin mit dem Satz zurückgewiesen wird:

> Du blickst die Ruhe meines Lebens tot.
> (24. Auftritt)

Oder wenn Meroe ihre Erzählung mit den Worten beginnt:

> Die afrikanische Gorgone bin ich,
> Und wie ihr steht, zu Steinen starr ich euch.
> (23. Auftritt)

Im übrigen äußert sich Kleists Bestreben, der Sprache durch kühne Wortzusammensetzungen neue Stoßkraft zu verleihen, besonders wirksam in adjektivischen Bildungen. Frau Marthe zetert über das »krugzertrümmernde Gesindel«; Meister Theobald verflucht den Grafen vom Strahl als »mordschaunden Basiliskengeist«; Jupiter feiert der »felszerstiebten Katarakten Fall«; Guiskard bringt drei »schweißerfüllte Nächte« auf dem Seuchenfeld zu. Penthesilea gar spricht von »fünf schweißerfüllten Sonnen«, die sie vergebens an die Niederwerfung Achills gewendet habe. Das Beiwort erhält hier den Rang eines selbständigen Ausdrucksträgers. Ebenso hat das Bild bei Kleist niemals nur schmückende Funktion, es ist niemals nur statisch. Wenn es von Penthesilea im dritten Auftritt heißt:

> Wie sie, bis auf die Mähn herabgebeugt,
> Hinweg die Luft trinkt lechzend, die sie hemmt!

– dann ist diese verbale Metapher ein schwer zu überbietendes Beispiel dynamischer Bildersprache. Auch ein auf den ersten Blick so lyrisch ansprechendes Bild wie Homburgs

> Und weil die Nacht so lieblich mich umfing,
> Mit blondem Haar, von Wohlgeruch ganz triefend –
> (I, 4)

hat – ganz abgesehen von der poetischen Gewagtheit, den nächtlichen Mondenschein und seine Reflexe in das Gleichnis des blonden Haares zu fassen – seine geheime Dynamik. Die Duftwellen der lauen Nacht umfangen uns mit sanfter Gewalttätigkeit, und die Wendung »von Wohlgeruch ganz triefend« ist von einer exorbitanten Sinnlichkeit. Diese Wirkung wird nicht zuletzt durch die Vermengung der Sinnessphären erzielt. Wohlgeruch teilt sich gemeinhin dem Geruchssinn mit; hier aber »trieft« er – ein Vorgang, der sowohl vom Auge als auch vom Sensorium der Haut wahrgenommen wird. Die Genialität der Wendung liegt in solcher Gefühlserweiterung. Eine mattere Vorform dieses Bildes findet sich schon in Strahls Schäfer-Monolog (Käthchen, II, 1).

In diesen Zusammenhang gehört auch die oftmals verblüffende Unbekümmertheit, mit der Kleist Abstraktes nicht nur in Derbsinnliches zu übersetzen pflegt (»Der Frevel zog auf Socken durchs Tor!«, Käthchen, III, 7), sondern mit der er das Abstrakte effektiv auch als etwas Sinnliches behandelt. Etwa wenn es in »Penthesilea« heißt:

> Laßt uns vereint, ihr Könige, noch einmal
> Vernunft keilförmig, mit Gelassenheit,
> Auf eine rasende Entschließung setzen.
> (1. Auftritt)

Oder wenn im »Käthchen von Heilbronn« Graf Otto, der Vorsitzende der Feme, unwillig zu Meister Theobald sagt, das Gericht sei nicht dazu da, ihm die »verrückten Sinnen einzurenken«.

Ein Zaubermittel gleicherweise zur Intensivierung der Sprache wie auch zu ihrer Intimisierung ist die von Kleist bevorzugte Dativkonstruktion.

> Und sausend trifft die Schleuder mir das Ziel.
> (Penthesilea, 6. Auftritt)

> Verliebt ja, wie ein Käfer, bist du mir.
> (Käthchen, IV, 2)

> Nun fleh ich jeden Segen dir herab.
> (Homburg, V, 7)

> Gebt acht, so sagt sie heut uns aus wie gestern.
> (Krug, 7. Auftritt)

Oder auch:

> Inzwischen werd ich, in den Tod dir treu,
> Ein rettend Wort für dich dem Oheim wagen.
> (Homburg, III, 5)

> Und allem, was du aufstellst, sag ich: ja.
> (Amphitryon, I, 2)

> Verwünscht! – Er ist jedwedem Pfeil gepanzert.
> (Homburg, V, 3)

Der Dativ ist affektbetont, er bindet den Vorgang an die Person, zieht ihn in die Intimsphäre. Welch eine Einbuße an Innigkeit und Zauber wäre es, wenn in Käthchens Käfer-Satz das »mir« fehlte. Ähnlich ist es mit reflexiven Konstruktionen wie dieser:

> Und ist
> Die Kriegersitt euch fremd, daß euch ein Weib
> Muß lehren, wie man dem Bezirk sich naht,
> Wo sich der kühne Schlachtgedank ersinnt?
> (Guiskard, 3. Auftritt)

Kleist verschmäht in der letzten Zeile die passive Konstruktion. Der Schlachtgedanke, der nicht ersonnen wird, sondern der sich ersinnt – diese stilistische Figur hat spirituelles Leben. Wir nehmen keine Mitteilung entgegen, sondern blicken gebannt auf einen ehrwürdigen Vorgang.

Das Erstaunliche an dieser Sprache ist, daß sie bei aller stoßenden Heftigkeit und nervösen Bewegtheit immer eine gewisse Breite und Gedrungenheit bewahrt. Kleist verdankt das zu einem guten Teil seinem unorthodoxen Satzbau mit der Überfülle an Einschüben und erklärenden Zusätzen. In dem Aufsatz »Über die allmähliche Verfertigung der Gedanken beim Reden« hat der Dichter diese Eigenheit als einen bloßen Trick geschildert, durch den er der von einer unbestimmten Vorstellung zwar stimulierten, aber noch nicht auf ein festes Ziel gerichteten Rede Zeit zu verschaffen wünscht. »Ich mische«, so lesen wir da, »unartikulierte Töne ein, ziehe die Verbindungswörter in die Länge, gebrauche auch wohl eine Apposition, wo sie nicht nötig wäre, und bediene mich anderer, die Rede ausdehnender Kunstgriffe, zur Fabrikation meiner Idee auf der Werkstätte der Vernunft die gehörige Zeit zu gewinnen.« Demnach wäre jede der vielen Einschaltungen nichts als eine Hilfsstation, von der aus der suchende Geist Ausschau nach einem möglichen Fortgang des Satzes hält. Das ist doch wohl etwas zu bescheiden. Viel eher drückt sich in Kleists auffallender und oft getadelter Appositionsfreudigkeit das Bedürfnis aus, dem Strömen des Gefühls vom Gegenständlichen her einen heilsamen Widerstand entgegenzubauen und es in der Realität des Dinglichen zu befestigen. Die Appositionen werden zu stützenden und tragenden Pfeilern in der reißenden Flut des Kleistschen Sprachungestüms.

Oft tut Kleists Wirklichkeitshunger nun auch darin zuviel. Ein Satz wie dieser aus »Michael Kohlhaas«: »Nun mußt du wissen, daß dieser für die Dresdner Küche bestimmte Rehbock in einem mit

Latten hoch verzäunten Verschlage, den die Eichen des Parks beschatteten, hinter Schloß und Riegel aufbewahrt ward, dergestalt, daß, da überdies, anderen kleinen Wildes und Geflügels wegen, der Park überhaupt und obendrein der Garten, der zu ihm führte, in sorgfältigem Beschluß gehalten ward, schlechterdings nicht abzusehen war, wie uns das Tier, diesem sonderbaren Vorgeben gemäß, bis auf den Platz, wo wir standen, entgegenkommen würde« – ein solcher Satz hat etwas von unfreiwilliger Selbstparodie. Des hochfliegenden Charakters und des weitgesteckten Ziels seiner Sprache bewußt, sucht Kleist sich um so eifriger, ja bis zur verbissenen Pedanterie des realistischen Details zu versichern. Im ganzen aber überwiegt der Gewinn an Ruhe und Plastik die Einbuße an gefälliger Glätte und leichter Überschaubarkeit. Kleists Sprache ist dynamisch und dabei doch breit hingelagert. Die Satzglieder unterstehen nur lose dem Diktat der grammatischen Konstruktion; sie erheben sich, durch reichliche, fast sezierende Kommata unterstützt, einzeln und mit einer gewissen Eigenwürde aus dem Gesamtareal des Satzes und schaffen ein unvergleichliches Sprachrelief.
Vor allem durch abgetrennte, meist nachgestellte Attribute und adverbiale Bestimmungen gelingen Kleist wahre Wunder an Gliederung und bedeutsamer Hervorhebung.

> Und er, der Kurfürst, mit der Stirn des Zeus,
> Hielt einen Kranz von Lorbeern in der Hand.
> (Homburg, I, 4)

Das hat allein durch die Satzstellung großen, herrscherlichen Zuschnitt. Oder wenn es von Guiskard heißt:

> Man sieht ihn still, die Karte in der Hand,
> Entschlüss' im Busen wälzen, ungeheure,
> Als ob er heut das Leben erst beträte.
> (Guiskard, 7. Auftritt)

Das nachgestellte »ungeheure« setzt einen Bedeutungsakzent, der in der gewöhnlichen Wortfolge unterginge.
Kleist liebt es, das Attribut von seinem Beziehungswort zu trennen. Ein Satz wie Kunigundes

> Einst lohn ich würdiger, du junger Held,
> Die Tat dir, die mein Band gelöst, die mutige . . .
> (Käthchen, II, 8)

erhält durch das Auseinanderrücken von Substantiv und adjektivischem Attribut (»die Tat . . . die mutige«) etwas von höfischer Grandezza und einen Anflug von Künstlichkeit, der in den Dienst der psychologischen Charakterisierung tritt. Oder Hohenzollerns Satz

> Graf Horn traf, der Gesandte Schwedens, ein.
> (Homburg, III, 1)

Hier drängt sich eine Apposition nicht nur zwischen Subjekt und Prädikat, sondern spaltet auch noch das Prädikat. Das gibt dem Satz etwas Steifes, Zeremonielles, das ausgezeichnet zu Hohenzollerns befremdeter, vorsichtiger Haltung in dieser Szene paßt. In einem anderen Fall:

> Die Nornen werden ein Gericht,
> Des Schicksals fürchterliche Göttinnen,
> Im Teutoburger Wald, dem Heer des Varus halten . . .
> (Hermannsschlacht, IV, 2)

gewinnt die vom Nomen gelöste Apposition eine fast bedrohliche Selbständigkeit und verleiht Marbods Satz düster-feierliches Gewicht. Je weiträumiger die den Denkakt nicht nur nachzeichnende, sondern ihn mitvollziehende Formulierung ist, desto bedeutender ist die syntaktische Spannung:

> Fahr hin jetzt, Mäßigung, und du, die mir
> Bisher die Ehre Fordrung lähmtest, Liebe,
> Erinnrung, fahrt, und Glück und Hoffnung, hin . . .
> (Amphitryon, II, 2)

Durch die Trennung zusammengehöriger Wörter und Wortgruppen kommt etwas Aufrüttelndes, Erweckendes in den Sprachgestus. Die Zusammenhänge werden nicht gestört, vielmehr wird unsere tätige Aufmerksamkeit auf sie gelenkt.

Besonders lebhafte Wirkungen in dieser Richtung gelingen Kleist dadurch, daß er (wie schon in der letzten Zeile des Amphitryon-Zitats) bei mehreren Subjekten – oder auch Objekten – das gemeinsame Prädikat nicht der Aufzählung *folgen* läßt, sondern es unbekümmert dazwischenschießt:

> Granaten wälzten, Kugeln und Kartätschen,
> Sich wie ein breiter Todesstrom daher . . .
> (Homburg, II, 8)

> Ei was! Vom Hauen sprech ich dreist und Schießen.
> (Amphitryon, I, 1)

Und wiederum besonders reichhaltig in »Penthesilea«:

> Die Mütter bringen mit, die Töchter, Gaben . . .
> (6. Auftritt)

> Von Hunden rings umheult und Elefanten . . .
> (23. Auftritt)

>   Staub ringsum,
> Vom Glanz der Rüstungen durchzuckt und Waffen . . .
> (3. Auftritt)

Es fällt schwer, solche und andere Stileigentümlichkeiten als Kunstgriffe zu werten, so unmittelbar kommen sie aus Kleists Sprachtemperament. Doch eben da, wo solche Unterscheidungen hinfällig werden, wo Natur und Kalkül einander in die Hände spielen, statt sich im Wege zu sein, ja wo sie zu völliger Identität verwachsen, beginnt das Reich der Größe.

Die sprechende Komposition

Alle Sprache, die über das diskursive Sagen hinausstrebt, nähert sich heimlich der Musik. Bei Kleist nimmt dieser Vorgang, dem Ungestüm seines irrationalen Sprachverlangens entsprechend, demonstrativen Charakter an. Wer die Sprachformen und Sprachprozesse dieses Dichters beschreiben will, sucht wie von selbst Hilfe bei musikalischen Vergleichen und Begriffen. Das ist in der Kleist-Literatur bis zu dem Grade geschehen, daß man das »Guiskard«-Fragment nach dem Schema des Brandenburgischen Konzerts Nr. 1 aufzuschlüsseln versucht hat. Selbst wer solche Art der Par-force-Interpretation als dichtungsfremd empfindet, wird die Tendenz zur musikalischen Formen-, ja Formelsprache in Kleists Dichtung schwerlich leugnen können. Insbesondere Albert Fries hat auf Kleists Vorliebe für »kanon- oder ritornellartige, an die Technik der Fuge erinnernde Figuren« hingewiesen und Beispiele dieser Art zusammengestellt. Etwa:

> Ich pflückte dir, du heilge Priesterin,
> Dir pflückt ich eine Rose nur, nur eine;
> Doch eine Rose ists, hier diese, sieh!
> (Penthesilea, 6. Auftritt)

In diesem Beispiel (und in ähnlichen) kann die Wiederkehr und verschränkende Wiederaufnahme bestimmter Wörter und Wendungen nicht nur aus der seelischen Bewegung erklärt werden. Sie hat in der Tat etwas von der floskelhaften Selbstgenügsamkeit musikalischer Figurationen. Wahrhaft kleistisch sind die Nähe und das Hineinwirken musikalischer Formen nur da, wo diese auch etwas ausdrücken; und das nicht nur innerhalb kleinerer Versverbände, sondern innerhalb der Gesamtpartitur. So in der sonatenhaften Entsprechung von Anfang- und Schlußszene im »Prinzen von Homburg«. Hier haben wie die Verwirklichung sowohl eines poetischen als auch eines musikalischen Ideals: die Übermittlung des Sinngehalts nicht durch Aussprechen, sondern durch Anordnung des thematischen Materials, durch die sprechend gewordene Kunstform selbst.

Thematisches Material sind bei Kleist auch die Charaktere – mehr figurale Zeichen als eigentlich vollplastische Figuren; biegsamer Stoff, der Sinn und Glanz erst aus der jeweiligen Konstellation empfängt. Der musikalische Stellenwert entscheidet auch über das Psychologische. Die Trübung etwa, die der Charakter des Kurfürsten erfährt, als er den bereits Begnadigten scheinbar zum Tode führen läßt, wird in Kauf genommen – zum höheren Ruhme der Komposition. Diese will nur eines: der träumerischen Entrücktheit des Anfangs mit einer Situation antworten, die ihr korrespondiert und sie zugleich übertrifft; der Traum soll besiegt werden durch irdische Erfahrung, die über sich hinausgelangt ins nicht mehr Irdische. Das Nebeneinander zarter und barbarischer Züge in so vielen Gestalten Kleists hat seinen Grund auch in solchem das Psychologische mißachtenden musikalischen Rigorismus.

Von »Penthesilea« und ihrer musikalischen Immanenz war schon die Rede. Wie in dieser szenischen Sinfonie die Gestalten zu Stimmträgern werden, wie die Stimmen ineinandergreifen, einander umschlingen und verschlingen, sich in unstillbarem Verlangen durch eine sinnverwirrende Folge von Modulationen bewegen, atemlos, in einer Art von tödlicher Seligkeit – das ist dionysische Verbalmusik, ist ein »Tristan« in Worten. Die sprachmusikalische Durchdringung des Stofflichen geht hier bis an die Grenze seiner Aufhebung. Ein Beispiel ganz anderer Art ist die wohlbedachte, wiederum um den Preis einer psychologischen Härte erreichte Hinauszögerung der Auflösung im »Käthchen von Heilbronn«. Der Kunstgriff, Käthchen im unklaren darüber zu lassen, daß es ihre eigene Hochzeit ist, zu der Wetter vom Strahl sie bittet – ein

Kunstgriff, dem freilich auch ein erotisches Moment sehr Kleistscher Art beigemischt ist, etwas von quälfreudiger Steigerungs-
lust –, gibt dem Finale einen letzten spannungsvollen Auftrieb und
der Schlußkadenz eine fast burschikose Lebhaftigkeit, in die sich
dann auch Kunigundes »Pest, Tod und Rache!« und Strahls »Gift-
mischerin!« einigermaßen stilgerecht einfügen.

Das Musikalische und das Psychologische lassen sich bei Kleist nicht
voneinander trennen. Eben darin liegt das Wunderbare solcher
Kompositionen wie der großen Szene der Befehlsausgabe im »Prinzen von Homburg« (I, 5). Für Kleist ist selbst der Generalstab noch
ein Stück Welt, das vertont zu werden verdient. Aber das ist es nicht
allein. Vielmehr schließt der polyphone Sprachsatz, den der Dichter
aus dem Hin und Her der Parolen kunstreich entwickelt, zugleich
eine seelische Entwicklung des Helden ein, die uns als musikalischer
Prozeß fühlbar gemacht wird. Das Hauptthema (die Ausgabe des
Schlachtplans) liegt bei dem Feldmarschall Dörfling. Ihm sekundie-
ren die Offiziere mit knappen Hier-Meldungen und routinemäßi-
gem Wiederholen der Order. Daneben entfaltet sich als lyrisches
Seitenthema das kurfürstliche Familienidyll mit Frühstück, Aufbruch, Abschied und dem Suchen nach dem verlorenen Handschuh.
Sobald das Seitenthema genügend motivisches Eigenleben gewon-
nen hat – der Handschuh! –, tritt das Hauptthema zurück: die
Offiziere schreiben, Dörfling blättert in seinen Papieren.

Zwischen den kontrastierenden Themen steht geistesabwesend der
Prinz – er müßte sich in das Hauptthema einordnen, läßt sich aber
immer stärker von dem Seitenthema bezaubern. Die sachlichen
Pausen der Paroleausgabe werden von der lautlosen Melodie seines
persönlichen Verlangens gefüllt, der Frage: Ist es Natalies Handschuh, den er als reales Unterpfand seines nächtlichen Abenteuers
im Kollett trägt? Erst als diese Frage entschieden ist, schaltet er sich
in das Hauptthema ein; und zwar in einer Form, die sein Inneres
vollständig enthüllt. Impulsiv greift er die einzige Wendung aus
dem Schlachtplan auf, die ihn während der ganzen Szene erreicht
hat, weil sie die einzige ist, die dem stürmischen Verlangen seines
Herzens entspricht: das triumphierende

> Dann wird er die Fanfare blasen lassen!

Diese Worte, die wenige Verse zuvor Dörfling mit beiläufiger
Sachlichkeit diktiert hatte, macht Homburg nun selber zu einem
Fanfarenstoß, sie werden zu einem klingenden Fanal seines Unter-
bewußtseins. Für einen kurzen Augenblick fügt er sich, wenn auch um

einige Grade zu schmetternd, in den thematischen Fluß der Szene ein. Dann sinkt er wieder in sich zurück. Die große Musik kommt zum Stillstand. Als die Bedingungen bekanntgegeben werden, unter denen allein die Fanfare in der bevorstehenden Schlacht geblasen werden darf, hört Homburg schon nicht mehr zu. Eine Pause tritt ein, in der der weitere Verlauf des Dramas warnend vorgezeichnet scheint. »Der Prinz«, heißt es in der Szenenanmerkung, »steht und träumt vor sich nieder.« Man ruft ihn befremdet zur Ordnung, aber er hört aus den einschränkenden Anweisungen wiederum nur das eine Wort »Fanfare« heraus, das ihm die sichere Verheißung des Sieges ist. Was sollen ihm Bedingungen? Er wischt sie beiseite und wiederholt:

Doch dann wird er Fanfare blasen lassen.

Ein gutes halbes dutzendmal wandert in dieser Szene das Wort »Fanfare« in wechselnder Betonung und mit wechselndem Gewicht zwischen Dörfling, Golz, Homburg und Hohenzollern hin und her, geht in verschiedenen Tonarten von einem Instrument zum anderen, bis Homburg es in seinem vollen trügerischen Glanz aufstrahlen läßt, die eigene Verblendung damit bekräftigend und unwiderruflich machend.

Nur wenn man solche Verschränkungen, ja solches Einswerden des Kompositionellen mit dem Psychologischen ins Auge faßt, hat der Hinweis auf Kleists Musikalität Sinn. Die treffendsten Beobachtungen hierzu hat Otto Ludwig gemacht. »Das Appellieren an das unmittelbare Gefühl«, schreibt der Verfasser der »Shakespeare-Studien« am 3. Juli 1857 an Julian Schmidt, »die konsequente Führung der Charaktere, die Entwicklung des Ganzen aus einem Hauptthema, das Wiederzurückkehren von den kontrapunktischen Umwendungen derselben (im zweiten Teile der Sonatenform) zu seiner einfachen anfänglichen Gestalt (im dritten), in der man den Anfang, doch unendlich reicher durch die erlebte Entwicklung seines Gehaltes, wieder empfindet, Kunstmittel, die keine Kunst so konsequent und bewußt anwendet als die polyphonische Musik, die durch und durch dramatisch ist, lassen sich in jeder Kleistschen Arbeit leicht erkennen.« Wieder denkt man an das Werk des vollendeten Kleist, den Schluß des »Homburg«, wo in der Tat das Thema in seiner anfänglichen Gestalt, jedoch »unendlich reicher durch die erlebte Entwicklung seines Gehaltes« wiederkehrt und die Komposition krönt. Wo Kleist dagegen die Charakteristik nicht aus der Melodie entwickelt, sondern sie gewissermaßen mit dem Pinsel aufträgt, da gibt es Halbheiten und Unechtes. So erklärt sich das ein wenig Maskeradenhafte der germanischen Welt in der »Hermannsschlacht«.

Wesenhaft musikalisch sind auch die berühmten Anfänge der Erzählungen, die anti-epische Selbstverständlichkeit, mit der wir ohne Umschweife mit dem Hauptthema bekannt gemacht werden. Was andere als Pointe zurückhalten (der Heysesche Falke!) oder in spannungsfördernden Andeutungen Stück für Stück enthüllen würden, wird von Kleist unbekleidet an den Anfang gestellt. »Das Rechtsgefühl aber machte ihn [Kohlhaas] zum Räuber und Mörder.« Das ist das Thema. Als solches wird es vorgestellt – das Gewicht liegt auf der Durchführung. Ebenso in der »Marquise von O.«, wo der erste Satz das Kernstück der Erzählung enthüllt. Kleists Technik in diesen beiden Novellen ist nicht auf Hinführung, nicht auf Steigerung und Entfaltung gerichtet. Die Handlung schreitet nicht Schritt für Schritt voran, sie verfährt nicht logisch-chronologisch, sondern motivisch. Themen werden angeschlagen, versinken und tauchen wieder auf. Das Geschehen entwickelt sich wie im Krebsgang. Dem Erzähler gefällt es, uns in einer mächtigen Schleife an einen schon bekannten Punkt der Handlung zurückzuführen. So kehrt in der »Marquise von O.« das Motiv der Zeitungsannonce, mit dem die Erzählung vorwegnehmend begann, im letzten Drittel wieder und weist nun mit betonter Geste (». . . und ließ jene sonderbare Aufforderung in die Intelligenzblätter von M. rücken, die man am Eingang dieser Erzählung gelesen hat«) auf den Anfang zurück; und im »Findling« wird die der Vorgeschichte angehörende Episode des genuesischen Ritters und seiner tragischen Liebschaft mit Elvire, die im ersten Teil kurz referiert wurde, dann gleichsam unterirdisch im Strom der Erzählung mitgeführt, bis sie gegen den Schluß hin wieder an die Oberfläche tritt und zum Werkzeug der Katastrophe wird.

Der Generalbaß

Es steht außer Frage, daß die Musik in Kleists Empfindungswelt wie in seinem bewußten Denken eine große Rolle spielte. Er war eine ausgesprochen auditive Begabung. Aus seinen Briefen wissen wir, daß er im Geiste ganze Konzerte hörte, »vollständig, mit allen Instrumenten von der zärtlichen Flöte bis zum rauschenden Kontra-Violon«. »So entsinne ich mich«, schreibt er an Wilhelmine (19.

September 1800), »besonders einmal als Knabe vor 9 Jahren, als ich gegen den Rhein und gegen den Abendwind zugleich hinaufging, und so die Wellen der Luft und des Wassers zugleich mich umtönten, ein schmelzendes Adagio gehört zu haben, mit allem Zauber der Musik, mit allen melodischen Wendungen und der ganzen begleitenden Harmonie. Es war wie die Wirkung eines Orchesters, wie ein vollständiges Vaux-hall; ja, ich glaube sogar, daß alles, was die Weisen Griechenlands von der Harmonie der Sphären dichteten, nichts Weicheres, Schöneres, Himmlischeres gewesen sei, als diese seltsame Träumerei« (ganz ähnlich auch an Adolphine von Werdeck, 28. Juli 1801).

Feststehen dürfte ferner, daß Kleist auch ausübend musikalisch war. »Fleißig, von Talent zu Musik, spielte alle Instrumente«, heißt es in einer biographischen Notiz aus dem Jahre 1817; und in der ersten Kleist-Biographie (Eduard von Bülow, 1848): »Er [Kleist] . . . zeichnete sich besonders durch ein nicht unbedeutendes, wiewohl ganz unausgebildetes Talent zur Musik aus. Ohne Noten zu kennen, komponierte er Tänze, sang augenblicklich alles nach, was er hörte, spielte in einer von Offizieren zusammengesetzten Musikbande die Klarinette und zog sich, der Musik zuliebe, sogar einmal Arrest wegen einer Vernachlässigung im Dienste zu.« Bei Bülow erfährt man auch – und das ist von Bedeutung –, daß Kleist sich Gedanken über die Kunst des Vorlesens machte, ja daß er überlegte, »ob man nicht, wie bei der Musik, durch Zeichen auch einem Gedichte den Vortrag andeuten könne. Er machte sogar selbst den Versuch, schrieb einzelne Strophen eines Gedichtes auf, unter welche er die Zeichen setzte, die das Heben, Tragen, Sinkenlassen der Stimme usw. andeuteten, und ließ es also von den Damen lesen.«

Daß es sich bei solchen Versuchen, mit der Poesie nach musikalischen Gesetzen zu verfahren, nicht um eine Zufallslaune handelte und daß sich diese Neigung auch keineswegs auf den Vortrag beschränkte, geht aus der wenige Monate vor seinem Tode getanen Äußerung hervor, daß er sich, wenn die Verhältnisse es erlaubten, am liebsten »mit nichts als der Musik« beschäftigen würde. »Denn«, so fährt er mit programmatischem Nachdruck fort, »ich betrachte diese Kunst als die Wurzel oder vielmehr, um mich schulgerecht auszudrücken, als die algebraische Formel aller übrigen, und so, wie wir schon einen Dichter haben – mit dem ich mich übrigens auf keine Weise zu vergleichen wage – der alle seine Gedanken über die Kunst, die er übt, auf Fragen bezogen hat, so habe ich, von meiner frühesten Jugend an, alles allgemeine, was ich über die Dichtkunst gedacht habe, auf Töne bezogen. Ich glaube, daß im Generalbaß die wichtigsten Aufschlüsse über die Dichtkunst enthalten sind« (Brief an Marie von Kleist, Frühjahr oder Sommer 1811).

Das sind Sätze aus der Nachbarschaft des Novalis. Sie können nur von einem der beiden Romantiker stammen, die im Grunde keine sind. Die Sprache der Romantik kokettierte mit der Musik als einem Mittel der Konturenauflösung, der Befreiung vom Gegenstand und des Ausschwärmens ins Grenzenlose: Klangspiele, Wortträumereien, Selbstgenuß der Sprache bis zum gestaltlosen Wogen. Musiker ohne Kontrapunkt hat Hofmannsthal die Romantiker genannt. Gerade dieses, den Kontrapunkt, bringt Kleist nun mit der zitierten Briefstelle ins Spiel. Der Ausdruckskünstler, der weiß, daß nichts als Ausdruck Chaos bedeutet, beruft sich auf den Generalbaß. Das heißt: auf das Mathematische der Musik, ihre logische, technische Komponente, ihr Ordnungsprinzip. Auf das, was auch Novalis meint, wenn er von der Musik als »kombinatorischer Analyse« und vom Generalbaß als »musikalischer Algebra« spricht. Immer ist es als das tiefste Geheimnis der Musik empfunden worden, daß sie, die emotionalste aller Künste, enger als irgendeine andere an die »Wissenschaft des reinsten und konsequentesten Denkens, die Mathematik« geknüpft ist. »Der Generalbaß«, heißt es bei Hermann von Helmholtz, »ist ja eine Art angewandter Mathematik; in der Abteilung der Tonintervalle, der Taktteile usw. spielen die Verhältnisse ganzer Zahlen – zuweilen sogar Logarithmen – eine hervorragende Rolle. Mathematik und Musik, der schärfste Gegensatz geistiger Tätigkeit, den man auffinden kann, und doch verbunden, sich unterstützend, als wollten sie die geheime Konsequenz nachweisen, die sich durch alle Tätigkeiten unseres Geistes hinzieht und die uns auch in den Offenbarungen des künstlerischen Genius unbewußte Äußerungen geheimnisvoll wirkender Vernunftmäßigkeit ahnen läßt« (»Über die physiologischen Ursachen der musikalischen Harmonie«, 1857).

Die elementare Sinnlichkeit, das Entfesselte und Entfesselnde der Tonkunst sucht und findet Rückhalt, Sicherheit und Beglaubigung im Rechnerischen – das ist ihr janushaftes Wesen, ihre verwirrende Doppelnatur. Daß der Dichter der »Penthesilea« dem rauschhaften Subjektivismus der Musik aufgeschlossen war, versteht sich von selbst; daß er sich jetzt – am Ende seines Lebens – den sachlichen Grundlagen der ekstatischen Kunst zuwendet und dabei die »wichtigsten Aufschlüsse« auch über die Poesie zu erlangen hofft, ist für den, der Kleist kennt, gewiß keine Überraschung, wohl aber eine Genugtuung. Beides – die heilige Raserei wie das Asketische, Anti-Sinnliche der Musik – ist ihm innig vertraut. Zucht und Ekstase, Strenge und Ausschweifung, das Fieberhafte und das Intellektuelle sind die einander befehdenden und einander stützenden Kernkräfte seiner eigenen, grundmusikalischen Natur.

In der Legende »Die heilige Cäcilie oder die Gewalt der Musik« (1810/11) finden wir das gleichzeitig Zerstörerische und sowohl Disziplinierte als auch Disziplinierende der Musik in seiner vollen merkwürdigen Zweideutigkeit dargestellt. Die vier gotteslästerlichen Brüder werden durch die Gewalt der Musik, dieser, wie es ausdrücklich heißt, »geheimnisvollen Kunst«, besänftigt: sie lassen von dem geplanten Sturm auf das Kloster ab. Zugleich aber verwirrt sich ihr Geist, sie geraten in einen Zustand permanenten Außersichseins, der sie nötigt, bis an ihr Lebensende allmitternächtlich das Gloria in excelsis jener Messe anzustimmen, durch die sie bekehrt wurden. Schweißgebadet singen sie es jeweils eine ganze Stunde lang mit »entsetzlicher und gräßlicher Stimme«, ein »schauderhaftes und empörendes Gebrüll«, das die Fensterscheiben zum Klirren bringt und dem der Wölfe und Leoparden gleicht, »wenn sie zur eisigen Winterzeit das Firmament anbrüllen«. Es fällt in diesem Zusammenhang das sonderbare Wort vom »Schrecken der Tonkunst«, der alles dies bewirkt habe. Im gleichen Atemzuge aber werden wir auf die »unbekannten zauberischen Zeichen«, die Noten der Messe nämlich, hingewiesen, »womit sich ein fürchterlicher Geist geheimnisvoll den Kreis abzustecken schien«; und wir erschauern vor dem Mysterium einer Kunst, die, obwohl sie alle rationalen Bindungen zu sprengen scheint, dennoch der strengsten Gesetzlichkeit gehorcht und ihr Rätsel der dürren Chiffrensprache des Generalbasses anvertraut.

Eben dieser vermeintliche Widerspruch ist es, der Kleist an der Musik lockt und wovon er sich Aufschlüsse für die Dichtkunst verspricht. Aufschlüsse, die freilich nur Bestätigungen sein können. Denn als er die Worte von der Musik als der algebraischen Formel aller übrigen Künste niederschreibt, hat er die vollkommene Sprech- und Szenenpartitur, das Meisterstück des poetischen Generalbasses, den »Prinzen von Homburg«, bereits vollendet. Wenn es eines Beweises bedurfte, daß Kleist sich nicht deshalb auf die Musik berief, weil er den Konsequenzen der Sprache ausweichen wollte, so war der Beweis hiermit erbracht. Der Dichter, der wie kein anderer unmittelbar aus dem Zeugungsschatz des Chaos zu schöpfen scheint, weiß besser als jeder andere, daß er sich gegen die drohende Gefahr, selber Chaos zu werden, nur durch Form sichern kann und daß ihm diese – in dem ihm zugewiesenen Bereich – nur von Gnaden der Sprache werden kann. Das absolute Gefühl ist formzerrüttend, und der Griff nach dem jenseits der Sprache Liegenden kann sich, wenn er nicht Selbstzerstörung sein soll, keines anderen Mittels bedienen als der verachteten und beargwöhnten Sprache selbst. Das ist die paradoxe Situation eines Dichtertums, das die Sprache umwerben muß, um sie »zum Verschwinden zu bringen«.

So grandios Kleists Versuche sind, die Sprache zu umgehen, im letzten sieht er sich doch immer wieder auf sie angewiesen. Auch wo sie sich selbst zu überwinden trachtet, bleibt sie Sprache. Um vergessen zu werden, kann sie nur eines tun: ihr Äußerstes geben. Das Instrument muß blank, das Gefährt, das uns in die Bereiche des Unsagbaren entführen soll, fahrtüchtig gehalten werden. Schweigen sagt nur dann etwas, wenn es vom Reden flankiert wird. Sinnreiches Verstummen setzt Sprechen voraus; und das gefühlsüberwältigte Stammeln ist bei Kleist nur deshalb mehr als ein widriges Nachäffen der Natur, weil er dergleichen Kruditäten mit Artistenhand in die Partitur einzusetzen versteht. Kleist schmäht die Sprache als »Fessel«, aber er weiß sehr gut, daß die vermeintliche Fessel in Wahrheit ein Halt ist. Seine leidenschaftliche Arbeit an der Sprache und seine auf den ersten Blick verwunderliche Entscheidung für den Vers, den er dann so oft mit Füßen tritt oder zu treten scheint, sind notwendige und höchst bewußte Gegenmaßnahmen gegen ein Ausdrucksverlangen, das stets geneigt ist, sich vorbehaltlos dem Gefühl auszuliefern und damit sich selbst zu vernichten. Der Vers setzt den Dichter in den Genuß einer Freiheit eigener Art. Seine Gesetze enthalten und gewähren Lizenzen, die es in der Prosa nicht gibt. Wortfolge, Satzstellung, Rhythmus sind hier dem Zwang, aber auch der erhöhenden Macht von Formgeboten unterstellt, die dem gesteigerten Ausdruckswillen Kleists entgegenkommen, ja ihm gemäßer sind als die allzu erbötige Prosa. So will uns Kleists Vers nicht selten »natürlicher« erscheinen als seine Prosa, die er mit dem ganzen Aufgebot seines Willens vor dem Verwildern bewahren muß – zuweilen bis zum syntaktischen Starrkrampf.

Das Natürliche enthält nicht die ganze Menschennatur. Kleist ist sich dessen wohlbewußt, und so wird das zynische »Was liegt an Jamben, Reimen, Assonanzen und dergleichen Vorzügen« von

Äußerungen ganz anderer Art Lügen gestraft. »Doch in der Kunst«, schreibt er an Joseph von Collin (14. Februar 1808), »kommt es überall auf die Form an, und alles, was eine Gestalt hat, ist meine Sache.« Das hört sich anders an; und in die geistige Nachbarschaft dieser Briefstelle gehört auch das neuerdings erst von Helmut Sembdner, dem unermüdlichen Sachwalter Kleists, zutage geförderte Aperçu: »Man könnte die Menschen in zwei Klassen abteilen; in solche, die sich auf eine Metapher und 2) in solche, die sich auf eine Formel verstehn. Deren, die sich auf beides verstehn, sind zu wenige, sie machen keine Klasse aus« (Berliner Abendblätter, 10. Dezember 1810). Es kann keine Frage sein, daß sich Kleist jener nicht vorhandenen dritten Kategorie zurechnet. Das ist eine dezidiert moderne Position, nämlich die des Artisten, der die Formkraft der Phantasie (Metapher) und die des wissenschaftlichen Geistes (Formel) in sich vereinigt.

Grundmelodie

Kleists Bekenntnis zur Musik ist in Wahrheit ein Bekenntnis zur Sprache in ihrer äußersten Gestalt. Es liefert uns den Schlüssel nicht nur zum Formverständnis seiner Dramen, zu der mehr als psychologischen Gesetzmäßigkeit ihrer Stimmführung, ihrer motivischen Entwicklungen und der Kontrapunktik ihrer Charaktere, sondern zu dem Daseins- und Wirkungsgesetz seiner Sprache schlechthin, ihrer besonderen, gleichsam übersprachlichen Qualität. Wenn wir die Sprache eines Dichters musikalisch nennen, denken wir in der Regel an ihren Wohllaut, die Farbenskala ihrer Vokale, an ihre rhythmische Schmiegsamkeit oder ihre Bereitschaft zu tonmalerischen Kunststücken. Alles dies trifft auf Kleist entweder gar nicht oder nur gelegentlich und beiläufig zu. Seine Sprache ist musikalisch in einem profunderen Sinn, nämlich in dem, den Schopenhauer der Musik gegeben hat: nicht Abbild der Erscheinungen zu sein, sondern des innersten Wesens der Welt selbst. Abgezogen von ihrem unmittelbaren Sinngehalt, von ihrer »Aussage«, drückt Kleists Sprache durch Tonfall und Tonhöhe, durch Tempo und Bewegung, durch Feinheiten der Agogik, durch den Wechsel von Verhalten und Verströmen das Unnennbare aus. Sie ist nicht Wohlklang, sondern Seinsbewegung. Ihr Geheimnis ist nicht Klangzauberei, sondern das Vermögen, die Grundmelodie menschlicher Existenz, dieses Gemenge aus Träne und Jubel, Verzweiflung und Hoffnung, Resignation und klammernder Begierde, durchklingen zu lassen durch die diskursive Rede. Nur so wird es verständlich, daß bei Kleist auch die nebensächlichste Wendung, ein »Nicht doch, Lieber«, ein »Ich will nicht hoffen –« oder »Was das für Fragen sind!«, eine Anrede (»Mein junger Prinz«, »Mein Töchterchen«, »Mein frommes Kind«), eine Höflichkeitsfloskel (»Ihr Schönen! Wollt ihr gütig euch bemühn?«, »Mein Prinz, willst du gefällig dich erheben?«) den Hörer mit einer Zauberkraft berühren, die weder aus dem Gehalt der Worte noch aus der Situation hinreichend zu erklären ist, sondern allein durch den Unterstrom urtümlichen Sagens, durch das Mitschwingen des Menschenlauts, der mehr ist als individuelle Sprechweise und die zufällige Stimme des Einzelnen. Kleists Sprache bedarf nicht der Ideen, um tief zu sein; sie ist tief dank ihrer Verwurzelung in den Grundbereichen. In jeder Silbe atmet sie das volle Menschsein. Das ist ihr Reichtum, ihre Musik, ihr Rätsel. Es ist die Sprache eines Dichters, dem es gegeben ist, in der Ordnung der Worte das »An sich« der Dinge auszudrücken, das, was Schopenhauer – wiederum im Hinblick auf die Musik – die »innerste Seele der Erscheinungen« nennt.

Unaussprechliche Heiterkeit

Am Ende des Lebensweges wie des Lebenswerkes von Heinrich von Kleist steht das Wort: unaussprechliche Heiterkeit. Mit »unaussprechlicher Heiterkeit« hatte der Dichter das tragische Liebespaar in der frühen Erzählung »Das Erdbeben in Chili« sich seiner vermeintlichen Rettung freuen lassen. Nun kehrt die Wendung in dem Abschiedsbrief an Ulrike wieder und meint den Tod: »Möge Dir der Himmel einen Tod schenken, nur halb an Freude und unaussprechlicher Heiterkeit dem meinigen gleich . . .« Das ist der Geist, in welchem auch Homburg Abschied nimmt, es ist der Unsterblichkeitsmonolog, in die Sphäre der eigenen Leiblichkeit übersetzt. Was an dem Wort so eigentümlich berührt, ist die Abwesenheit ebenso der Verzweiflung wie des euphorischen Taumels. Es hat die Ruhe und milde Festigkeit einer segnenden Gebärde. Was aber wird gesegnet? Nur der Tod, der ein als unerträglich erachtetes Leben beenden soll?

Das absolute Bewußtsein, das sich im Irdischen verwirklichen will, muß scheitern. Hierin liegt Kleists tragische Bestimmung. Das, was er selbst schmerzhaft als das Unselige seiner Existenz empfindet. Jedoch gerade das absolute Bewußtsein ist es auch, das vor essentieller Verzweiflung bewahrt. Es umschließt eine so reine, so göttliche Ahnung der Welt, daß die Vollkommenheit des Bildes das menschliche Unvermögen, es zu verwirklichen, überstrahlt. Von daher kommt das Licht, das wie von fern her alle Finsternisse des Kleistschen Kosmos erhellt und das den Mann, der von sich meinte, ihm sei auf Erden nicht zu helfen, dennoch befähigte, Werke zu schaffen, deren Grundton nicht Schrei und Anklage ist, sondern eben: unaussprechliche Heiterkeit.

Eine Welt, die solche Zuversicht weckt und duldet, kann nicht ohne Sinn sein. Wenn Eichendorff in seinen Aufsätzen »Zur Geschichte der neueren romantischen Poesie in Deutschland« (1846) von Kleist schreibt: »Ihm ward das verhängnisvolle Talent des Unglücks, die unselige Gabe, alle Dissonanzen des irdischen Daseins tiefer und herber herauszufühlen, zu dem gänzlichen Unvermögen, sie harmonisch, d. h. als Ringe einer unsichtbaren, ewigen Gliederung zu begreifen«, so wird man allenfalls dem ersten Teil dieser Charakteristik zustimmen können; und wenn er fortfährt: »Diese Sphinx, weil er ihr uraltes Rätsel nicht zu lösen vermochte, hat ihn und seine Poesie erwürgt«, so muß man im Gegenteil als das Erstaunlichste an Kleists Dichtung feststellen, daß »diese Sphinx« ihn in Abgründe stürzte, in deren Tiefe es hell schimmert.

Es gibt keinen Verzweifelten in Kleists gesamtem dramatischem Werk, ebensowenig wie es einen Bösewicht gibt: Rupert in der »Familie Schroffenstein« ist ein Verblendeter; Kunigunde, die gewaltige Flucherin, ist eine virtuose Intrigantin von eher groteskem Zuschnitt, ein greller Farbfleck in einem märchenhaften Tableau; und Dorfrichter Adam ist – sehr im Gegensatz zu seinem Urbild Tartüff – ein in all seiner Ungeschlachtheit beinahe graziöser Lump, dessen Finten und Volten wir mit innigem Behagen verfolgen. Karl Holl hat ihn in seiner »Geschichte des deutschen Lustspiels« geistvoll mit dem Bären aus dem »Marionettentheater« verglichen. In einer tragischen Welt – welch tröstliche Illuminierung! – erscheint der Intrigant, der Schleicher, der giftige Ränkeschmied, sofern er überhaupt zur Kenntnis genommen wird, als komische Figur: als Schreiber Licht.

Wir sprachen von der paradiesischen Vorstellung, die Kleists Weltbegriff zugrunde liegt. Sie läßt ihn bis zuletzt mit Liebe und Nachsicht auf die fehlerhafte Schöpfung blicken. Das Wort von der gebrechlichen Einrichtung der Welt kann nur als ein Wort der Zärtlichkeit verstanden werden. Das Gebrechliche ist das zu Schonende – ihm gilt unsere hütende und hegende Sorgfalt. Auch als Kleist für seine Person die Lebensspannung nicht länger erträgt, ist er weit davon entfernt, die Welt als solche zu verwerfen. Wenn Hebbel »bei Gelegenheit von Kleist« in seinem Tagebuch notiert: »Ich wüßte nicht, was den Menschen in diesem öden, nichtigen Dasein noch trösten könnte, wäre es nicht eben die Einsicht in die Nichtigkeit dieses Daseins selbst«, so ist das hebbelsch, nicht kleistisch. Dieser Tragiker war ohne Bitterkeit. Niemand hat inniger dem gehuldigt, was er dann freiwillig von sich tat. In Wendungen wie der von dem verwirrenden »Wunderbau der Welt« (Käthchen, V, 1), in der Behutsamkeit, mit der Meister Theobald von der Welt als dem »lieblichen Schauplatz des Lebens« spricht, vernehmen wir die Stimme des Dichters. Worte von solcher Süße und Zartheit kann nur der Ergriffene finden. Das Bewußtsein des Tragischen – und das ergibt den eigentümlichen Mischklang der Kleistschen Musik – wird durchheitert von einem anderen: dem

Bewußtsein jener unendlichen Möglichkeit, die wir am Schluß des Aufsatzes »Über das Marionettentheater« als das glorreiche »letzte Kapitel von der Geschichte der Welt« angedeutet finden. Wo am Ende aller Überlegungen die Vorstellung steht, das menschlich-irdische Bewußtsein könne in seinen höchsten Augenblicken aus sich heraustreten und seinen Träger in den Glückszustand der Unschuld zurückführen, da bleibt das Tragische zwar der Stoff, in welchem wir uns bewegen, nicht aber der Endpunkt. Die Antinomien des Daseins müssen bis zu dem Grade durchlebt werden, wo sich – als ihr Produkt – ein neues, in Schmerzen frei gewordenes Menschentum einstellt.

Diese Überzeugung trägt ein Moment der Demut und der stillen Anheimgabe in Kleists wilde Welt. Nicht in der Bereitschaft zu überspannten Opfergesten liegt die tragische Qualität des Kleistschen Menschen, sondern in der phrasenlosen Hingabe an die tragische Existenz. Mögen andere Dichter ihre Helden opfern, um die eigene Haut zu retten, mögen sie im Sinne des Kierkegaardschen Satzes, daß alle Schreibenden Verzweifelte sind, ihre Spannungen in das Werk ableiten, wie auch Kleist es in der »Penthesilea« und in der »Hermannsschlacht« getan hat – in seinen reichsten und eigentümlichsten Schöpfungen geschieht etwas ganz anderes, weit Großartigeres: die positiven Lebenskräfte, die für ihn nicht lebbaren Seligkeiten treten ins Werk, bauen es auf und durchfluten es. Marthe Robert hat von Kleist gesagt, ihm sei alles mißlungen – mit Ausnahme des Todes. Wir möchten eher sagen: das Erstaunliche ist, wie sehr ihm trotz allem das Leben gelungen ist, das Leben nämlich in seinen Gestalten, denen er auftrug, was er selbst nicht leisten konnte. Die nobelsten poetischen Geschöpfe dieses Selbstmörders müssen sich im Leben, im Am-Leben-Bleiben beweisen, nicht im Sterben. Alkmene und Homburg werden zum Weiterleben genötigt, die Marquise von O. erhebt sich durch eigene Kraft in einem heiteren Willensakt aus der Verzweiflung. Die Stelle, womit großer Feierlichkeit von ihr gesagt wird, daß ihr Verstand, »stark genug, in ihrer sonderbaren Lage nicht zu reißen«, sich »ganz unter der großen, heiligen und unerklärlichen Einrichtung der Welt« gefangen gab, gehört zu denen, in welchen der Dichter sich zu erkennen gibt.

Nimmt man diese Stelle ernst, so erklärt sich das sonderbare Phänomen, daß der einzige essentielle Tragiker der deutschen Literatur dennoch keine Tragödie geschrieben hat. »Robert Guiskard« blieb aus guten Gründen unvollendet, »Penthesilea« ist ein

Sonderfall, mehr ein Akt lyrischer Selbstauflösung als eine Tragödie, und »Homburg« vollends ist die Abweisung der Tragödie
schlechthin. Die Einfältigkeit tragischer Lösungen wird erkannt
und verschmäht; sie werden als das gesehen, was sie sind, nämlich
Selbsttäuschungen. Wer meint, mit der dem tödlichen Stoß darge-
botenen Brust die Welt versöhnen zu können, ist ob solchen
Kinderglaubens zu beneiden. Auch Kohlhaas geht ohne ver-
krampfte Titanengebärde aus dem Leben. Er stirbt, weil er von der
Welt nicht etwas verlangen kann, was er selbst nicht zu geben bereit
ist. Indem er sie bei ihren eigenen Forderungen nimmt, zwingt er
sie, auch ihrerseits diesen Forderungen zu gehorchen. Es liegt etwas
von feiner Berechnung, etwas von einer hohen List in dieser
Arithmetik der Gerechtigkeit; und auch das trägt dazu bei, dem
Finale der Erzählung trotz Beil und Blutgerüst den Glanz geheimnisvoller Heiterkeit zu verleihen.
Die Überakzentuierung des tragischen Falls läuft im Grunde auf
eine Verharmlosung hinaus. Indem man dem einzelnen Fall den
Charakter des Extrems und das Gewicht der krassen Ausnahme
zuerkennt, mindert man das größere Faktum der tragischen Welt.
Solange wir uns beim tragischen Einzelfall beruhigen oder ästhe-
tisch gesprochen: bei tragischen »Lösungen«, haben wir vom Tragischen wenig verstanden. Der Heroismus des Opferns und Sterbens
bedeutet ein Geringes, gemessen an dem des Ausharrens im Alltäg-
lichen. Das steht unausgesprochen am Schluß des »Prinzen von
Homburg« oder ausgesprochen allenfalls durch eine Ohnmacht.
Das tragische Ende wäre nicht nur eine Bequemlichkeit, es würde
auch eine Unwahrhaftigkeit sein, eine unziemliche Lebensveren-
gung. Es ist die Fortführung im Unendlichen, was die Stückschlüsse
des »Homburg« und des »Amphitryon« so reich an Geheimnis und
Verheißung macht. Sie enthalten die ganze Möglichkeitsfülle des
Daseins. Insofern sind sie furchtbar und milde zugleich. Das Drama
kündet mit seiner letzten Zeile nicht seine Vollendung, sondern
seinen Fortgang an. Alles *kann* wieder anfangen und – ins Unauf-
hörliche – weitergehen. Das Final-Ach der Alkmene ist für diese
Tendenz symptomatisch. Es bedeutet das Ende einer Poesie, die das
Definitive anerkennt, und den Beginn einer neuen, die in eine
sehnsüchtige und verlangende, aber auch opferbereite Beziehung
zum Unendlichen tritt. Nicht von ungefähr hat sich gerade ein Geist
wie Rilke zu diesem »Ach« bekannt. In einem Brief an Anton
Kippenberg (3. Januar 1914) nennt er es »eine der köstlichsten und
reinsten Stellen aller Literatur«.

Wer, um mit Rahel zu sprechen, »bis auf den Hefen leidet«, hat auch das Recht und die Fähigkeit zu lächeln. Nur der Fiebernde kann die Kühle, nur der Verwundete die Gnade des heilen Leibes fühlen; nur der Tragiker ist zur Heiterkeit berufen. Weder Goethe noch Schiller hat eine Komödie schreiben können. Die großen Lustspiele der Weltliteratur stammen von dem Mann, der den »Lear«, den »Hamlet« und den »Titus Andronicus« schuf. Heiterkeit, die nicht aus den schwarzen Quellen gespeist wird, ist nur ein anderes Wort für Roheit und Unempfindlichkeit. Dem tragischen Dichter obliegt es, Gebilde zu formen, in denen das Tragische sich sowohl spiegelt als auch bricht. Seine Aufgabe ist es, uns im Lächeln über das Unheilbare siegen zu lassen.

In diesem Bewußtsein kann Kleist einen ungeheuerlichen Stoff wie den der »Penthesilea« mit fast unbegreiflichen Anmutszügen durchwirken. Sie sind vor allem an die Person Achills geknüpft, des auf leichten Füßen durch die »große Welt des heitern Krieges« Schreitenden. Kleists Achill, halb Knabe, halb Bonvivant, ein Held, der zu töten und der zu scherzen versteht, ist eine helle Gestalt. Ein großer Argloser, der ebenso mit Komplimenten siegen zu können meint wie durch den Spieß, mit dem er sich zum Schein ausrüstet; ein Selbstversunkener, der die Schlachtorder – hier Agamemnons – sowenig hört wie Homburg die des Kurfürsten. Er ist – auch dies ein heiterer Zug – »zerstreut«. Zerstreut in dem Sinne, der ein volles Bei-sich-selbst-Sein bedeutet.

Der Zerstreute hat keinen Blick für die Außenwelt, er hält stumme Zwiesprache mit der Tiefe. Wann immer wir bei Kleist auf das Wort »zerstreut« stoßen, dürfen wir sicher sein, daß ein zentraler, aus dem Brunnen des unbewußten Wissens geschöpfter Satz folgt. »Ein wenig zerstreut« stellt in dem Aufsatz »Über das Marionettentheater« der Erzähler die Frage, ob wir also wieder von dem Baum der Erkenntnis essen müßten, um in den Stand der Unschuld zurückzufallen. Zerstreut sieht Käthchen den Grafen an, sooft er sie fragt, weshalb sie bei seinem ersten Anblick so erschrocken sei. Kleists Träumende leben in der Wahrheit, aber auch als Wachende sind sie der Welt am innigsten verbunden, wenn sie zerstreut, entrückt, wenn sie geistesabwesend sind. Die Gedankenlosigkeit ist der Born des Gedankens. So geht dem Geständnis Juliettas, daß sie, wenn ihr Wissen nicht dagegen spräche, glauben müßte, in gesegneten Leibesumständen zu sein, eine »lange Gedankenlosigkeit«

voraus; und Achill kehrt aus seiner Liebesentrücktheit nicht etwa zur großen Feldherrngebärde zurück, sondern blickt – zerstreut – auf die dampfenden Pferde: »Sie schwitzen.« Er sieht sich an ihnen fest, registriert mechanisch ein technisches Detail, während sein Geist weiter abwesend bleibt, das heißt: bei dem verweilt, was ihm allein wichtig ist. Das ist ein Moment von zauberhafter Wahrhaftigkeit und eine der Oasen lichtvoller, entspannter Menschlichkeit in diesem Drama hochgespannter Leidenschaften.

Achill gehört auf die Seite Alkmenes und Homburgs. Er hat jene Unschuld, die einen freundlichen Schimmer über die Welt wirft und uns zugleich doch auch mit Bangen erfüllt, mit der wehmütigen Ahnung, daß solche Reinheit zur Tragik bestimmt ist. Ein junger Tor, wie die wissende Meroe von ihm sagt, und am Ende der »Ärmste aller Menschen«. Freilich, der Triumph über die Widrigkeit des Gegenstandes, seine Auflösung ins Schwerelose, so gelungen sie im einzelnen ist – im ganzen bleibt hier ein Erdenrest, ein Rückstand unbewältigter Stofflichkeit. Das ist es auch, was gemeint ist, wenn immer wieder und mit gewissem Recht von der Unaufführbarkeit dieses Dramas gesprochen wird. Niemals sind es technische Schwierigkeiten allein, die ein Bühnenstück »unaufführbar« erscheinen lassen, sie sind nur vorgeschützt – in Wahrheit ist es ein Schaden an der Wurzel. Die Geschichte Achills und Penthesileas ist in ihrer letzten Konsequenz nicht dramenfähig; etwas an ihr sträubt sich, in die sichtbare Kontrapunktik der Szene übertragen zu werden.

Es war ein Akt ästhetischer Weisheit, daß Kleist die »Marquise von O.« nicht als Drama konzipierte. Hier ist denn auch das Wagestück gelungen, einen krassen, mit allen Elementen des Zerstörerischen beladenen Stoff so zu behandeln, daß die Schatten nahezu aufgesogen sind – eine Tragödie als erzählte Komödie. Das Aufgeben der kuriosen Heiratsannonce; die »auf Kurierpferden gehende Bewerbung« des russischen Hauptmanns; die Verdutztheit der Familie, insbesondere des Obersten mit seiner schwankhaft wiederholten Wendung von der »infamen Kassation« (eine liebevolle Karikatur starren Standes- und Berufsdenkens); die grandios-komische Wendung »›Eine Hebamme!‹ rief Frau von G. mit Entwürdigung. ›Ein reines Bewußtsein und eine Hebamme!‹«; dann der Auftritt der Hebamme selbst mit ihrem hintergründigen Geschwätz von jungem Blut und jungen Witwen und der augenzwinkernden Versicherung, daß sich »der muntere Korsar, der zur Nachtzeit gelandet, schon finden würde«; der köstliche Einfall, just den, der am wenigsten von der ganzen Sache begreift, nämlich den Vater, das Richtige sagen zu lassen (»Sie hat es im Schlaf getan«); die List, mit der sich die Mutter von der Unsträflichkeit der Tochter überzeugt, und die anschließende Ausgelassenheit der Frauen (»Wer weiß, wer zuletzt noch am Dritten 11 Uhr morgens bei uns erscheint!«); der ehefrauliche Triumph der Obristin über das Zukreuzekriechen des Vaters; wie sie ihren Triumph auskostet – aber dann wird gekocht und die Wärmflasche ins Bett getan, damit er sich von der übermäßigen Erschütterung erholen kann; das groteske Schluchzen des Kommandanten mit nachfolgender »himmelfroher Versöhnung«; und wie schließlich die festlich geputzten Frauen den Unbekannten erwarten und mit dem elften Glockenschlag der Falsche eintritt: nämlich Leopardo, der Jäger – das ist, bis hin zu der Schlußwendung, daß dem ersten jetzt noch »eine ganze Reihe von jungen Russen folgte«, Lustspiel reinsten Wassers, souverän und oftmals drastisch ausgespieltes Komödienmaterial. Ein Komödienmaterial freilich, das vor einem Hintergrund von saugender Tiefe nicht nur aufgebaut und ausgebreitet, sondern diesem Hintergrund auf das eigentümlichste eingewoben ist.

Es geht hier nicht um Kontrastwirkungen oder um die Komplettierung der tragischen Welt nach dem Komischen hin, wie etwa bei Shakespeares Rüpeln. Vielmehr handelt es sich um ein Ineinanderwirken, um Verflechtung und wechselweise Durchdringung. Wir haben hier ein Kunstwerk, das nicht nur als Ganzes, in der Folge und Summierung seiner Teile, eine totale Welt zeigt, sondern bereits in jedem seiner Teile. In jedem Augenblick ist es rührend *und* furchtbar, gräßlich *und* belustigend – eine schwebende, ständig von allen Seiten gleichzeitig zu erblickende und sich darbietende Lebenstotalität. Ein Kunstwerk, das die Befreiung vom Schema bedeutet, die Überwindung nicht allein eines Form-, sondern eines Lebensklischees.

Das moderne Bewußtsein wehrt sich dagegen, eine Sache tragisch *oder* komisch finden zu sollen. In ihm ist das Platte und das Tiefe, das Bizarre und das Harmonische gleichzeitig anwesend. So erklärt sich die nur auf den ersten Blick überraschende Vorliebe, die das Theater unserer Tage für so gemischte und zusammengesetzte, so »unreine« Gebilde wie gerade »Das Käthchen von Heilbronn« zeigt. Eine Pariser Aufführung der »Petite Catherine de Heilbronn« (Regie: Bernard Jenny) hat diesen Zug durch unbedenkliche Hineinnahme Wagnerscher Musik (»Parsifal« und »Götterdämmerung«!) sowie durch filmische Praktiken und Effekte resolut unterstrichen; und das mit dem Recht der Gegenwart, die sich in ihrem Dasein durch unerwartete Ahnenschaft bestätigt findet. Das Publikum Cocteaus fühlte sich auf das selbstverständlichste angesprochen. Nicht zuletzt dank den graphischen Zaubertricks der Reklame hat der Surrealismus ja längst etwas Anheimelndes bekommen – auch für diejenigen, denen das Wort noch Schrecken einflößt. Hier hat sich eine ungeheure Wandlung vollzogen. Gerade diejenigen Elemente des »großen historischen Ritterschauspiels«, die noch vor einer Generation als Zutaten und Überbleibsel zeitgebundener Romantik belächelt wurden – das Spektakel- und das Montagehafte des Stückes, die Mischung von Schauerballade und differenzierter Seelenlyrik, von Possenhaftem und Übersinnlichem –, gerade sie sind heute auf ganz unvermutete Art präsent geworden.

Trotzdem bleiben die »Marquise von O.« und der »Prinz von Homburg« die vollkommeneren Kunstleistungen, weil in ihnen das Nebeneinander zum Ineinander, ja zur Einerleiheit gediehen ist. Schon Hebbel hob in seiner Rezension des »Prinzen von Homburg« (1850 in der »Österreichischen Reichszeitung«) hervor, mit welch wunderbarer Selbstverständlichkeit sich im zweiten Akt die Liebesszene Natalie–Homburg unter den Fittichen des Todes, nämlich der Totmeldung des Kurfürsten, entfaltet: »Diese Liebesszene, die der Tod herbeiführt, gehört zum Höchsten der Kunst . . .« Doch es bedarf gar keiner Detailbeispiele. Entscheidend ist die Gesamtkomposition. Sie unterdrückt das Widersprüchliche nicht, schleift es nicht ab, sondern läßt es voll ausschwingen und erhebt es zur empfundenen Einheit. Spiel und tödlicher Ernst, Krönung und Züchtigung, tierhafte Angst und ein beinahe unwirkliches Absehenkönnen von sich selbst – dies alles eingelassen in einen schimmernden, gnadeverheißenden Goldgrund, der uns, was auch geschehen mag, das »gute Ende« unablässig suggeriert. Daß uns diese Gewißheit nie verläßt, selbst in den äußersten Situationen nicht, ist das tiefste Geheimnis des wunderbaren Gedichts; ein Geheimnis, das schon früh von feinfühligeren Betrachtern bemerkt wurde, so von Karl Wilhelm Ferdinand Solger, dem Theoretiker und Lobredner einer »mystischen Ironie«, in der die Widersprüche des Tragischen und des Komischen sich lösen.

Kleist hatte einen ausgeprägten Sinn für Komik. »Was sagen Sie zur Welt, d. h. zur Physiognomie des Augenblicks?« schreibt er im Herbst 1807, als Preußen unter den Erpressungen Napoleons seufzt, an Adolphine von Werdeck. »Ich finde, daß mitten in seiner Verzerrung etwas Komisches liegt. Es ist, als ob sie im Walzen, gleich einer alten Frau, plötzlich nachgäbe (sie wäre zu Tode getanzt worden, wenn sie festgehalten hätte); und Sie wissen, was dies auf den Walzer für einen Effekt macht. Ich lache darüber, wenn ich es denke . . .« Wie hier, so hat Kleist auch in seiner Dichtung solch komische Verzerrung in unübertrefflichen Sinnbildern festgehalten. Die Würste und der Limburger in Richter Adams Registratur sind ebenso durchschlagend wie Kohlhaasens Rappen im Schweinekoben. Wie die Gäule ihre langen Hälse (»wie Gänse«) aus dem Verschlag zum Himmel strecken und sich »nach Kohlhaasenbrück, oder sonst, wo es besser ist« umsehen – das faßt die Unordnung der Welt in ein Bild von wahrhaft schändlicher Komik.

Doch was wir meinen, sind keine noch so »komischen« Lichter und Details, es ist die immanente Heiterkeit des Ganzen. Sie kommt einmal aus dem Ja-Sagen zum fundamentalen Sein, zur Existenz in ihren letzten Gründen. Zum anderen hat sie ihren Grund in der spezifischen Flugkraft des Kleistschen Menschen. Kleists Figuren, so unverwechselbar sie sind, zeichnen sich weniger durch Plastik als durch die Unbedingtheit der Bewegung aus, in der sie sich offenbaren. Die aus *einer* Quelle gespeiste, durch einen einzigen Anstoß ausgelöste Schnellkraft des Seelischen ist so bezeichnend für sie, daß sie in der Tat zuweilen Marionetten zu gleichen scheinen – Marionetten in jenem hohen Sinne, den Kleist der Gliederpuppe in seinem Essay gegeben hat. Ludwig Mester hat darauf hingewiesen, daß Rilke in dem Prosafragment »Puppen« (Zu den Wachspuppen von Lotte Pritzel, 1921) die Bemerkung macht, es könnte ein Dichter »unter die Herrschaft einer Marionette geraten, denn die Marionette hat nichts als Phantasie«. Kleist ist dieser Dichter unter der Herrschaft der Marionette. Seine Figuren sind mehr als Tänzer. Wir wissen aus dem Aufsatz »Über das Marionettentheater«, als wie unvollkommen und ergänzungsbedürftig er den Tänzer empfand; und wir wissen auch, daß Rilke, der sich rühmte, jede Zeile von Kleist zu kennen, ihm darin folgte.

In der Vierten Duineser Elegie, die von einigen Autoren (H. Boris, E. C. Mason, Kurt Bergel) nachdrücklich in die Nachbarschaft des

Kleistschen Marionettentheaters gerückt worden ist, wird der Tänzer, »wenn er auch so leicht tut«, verworfen, und zwar zugunsten der Puppe.

> Ich will nicht diese halbgefüllten Masken,
> lieber die Puppe. Die ist voll.

Zur Puppe aber tritt der Engel, der »die Bälge hochreißt«:

> Engel und Puppe: dann ist endlich Schauspiel.
> Dann kommt zusammen, was wir immerfort
> entzweien, indem wir da sind.

Das ist, selbst noch in Rilkes spezifischer Sprachform, gut kleistisch. Ihr unbedingter Gehorsam gegen den himmlischen Puppenspieler – das ist das Wunder der Marionette. Dieser Gehorsam zeichnet den Menschen bei Kleist aus. Wie fremd er auch in der unbegreiflichen Welt stehen mag – der lenkenden Macht dessen, was er als das Göttliche erkennt, seinem Gefühl, folgt er unbeirrbar. Kleists Helden haben keine Vorgeschichte. Leblos und unerweckt hängen sie wie die Marionetten vor Beginn des Spiels. Dann aber berührt sie das Leben. Es tritt das Ereignis ein, für das sie bestimmt sind: die große Liebesbegegnung für Käthchen, für Penthesilea, für den Grafen F. und Achill, die zündende und verzehrende Idee für Kohlhaas und Hermann, der glorreiche Traum für Homburg. Das ist die unsichtbare Hand, die »die Bälge hochreißt«. Nun spielt, Rilkesch gesprochen, »der Engel über sie hinüber«. Die Seele schwingt sich, einig mit sich selbst, dem Erschauten entgegen. Sie bricht auf, durch kein Schweregesetz des Körpers behindert. In diesem ganz unwirklichen Prozeß der Selbstenthobenheit, an dem uns Kleists Menschen teilhaben lassen, liegt etwas im buchstäblichen Sinne Erhebendes – selbst da noch, wo wir, wie in Penthesilea, die Puppe mit schreckenerregender Anmut dem Abgrund entgegentanzen sehen.

Dieses Antigrave trägt ein Element undefinierbarer Heiterkeit in die Kleistsche Szene. Es ist eine ähnliche Wirkung, wie man sie – in einem anderen Medium – später bei Paul Klee beobachten kann: Künstlergrazie von einem hohen Ernst, im Diesseitigen nicht voll faßbar, »etwas näher der Schöpfung als üblich und noch lange nicht nahe genug«, wie es auf Klees Grabstein heißt. Die Affinität dieser beiden Geister wird heute überall stark empfunden: eine 1950 in New York erschienene Sammlung von Essays über Paul Klee ist höchst sinnreich und eindrucksvoll um Kleists Aufsatz »Über das

Marionettentheater« gruppiert.

Die Welt als Spiel – auch das ist ein Zug des Tragikers Kleist. Spiel nicht im Sinne des Tändelnden, sondern im Gegenteil eines blitzenden Mechanismus, für den es kein Einhalten gibt, ehe er nicht bis zur letzten Federspannung abgelaufen ist. Mag die Erde in Flammen aufgehen, der Kleistsche Mensch zieht seine Bahn, unaufhaltsam und ohne Verweilen. Für Homburg gibt es nur die »Fanfare«, er hört nichts anderes. Sie alle schwingen durch den Raum mit dem großen Lachen Achills, der die Versuche seiner Freunde, ihn aus dem Liebesrausch zu wecken und wieder auf die Sache des Krieges, des »Helenenstreits vor der Dardanerburg« zu bringen, mit dem herrlich-staunenden.

Er spricht von der Dardanerburg

wie etwas auf einem anderen Stern Liegendes von sich weist.

Das Verwegene solcher Vorgänge, ihre wagemutige Heiterkeit, wird noch dadurch verstärkt, daß auch die auslösenden Akte nicht selten Spielcharakter haben: Jupiters Verwandlung in die Gestalt Amphitryons, die »falsche« Krönung Homburgs auf Geheiß des Kurfürsten, Achill in der Rolle des Besiegten oder die Tat des Leichtsinns, mit der der Graf F. den Geschehensmechanismus in der »Marquise von O.« in Bewegung setzt. Hugo von Hofmannsthal scheint eine Art von Grauen vor der »Leichtfertigkeit« solcher Konstituierung des Tragischen im Spiel empfunden zu haben, wenn er im »Buch der Freude« notiert: »Gewaltsames Fortziehen der Verhältnisse zu einer Handlung, mit der man sich bloß zu spielen erlaubt hatte – ist die unwillkürlich selbstkritische Formel, die auf Kleists eigenes Verhalten und auf das aller seiner Figuren zielt.« Aber um einen Dichter zu verstehen oder gar zu lieben, ist es unumgänglich notwendig, gewisse Voraussetzungen seiner Produktivität zu akzeptieren.

Und nochmals: Warum Kleist?

Man hat auch sonst vielfach den Versuch gemacht, dem Phänomen Kleist dadurch näherzukommen, daß man es zu anderen, ähnlich gearteten in Beziehung gesetzt hat. Georg Lukács, Ernst Jünger und vor ihnen schon Hofmannsthal haben Kleist mit Poe, H. Uyttersprot hat ihn mit Emily Brontë, Jean-Jacques Kim mit Kierkegaard verglichen. Solche Vergleiche, zu denen auch der neuerdings gern gemachte mit Kafka gehört, haben ihren Sinn. Er liegt weniger in der Hervorhebung von Gemeinsamkeiten als in der Abgrenzung des Unvergleichbaren trotz gewisser substantieller oder formaler Übereinstimmungen.

Die eigentümlichste, rätselhafteste Annäherung und Berührung zweier Geister, die einander auszuschließen scheinen, ist die von Novalis und Kleist. Der sprirituellste Dichter hat mit seherhafter Intelligenz gewußt, was der unspirituellste zu leisten hatte. Ein Satz wie der, daß durch alle Dichtung das Chaos schimmern müsse – ein wunderbarer Satz, der wie kein anderer der Poesie ihren Platz im Herzen der Welt anweist –, scheint wie auf Kleist gemünzt zu sein. Novalis' Einstellung zum Tod, seine Gedanken über die Zusammenhänge von Dichtung, Musik und Mathematik, sein Ziel einer Musik, nach der man nicht mehr tanzt, sondern denkt – alles das hat, auf Kleist bezogen, einen johanneshaften Zug. Sogar den Kerngedanken des »Marionettentheaters« finden wir in den Fragmenten des Novalis vorformuliert: »Mit Instinkt hat der Mensch angefangen, mit Instinkt soll der Mensch endigen. Instinkt ist das Genie im Paradiese, vor der Periode der Selbstabsonderung (Selbsterkenntnis).« Novalis war in seinem Denken unendlich viel mehr als in seinem Dichten, seine Reflexionen sind seine Dichtung; und so scheint es fast, als habe Kleist in vielem gelebt, ausgeführt und gedichtet, was Novalis lediglich aperçuhaft umreißen konnte, als sei es seine Bestimmung gewesen, die luftigen Denkgebilde dieses lichtumfluteten Geistes mit Stoff und erlittenem Leben zu füllen.

Im letzten aber sind alle Vergleiche nichts als Hilfskonstruktionen, mit denen wir uns an das Unvergleichbare der originalen Potenz heranzutasten, mit denen wir es einzukreisen suchen. Mehr als für jede andere gilt das von einer Kraft, die so außerhalb des Herkommens und der Bindungen steht wie Kleist, dieses – wie Marthe Robert ihn genannt hat – »enfant trouvé de la poésie«. So, nämlich nahe und gegenwärtig gerade dank seiner Herkunftslosigkeit, als ein Findling, in welchem wir unvermutet unser eigen Fleisch und Blut erkennen, empfinden wir Kleist um die Mitte unseres Jahrhunderts. Die intellektuelle Innigkeit, mit der Hans Werner Henze in den Bemerkungen zu seiner Vertonung des »Prinzen von Homburg« – wie immer man zu einem solchen Versuch stehen mag, ein ohnehin musikalisches Gebilde ein zweitesmal in Musik zu setzen, in eine Musik, die die erste, eigentliche dieses Werkes notwendigerweise außer Kraft setzen muß, um selber bestehen zu können –, die intellektuelle Innigkeit, mit der Henze den Dichter als »seinen

Freund Heinrich von Kleist« apostrophiert, ist ein neuer Ton in der Wirkungsgeschichte Kleists, die bisher im Positiven wie im Negativen eher von streitbarer Heftigkeit bestimmt war. Henze findet in Kleist Freiheit, Wildheit und Pathos, er bekennt sich zu den dithyrambischen Gefühlen, aber auch zum Geist des Spiels im Schatten des Schicksals und – ausdrücklich – zum Charme und zur Größe des Marionettenhaften.

Das sind mehr als persönliche Bekenntnisse. In ihnen kündigt sich – über den Anlaß hinaus – ein gewandeltes, ein von den Belastungen eines anderthalb Jahrhunderte währenden Kampfes und Mißverstehens befreites Verhältnis zu Kleist an, das Kleist-Bild einer neuen Generation. Es sind Worte, die uns hoffen lassen, daß Henzes Librettistin Ingeborg Bachmann vielleicht doch unrecht hat mit ihrer skeptischen Bemerkung, es sei zu fürchten, daß »dieser Autor in Deutschland nie populär werden wird«. Man müsse, so hatte fünfzig Jahre vorher Siegfried Jacobsohn gefordert, den »Heiden das Evangelium Kleist predigen«, und Ingeborg Bachmann spricht vom »Mut zu Kleist«. Ist er wirklich noch nötig? Über ein Jahrhundert lang hat man sich an den Härten der Kleistschen Melodie gestoßen und ihre dunkle Schönheit beargwöhnt. Offenbar bedurfte es tiefgreifender Wandlungen und Erschütterungen, bis eine Generation kommen konnte, bereit und fähig, die Wahrheit dieses Dichters als die ihre zu erkennen. Eine Generation, die genügend von der Bitternis des Lebens gekostet hat, um auch der lösenden Kräfte innezuwerden, die in Kleists Dichtung schlummern. So wird sie zum Finder an Kleist, wie er – nach Rilkes schon erwähntem Gedicht – für sie zum Finder wurde:

> Wir sind keiner klarer oder blinder,
> wir sind Alle Suchende, du weißt,–
> und so wurdest du vielleicht der Finder,
> ungeduldiger und dunkler Kleist.

Das moderne Ausdrucksverlangen vermag legitime Errungenschaften in dem zu erblicken, was einst Unart und Exzeß zu sein schien. Naturalismus, Expressionismus, Surrealismus und die großen produktiven Einzelgänger zweier Kontinente haben ein neues Verhältnis zu den Grundwahrheiten geschaffen. Aus den Zerstörungen ist eine neue Kraft erstanden, eine wiedergewonnene Freiheit, die uns empfänglich macht für die fundamentale Welt Heinrich von Kleists, in der sich das Urtümliche und das Raffinierte, das Schroffe und das Süße, das Wilde und das Disziplinierte – »so heilig zugleich und üppig« – vermischen. Was Friedrich Dahlmann vor einem Jahrhundert (1859) an den Kleist-Herausgeber Julian Schmidt schrieb, daß wir, »wenn die Witterung des Glückes diesem ungeduldigen Geiste nicht ausgeblieben wäre«, in Kleist einen dramatischen Dichter besäßen, »wie er dem deutschen Charakter gerade not täte, kein Sänger des Polsters und der genialischen Ruhe, aber kühn und mit Leidenschaft in die Tiefe des Weltwesens dringend«, das ist für uns – ohne den Dahlmannschen Vorbehalt – in vollem Umfang wahr geworden.

Kleist, der ganz in sich Hineingetriebene, der Scheue, Schweigsame und dann wieder jäh, mit der Heftigkeit des Gehemmten aus sich Heraustretende, ist der aus den normalmenschlichen Bezügen gelöste Mensch, den er – weit abgerückt von sich selbst – in seinem Werk darstellt. Seine Thematik ist nicht an- oder aufgelesen, sie ist existentiell geprägt – das gibt ihr die Sprengkraft und das Pathos einer über jeden Widerspruch triumphierenden Wahrhaftigkeit. Es ist eine Thematik, die ihm unbarmherzig aufgezwungen wurde – aufgezwungen durch eine Macht, die in der Verfolgung ihrer Ziele nicht wählerisch ist, die nicht zögert, körperliche Hemmnisse, seelische Anfälligkeiten und das Auf und Ab eines martervollen Erdenlaufs in ihren Dienst zu stellen, um etwas Exemplarisches hervorzubringen. Denn das ist es ja wohl, worauf es ankommt: ob jemand im privaten Bereich seiner Neurosen verbleibt oder ob übermenschliche Qual ihm den Weg in eine übermenschliche Freiheit öffnet. Auf dieser Grenze fällt die Entscheidung zwischen Sonderling und Genie, zwischen einem klinischen Fall und einer Ausnahmenatur.

Die Größe dieses Dichters – das empfinden wir Späteren mit dem Glück der Nächstbeteiligten – liegt nicht zuletzt darin, daß es ihm gelungen ist, eine verzweiflungsvolle Situation in eine schöpferische, ja in eine heilbringende umzuwandeln. Der Raum schmerzlicher Einsamkeit und »trauriger Klarheit« war für Kleist zugleich auch der eines frei und stolz über sich gebietenden Menschengeistes. Aus dem alleingelassenen Menschen wurde der voraussetzungslose, der Sicherheit nur in sich selbst findet. Das Unvermögen, sich »in irgendein konventionelles Verhältnis der Welt zu passen«, nötigte und befähigte ihn, sie aus Eigenem immer wieder neu herzustellen. Vom Unbegreiflichen gefoltert *und* wachgerufen, verwirrt *und* sehend gemacht, vollbrachte er aus der Fülle des Ichs den Schöpfungsakt noch einmal. Daher das schockierend Unkonventionelle jeder seiner Äußerungen, ihre Unabgenutztheit und uranfängliche Frische, aus der die Schlacken der persönlichen Existenz nahezu getilgt sind. Wenn Kleist auf die Welt schaut, dann tut er das nicht nur mit dem Urblick der Erstmaligkeit, über den auch das Kind verfügt – und es ist viel Kindliches in ihm, auch die Miniatur aus dem Jahre 1801 zeigt etwas von dem Kindergesicht, das die Zeitgenossen ihm nachsagen –, sondern er blickt tatsächlich auf etwas Erstmaliges: die aus eigener Souveränität etablierte Kleistsche Welt. Das Wunder aber ist, daß diese Welt nicht die eines Eigenbrötlers und Abseitigen ist, sondern daß sie uns als die reine, die eigentliche, die wahre Welt erscheinen will. Eine Welt, auf die – wie auf ihren Schöpfer – das ausdrücklich und mit gutem Grund »Forderung« betitelte Epigramm zutrifft:

> Gläubt ihr, so bin ich euch, was ihr nur wollt; recht nach
> der Lust Gottes,
> Schrecklich und lustig und weich: Zweiflern versink
> ich zu nichts.

Kleists Lebensdaten

Diskursive Biographie

1777   Bernd Heinrich von Kleist, am 18. Oktober als Sohn des preußischen Majors Joachim Friedrich von Kleist und seiner zweiten Frau Juliane Ulrike geb. von Pannwitz in Frankfurt an der Oder geboren.
Erster Unterricht durch den Hauslehrer Christian Ernst Martini, der ihn später als einen »nicht zu dämpfenden Feuergeist« charakterisiert, »der Exaltation selbst bei Geringfügigkeiten anheimfallend«.

1788   Nach dem Tode seines Vaters Erziehung durch den Prediger und Literaten S. H. Catel in Berlin.

1792   Eintritt in das Potsdamer Garderegiment als Gefreiter-Korporal.

1793   Im Verfolg des ersten Koalitionskrieges (Preußen–Österreich gegen Frankreich) Verlegung des Regiments nach Frankfurt am Main. Teilnahme am Feldzug gegen die französischen Revolutionsheere (Rheinfeldzug). Lektüre von Wielands »Sympathien«.
Tod der Mutter.

1795   Rückkehr nach Potsdam als Fähnrich.

1797   Beförderung zum Leutnant.
Musikausübung (Klarinette) mit den Freunden Ernst von Pfuel und O. A. Rühle von Lilienstern. Mathematische, philosophische und altsprachliche Privatstudien. Wachsende Abneigung gegen den Soldatenstand, »dem ich nie von Herzen zugetan gewesen bin« (Brief vom 19. März 1799 an Martini).

1799   Kleist erbittet und erhält den Abschied vom Militär, um seine »Studia zu vollenden« (Revers vom 17. April).
Universitätsstudium in Frankfurt an der Oder. Jus, Volkswirtschaft, Naturwissenschaften. Besondere Hinneigung zur Physik.
Verlobung mit Wilhelmine von Zenge.

1800   Übersiedlung nach Berlin. Vorbereitung auf den Staatsdienst.

Im Spätsommer vielumrätselte Reise nach Würzburg mit dem Freund Ludwig von Brockes. Erster Beweis seines schriftstellerischen Talents: die Schilderung Würzburgs in dem Brief vom 11. Oktober.

Nach der Rückkehr Tätigkeit als Volontär bei der Technischen Deputation des Königlichen Manufaktur-Kollegiums in Berlin mit der Absicht, seine »Brauchbarkeit zu Fabriken- und Kommerzialgeschäften zu prüfen«. Jedoch gleichzeitig an Wilhelmine: »Ich will kein Amt nehmen« (13. November).

Im Sommer Lektüre von Schillers eben erschienenem »Wallenstein«.

1801   Erste große Lebenskrise, hervorgerufen durch das Studium Kants. Verzweiflung als Folge der Erkenntnis, daß die Wissenschaft keinen Zugang zur absoluten Wahrheit hat.

Flucht ins Reisedasein. Mit der um drei Jahre älteren Stiefschwester Ulrike zunächst nach Dresden: »Nichts war so fähig, mich so ganz ohne alle Erinnerung wegzuführen von dem traurigen Felde der Wissenschaft, als in dieser Stadt gehäuften Werke der Kunst« (Brief an Wilhelmine vom 21. Mai).

Dann über Leipzig, Halle, Halberstadt, Wernigerode, Göttingen, Mainz, Straßburg nach Paris.

Dort Arbeit an der »Familie Schroffenstein«, vielleicht auch schon an »Robert Guiskard«.

Unstimmigkeiten mit Ulrike und mangelndes Gefallen am französischen Wesen lassen Kleist nach knapp fünfmonatigem Aufenthalt in die Schweiz weiterreisen.

Als Reaktion auf das Kant-Erlebnis verstärkter Einfluß Rousseaus. »Gewinne Deinen Rousseau so lieb wie es Dir immer möglich ist, auf *diesen* Nebenbuhler werde ich nie zürnen«, »Rousseau ist mir der liebste, durch den ich Dich bilden lassen mag« (an Wilhelmine, 14. April und 3. Juni).

1802   Schweizer Aufenthalt mit der bald aufgegebenen Absicht, sich dort anzukaufen und Bauer zu werden, um seine »Bestimmung *ganz* nach dem Willen der Natur zu erfüllen« (an Wilhelmine, 10. Oktober 1801).

Als Folge dieses Plans Bruch mit seiner Braut, die sich »zu schwach für die Pflichten einer Bauersfrau« fühlt. Abschiedsbrief an sie (20. Mai). Wilhelmine später an ihren Verlobten und künftigen Mann W. T. Krug: »Dieser Brief erschütterte mich tief, doch beweinte ich mehr sein trauriges Schicksal als das meine. Ich sah es ein, daß ich nie seine Frau werden konnte, und hatte auch schon lange aufgehört, es zu wünschen.«

Arbeitseinsamkeit auf einer kleinen Aare-Insel bei Thun, aber auch freundschaftlicher Verkehr mit dem Schriftsteller Heinrich Zschokke, dem Verleger Heinrich Geßner und Wielands Sohn Ludwig in Bern.

Gewißheit des dichterischen Berufs: »Denn wenn mein kleines Vermögen gleich verschwunden ist, so weiß ich jetzt doch, wie ich mich ernähren kann« (an Ulrike, 18. März).

»Die Familie Schroffenstein« vollendet. Arbeit an »Robert Guiskard«. Anregung zum »Zerbrochnen Krug« durch einen französischen Kupferstich, vielleicht – durch Zschokkes Molière-Übersetzung – auch schon zu »Amphitryon«.

Im Herbst – nach längerer Krankheit in Bern – Rückkehr aus der von Napoleon bedrohten Schweiz nach Deutschland (Weimar).

1803   Als Gast Wielands in Oßmannstedt (bei Weimar). Trägt Wieland aus dem »Guiskard« vor. Starke Ermutigung: »Ich glaube nicht zu viel zu sagen, wenn ich Sie versichere: Wenn die Geister des Äschylus, Sophokles und Shakespeare sich vereinigten, eine Tragödie zu schaffen, so würde das sein, was Kleists *Tod Guiscards des Normanns*, sofern das Ganze demjenigen entspräche, was er mich damals hören ließ. Von diesem Augenblicke an war es bei mir entschieden, Kleist sei dazu geboren, die große Lücke in unserer dermaligen Literatur auszufüllen, die (nach meiner Meinung wenigstens) selbst von Goethe und Schiller noch nicht ausgefüllt worden ist . . .« (Wieland an Dr. Wedekind, 10. April 1804). Kleist später an Wieland: »Das war der stolzeste Augenblick meines Lebens« (Brief vom 17. Dezember 1807).

Unglückliche Liebe der vierzehnjährigen Luise Wieland zu Kleist. Überstürzte Abreise.

Buchausgabe der »Familie Schroffenstein« (anonym bei Geßner in Bern). Kotzebues Zeitschrift »Der Freimütige« (Berlin) begrüßt den Unbekannten als einen Dichter von »wahrhaft Shakespeareschem Geiste«.

Dresdner Aufenthalt bei der Familie Schlieben. Ungeklärte Beziehung zu Henriette von Schlieben.

Die ersten Szenen des »Zerbrochnen Krugs«. Qualvolle

Anstrengung, »Robert Guiskard« zu vollenden. »Mein Schicksal nähert sich einer Krise . . .« (an den Maler Heinrich Lohse, April).

Kleist spielt mehrfach mit Selbstmordgedanken.

Wiedersehen mit Pfuel, dem Freund aus der Potsdamer Zeit. Auf seine Veranlassung, um Kleist von seinen Schaffensnöten abzulenken, gemeinsame Fußreise über Bern, Mailand, Genf nach Paris.

Zweite große Lebenskrise, hervorgerufen durch das Ungenügen an »Guiskard«. »Ich trete vor einem zurück, der noch nicht da ist, und beuge mich, ein Jahrtausend im voraus, vor seinem Geiste« (Genfer Brief an Ulrike vom 5. Oktober).

In Paris – drei Wochen später – Vernichtung des »Guiskard«-Manuskripts.

Selbstmörderischer und politisch zweideutiger Versuch, sich der napoleonischen Invasionsarmee gegen England anzuschließen: »Ich stürze mich in den Tod . . . ich werde den schönen Tod der Schlachten sterben« (an Ulrike, 26. Oktober).

Auf Veranlassung des preußischen Gesandten Rückkehr nach Deutschland. In Mainz körperlicher Zusammenbruch, sechsmonatiges Krankenlager.

1804   Im Juni Rückkehr nach Berlin. Ungnade des Königs. Kleist findet einen Gönner in dem Finanzminister Altenstein, der ihn in seinem Ministerium beschäftigt.

Uraufführung der »Familie Schroffenstein« in Graz. Grätzer Zeitung vom 14. Januar: »In Shakespeares hohem Kothurn tritt mit diesem Werke ein neuer Dichter Deutschlands aus der Dunkelheit hervor.«

1805   Zur weiteren Ausbildung im Staatsdienst Übersiedlung nach Königsberg. Tätigkeit als Diätar an der Domänenkammer, gleichzeitig nationalökonomische Studien an der Universität. Fortwährende Unpäßlichkeit.

1806   Endgültiger Entschluß, aus dem Staatsdienst zu scheiden. »Nun wieder zurück zum Leben! Solange das dauert, werd ich jetzt Trauerspiele und Lustspiele machen . . . Ich will mich jetzt durch meine dramatischen Arbeiten ernähren . . .« (an Rühle von Lilienstern, 31. August).

Starke Produktivität: »Der zerbrochne Krug« vollendet. »Amphitryon«, »Die Marquise von O.«, »Das Erdbeben in Chili« in Arbeit. Anfänge der »Penthesilea« und des

»Michael Kohlhaas«.

Am 14. Oktober Sieg Napoleons bei Jena und Auerstedt, militärischer Zusammenbruch Preußens. »Wir sind die unterjochten Völker der Römer« (an Ulrike, 24. Okt.).

1807 Anfang Januar Versuch, von Königsberg über Berlin nach Dresden zu gelangen. Im besetzten Berlin Verhaftung unter Spionageverdacht und Abtransport nach Frankreich (Fort de Joux bei Besançon, später Châlons-sur-Marne).

Während der fast halbjährigen Gefangenschaft »Penthesilea« nahezu vollendet.

Unterdes Druck des »Amphitryon« in Dresden (mit einem Vorwort von Adam Müller). Später – im September – Veröffentlichung der Erzählung »Das Erdbeben in Chili« in Cottas »Morgenblatt für gebildete Stände« (Tübingen). »Amphitryon« mehrfach glänzend rezensiert: »Willkommen, wer *so* den göttlichen Beruf des Dichters beurkunden kann« (Morgenblatt).

Nach dem Frieden von Tilsit (7. Juli) Entlassung aus der Gefangenschaft. Kleist wendet sich nach Dresden, das, obwohl zum Rheinbund gehörend, Sammelpunkt der patriotischen Intelligenz und »Lieblingssitz der deutschen Kunst« ist. Unter Adam Müllers Führung Eintritt in das literarische Leben. »Wir erfreuen uns der Gegenwart eines der vorzüglichsten jetzt lebenden Dichter, des Hrn. *v. Kleist*, der den Altar des Vaterlandes mit einem so frischen Kranze, mit dem Lustspiele Amphitryon geschmückt hat, und vielleicht längere Zeit bei uns verweilen wird . . .« (Morgenblatt, 3. Oktober).

Kleists glücklichste Zeit. Gesellschaftlicher Erfolg und literarische Anerkennung. Verkehr mit den alten Freunden Pfuel und Rühle sowie mit Tieck, Körner sen., Varnhagen von Ense u. a. »Es geht mir in jedem Sinne so, wie ich es wünsche« (an Ulrike, 25. Oktober).

Optimistische Pläne: zusammen mit Adam Müller Gründung einer Verlagsbuchhandlung (scheitert) und Herausgabe einer monatlichen Kunstzeitschrift (»Phöbus«).

Im Spätherbst »Penthesilea« abgeschlossen. Arbeit am »Käthchen von Heilbronn«. Wiederherstellung des »Guiskard«-Fragments.

1808 Im Januar erstes Heft des »Phöbus« mit einem »organischen Fragment« aus »Penthesilea«. In den folgenden Nummern:

»Die Marquise von O.«, das »Guiskard«-Fragment, erstes Drittel des »Michael Kohlhaas«, Teile aus dem »Zerbrochnen Krug« und dem »Käthchen von Heilbronn«.

Ungünstige Aufnahme des »Phöbus«. »Es ist eine freche Gotteslästerung, daß man eine Pfütze so nennt, die wohl auch von der Sonne beschienen wird« (Henriette von Knebel an ihren Bruder, 9. März). Ablehnung vor allem der »Penthesilea« und der »Marquise von O.«. »Seine Geschichte der Marquisin von O. kann kein Frauenzimmer ohne Erröten lesen. Wozu soll dieser Ton führen« (Dora Stock an F. B. Weber, 11. April).

Übersendung des ersten »Phöbus«-Heftes an Goethe: »Auf den ›Knien meines Herzens‹.« Kühle Reaktion: »Mit der Penthesilea kann ich mich noch nicht befreunden . . .« (Brief Goethes vom 1. Februar).

2. März. Uraufführung »Der zerbrochne Krug« in Weimar. Katastrophaler Mißerfolg. »Diesem Kruge ging's übel. Das Publikum nahm in seinem Unwillen eine so *laute* Satisfaktion, dergleichen es hier noch keine genommen hat, und statuierte allen Krügen dieser Art zur Warnung ein auffallendes Exempel an demselben« (Zeitung für die elegante Welt, Leipzig, vom 4. April).

Nach dem Mißerfolg des »Phöbus« Flucht in die Aktualität. Unter dem Eindruck der spanischen Erhebung gegen Napoleon sowie der Vorbereitungen des österreichischen Freiheitskampfes entsteht »Die Hermannsschlacht«.

Im Herbst Druck der »Penthesilea« bei Cotta. Dazu Varnhagen von Ense in seinen »Denkwürdigkeiten«: »Wir sprachen von Heinrich von Kleists Penthesilea, die er (Cotta) verlegt hat, er war unzufrieden mit dem Erzeugnis, und wollte das Buch gar nicht anzeigen, damit es nicht gefordert würde.«

»Das Käthchen von Heilbronn« überarbeitet und abgeschlossen.

1809   Im Februar erscheint mit zweimonatiger Verspätung das letzte »Phöbus«-Heft.

Im April Erhebung Österreichs. Flammende vaterländische Lyrik Kleists.

Mit Friedrich Christoph Dahlmann (später einer der Göttinger Sieben) über Teplitz und Prag nach Österreich. »Unser Vorsatz war, von Böhmen aus nach allen Kräften dahin zu wirken, daß aus dem österreichischen Kriege ein deutscher werde« (aus Dahlmanns Autobiographie, 1849).

Kleist wird Zeuge des österreichischen Sieges über Napoleon bei Aspern (21. Mai).

In zukunftsfreudiger Stimmung zurück nach Prag, wo er mit Dahlmann ein patriotisches Wochenblatt (»Germania«) herausgeben will. »Diese Zeitschrift soll der erste Atemzug der deutschen Freiheit sein« (aus der geplanten Vorrede).

Österreichs Niederlage bei Wagram (Anfang Juli) und der Waffenstillstand von Znaim (12. Juli) machen alle Hoffnungen zunichte. Gedicht »Das letzte Lied«.

Abermals Absturz in Verzweiflung und monatelange Krankheit. Dritte große Lebenskrise. »Solange ich lebe, vereinigte sich noch nicht soviel, um mir eine frohe Zukunft hoffen zu lassen; und nun vernichten die letzten Vorfälle nicht nur diese Unternehmung – sie vernichten meine ganze Tätigkeit überhaupt« (an Ulrike, 17. Juli).

In Deutschland hält man Kleist für tot.

Im Spätherbst Rückkehr nach Frankfurt an der Oder. Völlig mittellos.

Seit Anfang des Jahres Arbeit am »Prinzen von Homburg« (Dresden und Prag).

1810   Hoffnungsvoller Neubeginn in Berlin, wo er wieder auf Adam Müller stößt. Freundschaftlicher Verkehr mit Achim von Arnim, Clemens Brentano, Fouqué, Rahel Varnhagen. »Prinz Friedrich von Homburg« vollendet. Plan einer Privataufführung scheitert.

Hoffnung auf eine Hofcharge. Finanziell in dauernder Bedrängnis.

Aufführungen des »Käthchen von Heilbronn« in Wien (»Mit sehr geteiltem Beifall«, Vossische Zeitung vom 12. April) und in Graz. Später (September 1811) auch in Bamberg, wo E. T. A. Hoffmann das Bühnenbild entwirft. Im Herbst Druck des »Käthchen von Heilbronn« und eines Bandes Erzählungen (»Michael Kohlhaas«, »Die Marquise von O.«, »Das Erdbeben in Chili«), beides bei Reimer, Berlin. »Michael Kohlhaas« wird erst während der Drucklegung fertig.

Ab 1. Oktober Redakteur der neugegründeten »Berliner Abendblätter«. Erste täglich erscheinende Zeitung Berlins. Darin unter anderem »Das Bettelweib von Locarno«, »Die

heilige Cäcilie«, »Über das Marionettentheater«, Anekdoten. Kleists Ziel: »Ein *Volksblatt*, d. h. (weil es kein Zentrum
der Nation gibt) ein Blatt für *alle* Stände des Volks« (Brief an
den Prinzen Lichnowsky, 23. Oktober).
Großer Anfangserfolg vor allem dank der aktuellen Lokal-
und Polizeiberichte. Dann Nachlassen infolge von Zensur-
schwierigkeiten und Behördenungunst. Kritik an der Regie-
rung Hardenberg führt zu Unterdrückung der politischen
Beiträge. Entzug der Theaterkritik (Einfluß Ifflands) und
der Polizeinachrichten.

1811   31. März. Ende der »Berliner Abendblätter«. »Das *Abend-
blatt* hat den Abend seines Lebens erreicht, und dadurch sich
und die etwaigen übergeduldigen Leser in den Ruhestand
versetzt« (Morgenblatt, 2. Mai).
Fruchtlose Auseinandersetzung mit Hardenberg wegen ei-
ner Entschädigung.
Gesuch an den König sowie an den Prinzen Wilhelm um
Anstellung im Zivildienst oder Aussetzung eines Wartegel-
des. Bleibt unbeantwortet.
Vertiefte Freundschaft mit der um sechzehn Jahre älteren
Kusine Marie von Kleist. Durch ihre Vermittlung wird
Kleist für den Fall eines von allen Patrioten herbeigesehnten
Krieges mit Frankreich zur »Anstellung notiert«.
Buchausgabe »Der zerbrochne Krug«. Zweiter Band der
Erzählungen mit »Die Verlobung in St. Domingo«, »Das
Bettelweib von Locarno«, »Der Findling«, »Die heilige Cäci-
lie«, »Der Zweikampf« (bei Reimer).
»Prinz Friedrich von Homburg«, durch Marie von Kleist
dem Hof überreicht, wird wegen der Szene der Todesfurcht
ungünstig aufgenommen und bleibt ungedruckt. (Heraus-
gabe erst 1821 durch Tieck.)
Zunehmende Vereinsamung: Adam Müller geht nach
Wien, Marie von Kleist lebt auf einem Gut in Mecklen-
burg.
Innere Loslösung vom Leben, bestärkt durch die politische
Entwicklung (bevorstehendes Bündnis Preußens mit Napoleon). »Es ist auch nicht ein einziger Lichtpunkt in der
Zukunft, auf den ich mit einiger Freudigkeit und Hoffnung
hinaussähe« (an Marie von Kleist).
Im Oktober letzte erschütternde Begegnung mit der Familie
in Frankfurt an der Oder.

Am 21. November freiwilliger Tod am Kleinen Wannsee, gemeinsam mit der krebskranken Henriette Vogel. »In philosophischer Kraft, mit edler Besonnenheit, verirrt hinabgestiegen, einer der herrlichsten Selbstmörder, die es je gegeben hat, nicht ohne Ahnung von Religion« (Friedrich de la Motte-Fouqué an den Verleger Hitzig, 28. November).

Literaturhinweise

Dieses Buch gibt die Erfahrungen wieder, die der Verfasser – um die Mitte unseres Jahrhunderts – beim Studium der Persönlichkeit und des Werkes Heinrich von Kleists gemacht hat. Es kann nicht im Plan einer solchen Arbeit liegen, eine vollständige Kleist-Biographie zu geben. Wie jeder, der sich mit Kleist befaßt, bin auch ich den Standardwerken der Kleist-Literatur Dank schuldig. So vor allem den Arbeiten von Georg Minde-Pouet und Albert Fries, den großen Biographien von Otto Brahm und Wilhelm Herzog (zu denen neuerdings die Lebensdarstellungen von Joachim Maass und Curt Hohoff gekommen sind), den Monographien von Heinrich Meyer-Benfey, Friedrich Gundolf, Philipp Witkop, Walter Muschg, Friedrich Braig, Roger Ayrault, H. Uyttersprot und Gerhard Fricke. Daneben aber möchte ich noch einige Veröffentlichungen namentlich hervorheben, die – sei es in Zustimmung oder Widerspruch – für meine eigene Auseinandersetzung mit Kleist besondere Bedeutung gewonnen haben. Es sind dies:

Paul Böckmann, Kleists Aufsatz über das Marionettentheater. Euphorion 28. Band, Stuttgart 1927.

Fritz Engert, Das stumme Spiel im deutschen Drama von Lessing bis Kleist. Leipzig 1934.

Franz Hafner, Heinrich von Kleists »Prinz von Homburg«. Zürich 1952.

Moritz Heimann, Eine moralisch-dramaturgische Frage. In: Prosaische Schriften, Zweiter Band. Berlin 1918.

Tino Kaiser, Vergleich der verschiedenen Fassungen von Kleists Dramen. Bern 1944.

Max Kommerell, Die Sprache und das Unaussprechliche. In: Geist und Buchstabe der Dichtung. Frankfurt/M. 1940.

H. A. Korff, Geist der Goethezeit, IV. Teil, Hochromantik. Zweite Auflage, Leipzig 1958.

Clara Kuoni, Wirklichkeit und Idee in Heinrich von Kleists Frauenerleben. Frauenfeld/Leipzig 1937.

Wilhelm Lange-Eichbaum, Genie, Irrsinn und Ruhm. Dritte Auflage, München 1942.

Clemens Lugowski, Die Überwindung des Objektiven durch das Unmittelbare. In: Wirklichkeit und Dichtung. Frankfurt/M. 1936.

Georg Lukács, Die Tragödie Heinrich von Kleists. In: Deutsche Realisten des 19. Jahrhunderts. Bern 1951.

Ludwig Mester, Die Seele in der Bewegung. Deutung der Figuren »Puppe«, »Tänzerin« und »Engel« bei Heinrich von Kleist, Paul Valéry und R. M. Rilke. Die Sammlung, 8. Jahrgang, Göttingen 1953.

Marthe Robert, Heinrich von Kleist. Dramaturge. Paris 1955.

Alfred Schlagdenhauffen, L'Univers Existentiel de Kleist dans Le Prince de Hombourg, Paris 1953.

Reinhold Schneider, Kleists Ende. In: Über Dichter und Dichtung. Köln 1953.

Benno von Wiese, Der Mensch in der Dichtung. Düsseldorf 1958.

Besonders verpflichtet bin ich Helmut Sembdner und seiner unschätzbaren Sammlung »Heinrich von Kleists Lebensspuren. Dokumente und Berichte der Zeitgenossen« (Bremen 1957). Sie hat mir manches mühsame Suchen erspart. Zitiert wurde nach der Kleist-Ausgabe des Carl Hanser Verlags, München 1952. G. B.

Personenregister

Werkregister